# 길 위의 건축가들

# 길 위의 건축가들

스페인 북부 카미노에 새겨진
도시와 건축 이야기

초 판 1쇄 2025년 11월 06일

**지은이** 신만석
**펴낸이** 류종렬

**펴낸곳** 미다스북스
**본부장** 임종익
**편집장** 이다경, 김가영
**디자인** 윤가희, 임인영
**책임진행** 이예나, 김요섭, 안채원, 김은진, 국소리

**등록** 2001년 3월 21일 제2001-000040호
**주소** 서울시 마포구 양화로 133 서교타워 711호
**전화** 02) 322-7802~3
**팩스** 02) 6007-1845
**블로그** http://blog.naver.com/midasbooks
**전자주소** midasbooks@hanmail.net
**페이스북** https://www.facebook.com/midasbooks425
**인스타그램** https://www.instagram.com/midasbooks

ⓒ 신만석, 미다스북스 2025, *Printed in Korea.*

ISBN 979-11-7355-572-5  03810

값 29,000원

※ 파본은 구입하신 서점에서 교환해드립니다.
※ 이 책에 실린 모든 콘텐츠는 미다스북스가 저작권자와의 계약에 따라 발행한 것이므로 인용하시거나 참고하실 경우
   반드시 본사의 허락을 받으셔야 합니다.

**미다스북스**는 다음세대에게 필요한 지혜와 교양을 생각합니다.

스페인 북부
카미노에 새겨진
도시와 건축 이야기

신만석 지음

미다스북스

목차

**프롤로그**   건축가가 순례길을 걷는다는 것                         008

---

## 1부
## 경계에서 시작된 길
바스크의 문턱에서 순례를 시작하다

---

1장   국경을 건너며, 순례의 문턱에 서다   엉다이와 이룬          017
2장   곡선의 도시, 곡선의 건축   산 세바스티안                  027
3장   기억과 상징이 중첩된 도시   게르니카                      051
4장   구겐하임 이후, 도시가 다시 태어나는 법   빌바오              067

---

## 2부
## 바다의 도시들
걷는 건축가의 시선

---

5장   바다 위에 숨 놓는 중세의 호흡   카스트로 우르디알레스        091
6장   왕의 바다에서 시민의 바다로   산탄데르                    107
7장   시간의 골목에 깃든 로마네스크의 영혼   산티야나 델 마르      127
8장   비정형과 장식의 실험, 젊은 가우디의 도전   코미야스          147
9장   기억의 물결 속을 걷다   리바데세야                        167

| | | | |
|---|---|---|---|
| 10장 | 산업의 강철 팔과 바다의 부드러운 손길 | **히혼** | 181 |
| 11장 | 곡선으로 그린 미래, 니마이어의 선율 | **아빌레스** | 207 |
| 12장 | 종착점의 영광 | **산티아고 데 콤포스텔라** | 223 |
| 13장 | 순례길의 숨은 건축, 길 위의 지혜 | **오레오** | 241 |
| 14장 | '세상의 끝'에서 만난 바다와 돌, 그리고 신화 | **피스테라 & 묵시아** | 257 |

---

### 3부
# 끝나지 않는 여정
**마드리드 · 톨레도 · 발렌시아 · 바르셀로나**

---

| | | | |
|---|---|---|---|
| 15장 | 현대의 심장과 역사의 영혼 | **마드리드와 톨레도** | 277 |
| 16장 | 물과 빛이 만든 미래 | **발렌시아** | 303 |
| 17장 | 신의 곡선을 완성한 인간, 가우디 | **바르셀로나** | 317 |

**에필로그** 돌아온 발, 여전히 걷는 마음 346

**부록** 산티아고 순례길 완전 가이드 353

    **A** 산티아고 순례길 체크리스트
    **B** 추천 루트별 특징 요약
    **C** 북부길 일정 정리 및 주요 알베르게
    **D** 북부 순례길 건축 명소 완전 가이드
    **E** 한국과 스페인의 도시 · 건축 비교 연표
    **F** 유용한 스페인어 표현

**건축가의 시선**

| | | |
|---|---|---|
| 1 | 쿠르살 회관 집중 메모 | 045 |
| 2 | 게르니카의 공간 전략, 기억을 건축화한 도시 | 063 |
| 3 | 구겐하임 빌바오, 21세기 건축의 혁명 | 081 |
| 4 | 산타 마리아 대성당, 바다와 바람을 견디는 고딕의 지혜 | 101 |
| 5 | 센트로 보틴, 바다와 도시를 잇는 건축 | 118 |
| 6 | 콜레히아타 성당, 로마네스크 건축의 완성체 | 140 |
| 7 | 알타미라 동굴, 인류 최초의 공간 예술 | 142 |
| 8 | 엘 카프리초, 태양을 좇는 집의 비밀 | 159 |
| 9 | 리바데세야, 자연과 조화를 이룬 유기적 도시 | 174 |
| 10 | 칠리다의 〈지평선에 바치는 찬가〉, 비어 있음의 건축 | 193 |
| 11 | 라보랄 시우다드, 권위에서 문화로의 전환 | 197 |
| 12 | 센트로 니마이어, 곡선으로 노래하는 미래 | 217 |
| 13 | 산티아고 데 콤포스텔라 대성당, 천년의 순례가 만든 건축 | 234 |
| 14 | 배의 성모 성당 | 268 |
| 15 | 톨레도 대성당, 시간의 층위가 만든 걸작 | 293 |
| 16 | 과학예술도시, 물과 빛의 도시 무대 | 310 |
| 17 | 사그라다 파밀리아, 미완의 대성당이 주는 건축적 교훈 | 339 |

프롤로그
# 건축가가 순례길을 걷는다는 것

"건축가가 왜 순례길을 걷습니까?"

이 질문을 들을 때마다 나는 잠시 걸음을 멈추곤 했다. 남들이 보기엔 당연한 물음 같지만, 사실은 나 스스로에게도 여전히 던져야 하는 질문이었다.

처음부터 이 길을 꿈꿨던 것은 아니다. 스페인을 떠올리면 가장 먼저 가우디의 사그라다 파밀리아나 구겐하임 빌바오 같은 건축물들이 떠올랐고 순례길은 그저 여행의 한 갈래쯤으로 여겨졌다. 종교적 신념도 없었던 내게 '성지순례'라는 단어는 낯설고 다소 거창하게 들릴 뿐이었다.

그러나 40여 년간 건축가로 살아오면서 어느 순간 도면 위에 그려온 선들이 더 이상 생생하게 느껴지지 않았다. 매일 반복되는 설계와 회의, 감리 업무는 점차 기계적 루틴으로 굳어갔고, 지난 세월 쌓아온 경험과 노하우가 오히려 새로운 시각을 가로막는 벽이 되어버린 듯했다. 그 벽을 넘어야만 한다는 생각이 내 안에서 점점 커졌다.

익숙한 삶에서 벗어나 전혀 다른 방식으로 살아보고 싶다는 마음이 피어올랐다. 그 순간, 복잡하게 얽혀 있던 머릿속이 문득 맑아지며 어두운 방 안으로 빛이 스며드는 듯했다. 답답한 실내에서 벗어나 탁 트인 광장으로 나선 것 같은 해방감이었다.

나는 네 가지를 다짐했다.
- 해야 하는 것 대신 하고 싶은 것을 하자. 클라이언트의 요구나 시장의 논리보다 내 마음의 목소리에 귀 기울여보자.
- 계획에서 벗어나 우연을 받아들이자. 완벽한 설계 도면처럼 예측할 수 있는 삶이 아니라 예상치 못한 순간에 자신을 맡겨보자.
- 익숙한 인맥을 넘어 새로운 사람을 만나자. 건축계라는 좁은 울타리를 벗어나 다른 배경을 지닌 이들과 대화해보자.
- 채우는 대신 비워내자. 성과와 프로젝트의 무게를 잠시 내려놓고 관찰과 성찰의 시간을 가지자.

### 길이 나를 부른 첫 순간

2025년 벽두 무렵이었다. 한 건축 잡지를 넘기다 우연히 북부 카미노(Camino del Norte)에 관한 기사를 읽게 되었다. 스페인 북부, 대서양을 따라 이어지는 오래된 길. 걷다 보면 바다와 산, 도시와 마을, 신앙과 역사가 한데 어우러지고 그 길 위에서 수많은 사람을 만나게 된다는 글이었다.

그 순간 직감했다. '이 길이라면 건축가로서 다시 질문할 수 있겠다.' 마치 어린 시절 처음 낯선 골목길을 탐험했을 때처럼 마음 깊은 곳에서 설렘과 호기심이 동시에 솟구쳤다.

카미노 데 산티아고(Camino de Santiago)는 스페인 북서쪽 산티아고 데 콤포스텔라 대성당에 있는 성 야고보의 무덤으로 향하는 순례길이다. 여러 경로 가운데 북부길은 대서양의 푸른 바다를 벗 삼아 걷는 길로 프랑스길에 비해 한적하면서도 자연경관이 빼어나기로 유명하다. 약 828킬로미터에 달하는 전체 여정은 보통 35일 이상이 걸린다.

35일간의 낯선 여정을 준비하면서 걱정이 앞서기도 했다. 내 몸과 마음이 끝까지 버틸 수 있을까. 사실 장거리 걷기 경험은 거의 없었다. 가장 긴 여정은 1979년 여름방학, 대학 시절 한국 유네스코 학생회(KUSA)가 주관한 '조국 순례 대행진'에서 충북 영동에서 전북 전주까지 10일간 걸었던 것이 전부였다. 그것도 어느새 46년 전의 일이었다.

그럼에도 기대감이 더 컸다. 매일 사무실 책상 앞에서 모니터만 바라보던 일상에서 벗어나 몸으로 공간을 체험할 수 있다는 설렘이 나를 이끌었다.

### 함께 걷는 동행의 의미

이번 순례는 혼자가 아니었다. 토목과 건축을 전공한 두 후배가 동행했다. 그들은 선뜻 함께 걷겠다고 했고, 우리는 '브라 브로(BRA BRO, Bravo Brothers)'라는 팀명을 정해 태극기와 명찰을 배낭 뒤에 달고 길을 나섰다.

매일 저녁 알베르게에 도착하면 낮 동안 보았던 도시와 건축에 관해 이야기를 나누었다. 그 대화 속에서 나는 '건축은 기억을 담는 그릇이며, 도시는 사람을 위한 무대'라는 사실을 새삼 깨달았다.

나에게는 이번 순례를 통해 두 가지 버킷리스트를 완수하는 것이 목표였다. 첫째, 카미노 데 산티아고 북부길을 완주하는 것. 둘째, 생애 첫 책 집필. 건축가로서 수많은 설계보고서와 제안서를 써왔지만, 일반 독자를 위한 책을 쓰는 것은 전혀 다른 도전이었다. 그리고 이 두 목표 모두, 함께한 동행 덕분에 완성될 수 있었다.

### 체험이라는 건축적 방식

건축은 언제나 공간에 대한 응답이다. 설계는 대지와 프로그램에 대한 건축가의 답변이고, 시공은 그 답변을 현실로 구현하는 과정이다. 그러나 우리는 너무 '속도'에 길들어 있었다. 빠르게 개념을 세우고, 도면을 완성하고, 감리를 끝낸다. 그리하여 다음 프로젝트로 재빨리 이동한다.

하지만 진정 중요한 것은 속도가 아니라 시간을 머무는 방식이 아닐까. 르 코르뷔지에는 "건축은 걸으면서 체험하는 것"이라고 말했다. 건축은 한눈에 파악되는 대상이 아니라 시간 속에서 조금씩 드러나는 공간의 연속이다. 그러나 바쁜 일상에서 우리는 정작 자신이 설계한 공간조차 천천히 걸으며 음미할 여유를 잃었다.

카미노는 달랐다. 하루 25~30킬로미터, 오직 걸음으로만 완성되는 여정. 뛰어넘을 수도, 단축할 수도 없는 길. 오직 발걸음의 리듬으로만 완성되는 체험이었다. 북부 카미노는 단순한 길이 아니었다. 시간을 통과하는 공간이자 공간을 걸으며 시간을 체험하는 여정이었다. 로마 시대 도로 위에 중세의 교회가 서 있고 그 옆에는 현대의 알베르게(순례자 숙소)가 있다. 수천 년의 시간이 한 길 위에 차곡차곡 쌓여 공존하는 풍경은 건축가로서 늘 고민하던 '역사성과 현대성의 조화'를 생생하게 보여주는 교과서였다.

나는 그 길 위에서 건축가이자 한 인간으로서 다시 출발하기로 마음먹었다.

**질문하고 또 질문하기**
길 위에서 우리는 끊임없이 물었다.

"도시는 왜 그 자리에 있는가?"
지형, 교역로, 강과 바다의 어귀. 카미노를 따라 만난 도시는 모두 존재의 필연성을 품고 있었다.

"어떤 건축이 사람을 쉬게 하는가?"

35일간 걸으며 깨달았다. 화려한 장식도 웅장한 규모도 필요 없었다. 잠시 앉아

쉴 수 있는 그늘, 마실 수 있는 샘, 바람이 드나드는 작은 공간이 순례자에게 가장 소중했다.

"공간은 어떻게 기억이 되는가?"

수많은 발자취로 패인 돌바닥, 세월에 다져진 흙길. 시간과 기억은 공간에 흔적으로 쌓여 있었다. 그리고 나는 또 하나의 질문 앞에서 멈췄다.

"공간은 스스로 말하는가?"

건축가는 공간을 설계하지만, 결국 그 공간의 이야기를 완성하는 것은 사람이다. 나는 그저 길을 걷는 순례자일 뿐일까, 아니면 길을 살아내는 또 다른 건축가일까?

그 답을 찾기 위해, 나는 걷기로 했다.

### 건축가의 시선으로 바라본 순례길

이 책은 건축 전문서가 아니다. 그러나 건축 없이는 쓸 수 없는 기행문이다. 발걸음으로 만난 도시와 사람, 바다와 돌, 고딕 교회와 중세 광장, 벽돌의 질감, 창으로 스며드는 빛, 좁은 골목의 거리감까지—모든 요소가 건축적 리듬을 이루며 마음을 흔들었다.

스페인 북부의 작은 어촌 마을에서 본 소박한 집들은 화려한 설계 기법도 첨단 자재도 없었다. 그러나 바닷바람과 비를 막아주고 가족들이 함께 모일 수 있는 따뜻한 공간이었다. 그곳에서 나는 건축의 본질을 다시금 생각했다.

산탄데르의 현대적 해안가, 산티야나 델 마르의 중세 구시가지, 빌바오의 산업 유산과 현대 건축이 공존하는 모습. 각 시대의 사람들이 어떤 가치를 중요하게 여겼는지 건축을 통해 읽어낼 수 있었다. 특히 구겐하임 빌바오는 '한 건축이 도시의 운명을 바꾼다.'라는 사실을 증명했다. 쇠락한 산업 도시가 문화도시로 재탄생한, 이른바 '빌바오 효과.' 건축가로서 깊은 울림을 주었다.

### 독자와 함께 걷는 길

순례에 특별한 지식은 필요 없다. 하지만 걷는 길과 장소를 조금이라도 알고 간다면 여행의 깊이는 배가된다. 아는 만큼 보인다는 말처럼.

이 책은 건축 용어를 최소화하고 누구나 공감할 수 있는 언어로 이야기를 풀어내려 한다. 필요한 경우에 [건축가의 시선]을 달아 더 깊이 있는 분석을 원하는 독자들에게 길잡이가 되도록 했다.

이 기록은 45일간의 여정에서 눈으로 보고 마음으로 해석한 도시와 건축, 인간에 관한 이야기다. 가능한 한 사실에 기반했지만, 독자의 이해를 돕기 위해 일부는 문학적 상상과 표현을 덧붙였음을 밝힌다.

### 감사의 마음을 담아

45일간의 여정을 허락해 준 아내, 미국에서 손녀 하은·도은이를 낳고 기르는 장남 내외, 사무실의 빈자리를 채우며 손자 지한이를 키우는 차남 내외 모두에게 깊은 감사를 드린다. 특히 아내에게는 미안함과 고마움이 교차한다. 갑작스러운 나의 선언에 당황했을 테지만 결국 "정말 하고 싶은 일이라면 해보라."라는 한마디로 등을 떠밀어주었다. 그 말이 없었다면 이 길도, 이 책도 시작하지 못했을 것이다.

끝까지 함께 걸은 두 후배, 김남포와 권혁동에게도 깊은 감사를 전한다. 그들이 동행을 자처하지 않았다면 이 여정을 시작할 용기조차 내지 못했을 것이다. 35일간의 순례길과 그 이후 스페인 여행까지, 계획한 모든 여정을 함께 완주하고 무사히 마무리할 수 있었던 것은 그들이 곁에 있었기 때문이다. 그리고 원고에 생기를 불어넣은 김수연 작가, 책이 출판되기까지 아낌없는 지원을 해준 미다스북스에도 감사드린다.

**다시 걷기 시작하는 마음으로**

이제 828킬로미터의 순례길과 그 끝에 만난 세 도시—마드리드, 발렌시아, 바르셀로나—의 여정을 독자와 함께 다시 걸어보고자 한다.

우리가 만난 도시와 건축, 사람과 풍경을 따라 걷다 보면 독자들 또한 마치 그 길 위를 함께 걷는 듯한 생생함을 느낄 수 있기를 바란다. 그리고 각자의 삶 속에서도 새로운 질문과 영감을 발견하기를.

첫걸음을 내디딜 준비가 되었다면 이제 길 위의 건축 여행을 시작해 보자. 스페인 북부 대서양 연안, 그 아름다운 길 위에서 기다리는 수많은 발견과 함께.

¡Buen Camino! (좋은 길이 되기를!)

2025년 11월
신만석

1부

# 경계에서 시작된 길

바스크의 문턱에서 순례를 시작하다

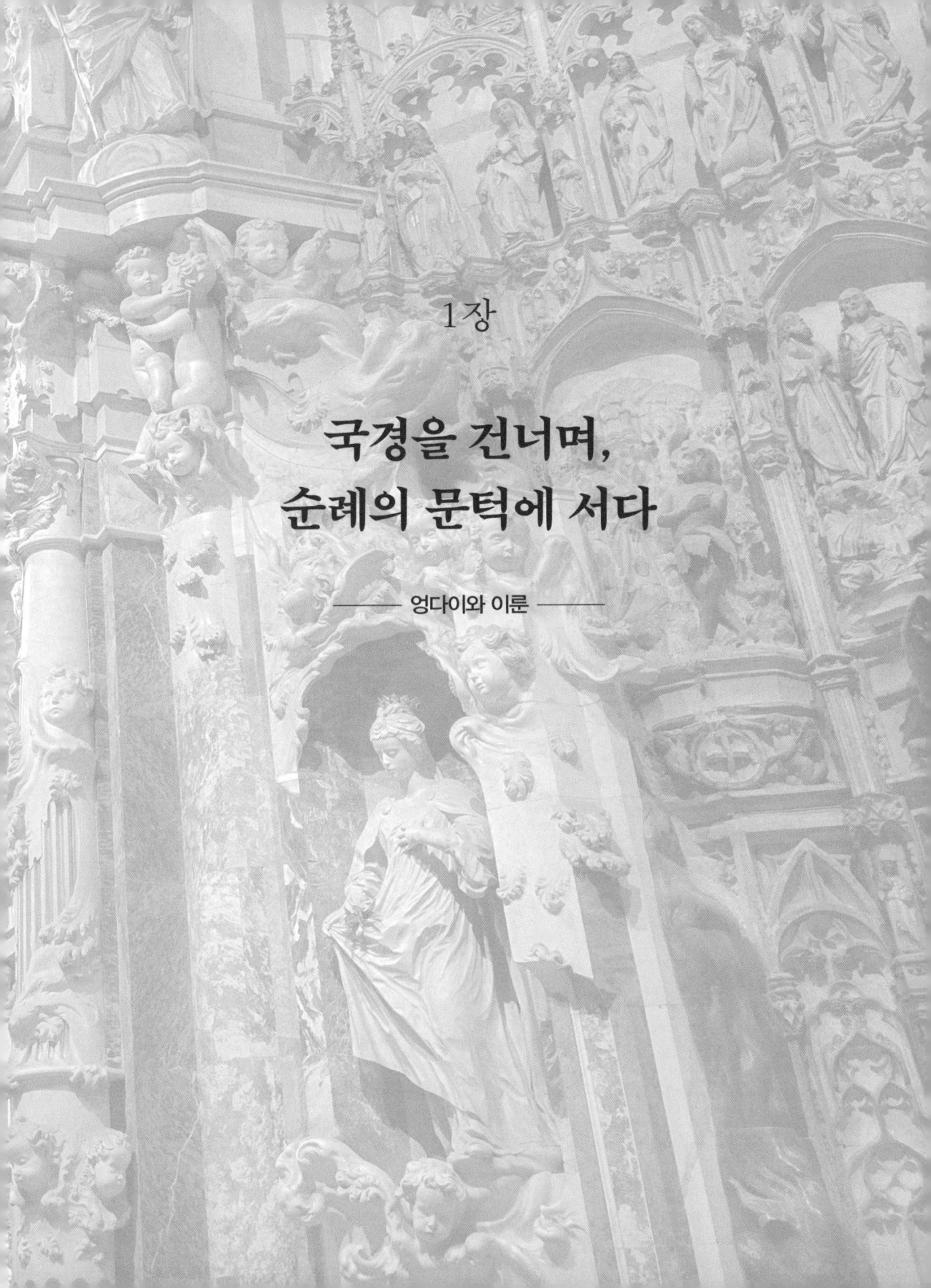

# 1장

## 국경을 건너며, 순례의 문턱에 서다

—— 엉다이와 이룬 ——

## 1
## 비다소아 강,
## 흐릿한 국경 위의 첫 발걸음

바르셀로나에서 심야버스를 타고 밤새 달린 끝에 새벽녘 우리는 이룬에 도착했다. 차창 넘어 스치던 스페인 내륙의 어두운 풍경들은 어느새 소금기 어린 바다의 공기에 자리를 내주고 있었다.

곧장 걸음을 옮겨 프랑스 남부 엉다이 역으로 향하며 그 순간 우리의 순례는 이미 시작되고 있었다. 엉다이 역 앞, 이른 햇살이 거리 위에 얇게 내려앉았다. 아무 일도 일어나지 않는 듯 평온한 풍경 속에서 나의 순례는 조용히 그러나 또렷하게 첫 페이지를 펼쳤다.

### 작은 해안 마을의 첫인상

막상 마주한 엉다이(Hendaye)는 우리가 상상하던 '도시'라기보다 작은 해안 마을에 가까웠다. 하얀 석조 벽에 붉은 목재 창틀을 단 전통 바스크 주택들이 질서정연하게 골목을 메우고, 지붕들은 바닷바람을 받아 은은히 흔들렸다. 바스크어로 '집'을 뜻하는 에체(Etxe)—단순한 거주 공간을 넘어 가문의 기억과 정체성을 품는 그 개념이, 이곳에서는 집들의 표정 속에서 자연스럽게 읽혔다.

거리에는 프랑스식 질서감과 바스크 특유의 온기가 겹쳐 있었다. 해안선을 따라 남아 있는 벨 에포크(Belle Époque) 시대의 흔적은 마치 오래된 앨범을 열어본 듯 은근한 화려함으로 풍경을 감싸안았다.

벨 에포크는 '아름다운 시대'라는 뜻으로 경제적 번영과 문화적 화려함이 절정에 달했던 시기(19세기 말~20세기 초)의 건축 양식을 말한다.

### 바스크 전통 주거의 지혜

바스크의 전통 주거는 단순한 조형미가 아니라 기후 대응과 공동체적 삶의 축적이다. 바다와 산 사이, 풍하중을 고려한 지붕 경사, 두터운 외벽과 작은 개구부는 습기와 강풍에 대한 답변이다.

단정한 파사드 뒤에는 가족 단위 노동·식·휴식의 동선이 응축되어 있고 목재 디테일은 유지보수의 합리성과 장인성의 결을 동시에 드러낸다. '작다'는 인상은 기능과 맥락의 치밀함 속에서 '단단함'으로 바뀐다.

### 경계를 건너는 첫걸음

우리는 비다소아(Bidasoa) 강을 건너기 위해 작은 다리 위에 섰다. 이 다리는 프랑스와 스페인을 잇는 푸엔테 데 산티아고(Puente de Santiago), 이름부터 '성 야고보의 다리'—순례길의 뜻을 품고 있다. 다리 아래로 흐르는 강이 국경을 이루지만 경계는 이상하리만큼 자연스러웠다. 검문도 경계석도 긴장도 없었다. 같은 바스크어가 오가고 비슷한 지붕선이 이어지며 사람들의 미소가 양쪽을 가볍게 잇고 있었다. 삶의 속도와 정치의 선이 서로 다른 리듬으로 흐른다는 것을 바람이 조용히 일깨워주었다.

"국경이 다 이렇다면 매일 건너도 좋겠네."

동행한 후배가 던진 말에 우리는 웃었다. 하지만 그 웃음은 곧 깨달음으로 바뀌었다. 우리가 건너는 것은 국가의 선이 아니라 내면의 두려움과 타인의 거리였다. 경계는 세상이 아니라 자신이 만든 선이었다.

### 건축가가 본 경계의 의미

설계할 때 우리는 대개 경계부터 그린다. 대지경계선, 용도 경계, 실내·외 경계…. 하지만 좋은 공간은 경계가 무너지는 곳에서가 아니라, 잘 흐려지는 곳에서 태어난다.

물성의 전환, 레벨 차, 빛과 공기의 흐름 같은 연결의 장치가 경계를 '해체'가 아니라 '완화'로 다뤄줄 때 사람은 안심하고 넘나든다. 비다소아의 다리처럼.

"푸엔테 데 산티아고(Puente de Santiago)"라는 표지판 앞 비다소아 강은 프랑스와 스페인의 경계를 이루며, 수많은 순례자가 국경을 넘어 첫걸음을 내딛는 곳이다.

건축의 역사는 곧 경계의 역사다. 벽은 외부를 막으려 세워졌지만, 인간은 늘 그 벽에 창을 내어 세상을 바라보았다. 고대의 성벽, 수도원의 회랑, 근대의 철책까지. 이렇듯 경계는 두려움과 호기심이 맞닿는 자리였다.

---

## 2
## 이룬, 역사의 골목에 첫 번째 도장을 찍다

---

### 순례의 공식적인 출발점

스페인 땅에 다시 들어서며 마주한 도시는 이룬(Irún)이다. 북부 카미노(Camino del Norte)의 '공식' 출발점으로 알려진 이곳은 국경 도시이자 전쟁의 상흔을 품은 장소다. 의외로 거리는 조용했고 눈에 띄는 순례자도 드물었다. 하지만 그 고요는 두꺼운 역사의 무게에서 온 것이었다. 많은 안내서가 이룬을 그냥 '출발지'로만 짧게 언급하지만 실제로 걸어보면 이 도시는 문지방이 아니라 현관홀처럼 충분히 체류할 만한 이야기를 품고 있다.

이룬은 1813년, 나폴레옹 전쟁의 일부인 이베리아 반도 전쟁(페닌슐라 전쟁)에서 산 마르시알 전투가 벌어진 곳이다. 흔히 '마지막 전투'로 오해되지만 정확히는 전쟁 후반부의 결정적 전투로 1813년 8월 31일 인근 고지에서 스페인군이 프랑스군을 격퇴했다(이후에도 전투가 이어졌다). 또한 1936년 스페인 내전 초기 이룬 전투에서 도시가 함락되며 북부 전선의 향방에 큰 영향을 미치기도 했다. 도시 골목에는 이런 겹의 시간들이 낮게 깔려 있다.

### 문학 속 이룬, 그리고 우리의 이룬

누군가에게 이룬은 '의미 없는 첫걸음'일지 몰라도 우리에게는 의미를 부여해야 하는 자리였다. 같은 장소라도 누구의 발걸음으로 지나느냐에 따라 전혀 다른 이야기가 생긴다. 이 점에서 여행과 건축은 닮았다. 같은 재료·같은 도면으로도 다른 공간이 탄생하듯, 같은 길을 걸어도 다른 기억이 남는다.

### 크레덴시알, 순례자가 되는 의식

크레덴시알(Credencial del Peregrino)—일명 순례자 여권. 이 작은 책자가 있어야 알베르게(순례자 숙소)에 머물 수 있고 각 도시의 도장을 모아 산티아고에서 콤포스텔라(Compostela) 완주증서를 받는다. 우리는 도심의 산티아고 교회에서 첫 도장을 받으려 했지만 문이 닫혀 있어 결국 시청을 찾아 첫 크레덴시알을 발급받았다. 손바닥만 한 책자에 찍힌 첫 도장 하나가 우리에게는 확실한 출발의 영수증이

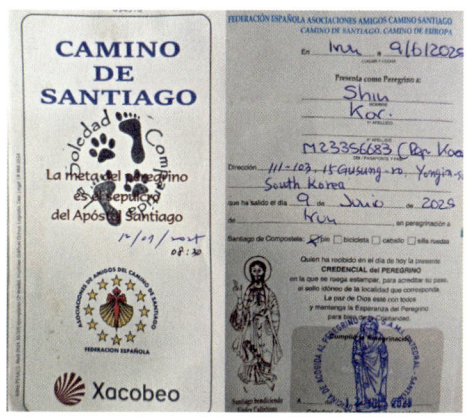

'크레덴시알(Credencial del Peregrino)', 곧 순례자 여권이라 불리는 이 증명서는 길 위에서의 신분증과도 같다.

되었다. (이룬의 알베르게·관광안내소 등에서도 크레덴시알 발급 가능)

"828킬로미터, 이제 진짜로 시작됐네…."

그 숫자가 갑자기 현실감 있게 다가왔다. 하루에 25~30킬로미터씩 걸어서 한 달 남짓. 서울~부산 왕복을 오로지 두 발로 걸어 완주해야 한다는 것이 곧 이야기가 될 예정이었다.

### 건축가가 본 절차성

여권 한 장, 도장 하나가 주는 의례적 완결성은 도시공간에서도 중요하다. 출입구–현관–홀–복도–실로 이어지는 공간의 절차성(sequence)이 사람의 마음을 안정시키듯이 순례의 시작도 절차를 통해 의미를 획득한다. 소소한 서류 한 장이 몸의 모드를 바꾸는 순간 공간은 기능을 넘어 경험이 된다.

---

## 3
## 순례자는 질문하는 사람이다

---

### 질문으로 시작되는 여정

순례는 신앙의 의례이기 전에 인간의 오래된 질문이다. 한 걸음은 공간을 이동시키지만, 동시에 시간을 되돌린다. 중세의 순례자들이 산티아고로 향하던 그 길 위에는 속죄보다 더 오래된 질문 -'나는 어디로 가는가'- 이 있었다.

오래전 헤르만 헤세의 『싯다르타』에서도 젊은 수행자가 있었다. 그는 스승의 말도, 경전의 문장도 넘어서 강가에 앉아 흐르는 물소리를 들었다. 강은 멈추지 않았고, 되돌아오지도 않았다. 그 순간 그는 깨달았다. 길이란 결국 자기 자신이었다는 것을.

이룬은 앞으로 만날 사람들과 풍경을 예감하게 하는 프롤로그 도시다. 우리는 걸으면서 자꾸 '왜'라는 질문을 던지게 되었다. 왜 이 도시는 여기에 있는가? 지도에서 보면 이룬은 비다소아 강 하구가 대서양과 만나는 지점에 자리한다. 강을 통해 내륙과 닿고 바다를 통해 세계와 이어지는 천연의 요충지. 로마 시대부터 교통의 거점이었고 중세에는 순례자들이 반드시 통과해야 하는 관문이었다. 도시의 탄생에는 늘 지리적 필연성이 있다—강과 바다, 산과 평야가 교차하는 자리에서 거점이 생기고 거점은 곧 이야기를 낳는다.

어떤 건축이 사람을 쉬게 하는가?

한 달 남짓, 매일 25~30킬로미터를 걷다 보면 화려한 장식이나 큰 규모보다 그늘·바람·앉을 자리·샘물 같은 기초적 배려가 사람을 살린다는 사실이 선명해진다.

공간은 어떻게 기억이 되는가?

무수한 발자취로 패인 돌바닥, 세월에 다져진 흙길의 촉감—시간은 마찰로서 공간에 스며든다. 그 흔적들이 쌓여 집단의 기억이 된다.

### 건축가와 순례자의 시선

도시는 자연-인프라-건축이 엮인 거대한 '현상학의 지도'다. 우리는 흔히 형태와 스타일을 먼저 보지만 실제로 사람을 붙잡는 것은 미세 기후, 보행 리듬, 소리의 잔향, 냄새의 층위다. 순례는 이런 감각을 측량 도구로 바꾸어준다.

"다들 각자의 시간으로 이 길을 걷는 거네."

순례길에서는 누구나 자신만의 속도로 자신만의 이유로 걷는다. 빠르게 걸어서 빨리 도착하는 것이 목표가 아니라 걷는 과정 자체가 의미가 되는 것이다.

---

## 4
## 길은 예상대로 흘러가지 않는다

---

### 불완전한 계획의 매력

순례의 첫날은 완벽하지 않았다. 이룬에서의 첫날은 우리의 '완벽한 계획'이 얼마나 허술한지 깨닫게 해 주었다. 원래는 이룬에 도착한 다음 날부터 순례를 시작하기로 하였지만 예상보다 일찍 준비가 끝나서 하루 앞당겨 출발하게 되었다. 크레덴시알(순례자 증명서)도 미리 준비하지 않아 시청에서 급히 발급받아야 했다. 배낭은 생각보다 무거웠고 첫날 걸어야 할 거리는 예상보다 험했다. 하지만 이런 예측 불가능한 상황들이 오히려 순례길의 매력이었다. 완벽한 계획과 통제라는 현대인의 습성에서 벗어나 상황에 흐름대로 몸을 맡기는 법을 배우게 되었다.

### 첫날의 특별한 경험

바닷가 작은 부두에 선 철제 순례자 조형물이 "이 길이 곧 카미노다."라고 말해주는 듯 서 있었다. 이 조형물은 단순했지만 상징성이 강했다. 배낭을 멘 실루엣

바닷가 작은 부두에 서 있는 조형물, 순례자들은 이 짧은 배편을 통해 바다 위에서 걷는 길의 연장을 경험한다.

이 바다를 향해 서 있는 그 장면은 우리 마음의 자세를 단숨에 '사람'에서 '순례자'로 조정해 주었다.

이날의 하이라이트는 파사이아(Pasaia) 만을 건너는 짧은 배편. 파사이아 산후안(바스크어로 도니바네)에서 산 페드로 사이를 잇는 작은 배가 만을 오가고 전통적으로 순례자들은 이 짧은 뱃길을 통해 다음 길로 이어 붙는다. 불과 몇 분이지만 물 위로 미끄러지는 그 감각만으로도 풍경은 전혀 다른 면을 드러낸다. 육지의 길이 수평의 연속이라면 물 위의 길은 잠시 연결의 단절을 경험하게 하고 그 단절이 오히려 다음 걸음을 선명히 한다.

### 예상을 뛰어넘는 첫날

시간은 계획대로 흐르지 않았고 도시는 우리의 일정표를 모른 척했다. 그때 우리는 분석의 눈 대신 열린 마음으로 풍경을 받아들이는 법을 다시 배웠다. 완벽을 좇기보다 흐름에 응답하는 건축가의 태도, 그것이 오늘의 순례가 가르쳐준 첫 교훈이었다.

이제 다음 도시로 향한다. 길은 아직 멀고 우리의 질문은 이제 시작이다. 공간은 스스로 말을 하는가? 그 답을 찾아, 우리는 계속 걷는다.

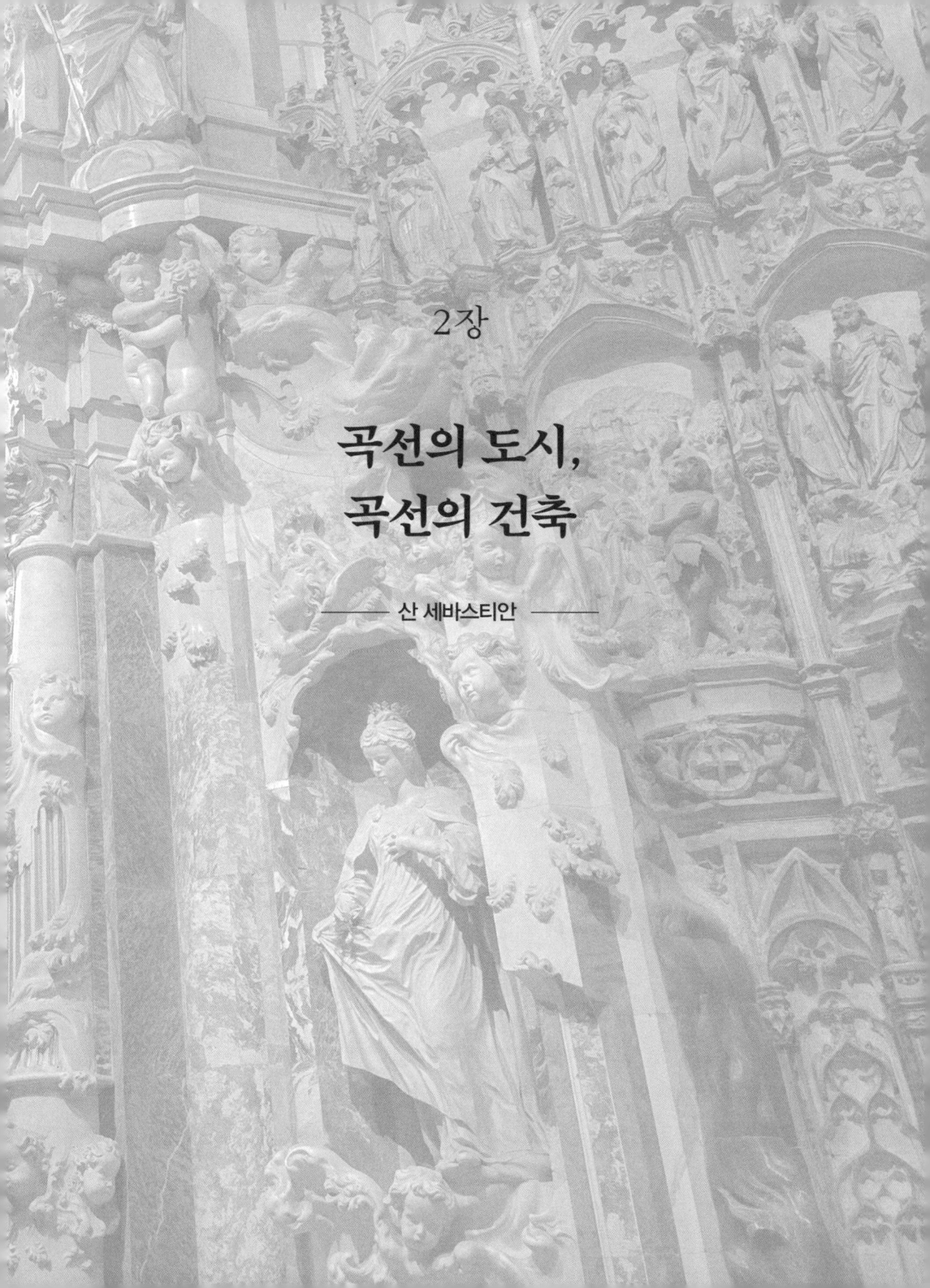

2장

# 곡선의 도시, 곡선의 건축

— 산 세바스티안 —

## 1
### 언덕 너머로 나타난 바다의 곡선

**순례 첫날의 무모한 도전**

순례 첫날인데도 우리는 마음을 키웠다. 이룬을 떠나 파사이아에서 짧은 배를 타고 건너 산길로 접어드니 가파른 경사와 등줄기를 타고 흐르는 땀이 금세 우리를 말없이 다독였다.

"이 정도면 경사 15도는 넘겠지?" 건축가의 버릇대로 수치를 떠올려 보지만 실제 감각은 숫자보다 늘 가파르다. 위로는 계단 끝이 하늘에 닿을 듯 끝없이 이어지고 아래로는 떠나온 마을이 장난감처럼 작아진다. 그 오르막은 단순한 높이의 문제가 아니라 순례라는 행위의 무게를 천천히 각인시키는 의식 같았다.

산 세바스티안 안내도

산 세바스티안의 곡선해변 – 바다와 맞닿은 도시의 풍경, 규칙적으로 늘어선 건물들, 그리고 저 멀리 산과 하늘이 겹겹이 이어진다.

### 감동의 첫 장면

언덕을 다 오르기 전까지 산 세바스티안(Donostia)이 눈앞에 펼쳐질 거라는 말을 믿기 어려웠다. 숨이 거칠어질 무렵 바다 위로 한 조각의 곡선이 스며들었다.

라 콘차 해변(La Concha). 이름 그대로 조개껍질의 곡선. 푸른 대서양이 호수처럼 부드럽게 휘어지고 도시의 실루엣이 그 곡선을 따라 우아하게 선을 맞춘다. 바다와 해변 그리고 도시가 동시에 품에 안기는 그 장면 앞에서 잠시 '순례'라는 단어마저 잊었다. 그 곡선은 풍경이 아니라 호흡처럼 느껴졌다.

라 콘차의 '완만한 포만 곡선'은 우연의 산물이 아니다. 만의 중앙에 놓인 산타 클라라 섬이 천연 방벽처럼 파랑을 누그러뜨리고 그로 인해 해변 선은 "완만-정온-접근 가능"의 조건을 얻는다. 자연이 제공한 구조에 도시가 산책로 · 레일링 ·

접근 동선으로 응답하면서 풍경은 '보기 좋은'에서 '걸을 수 있는'으로 바뀌었다.

## 2
## 해변은 공학이 만든 자연이었다

### 아름다움 뒤의 과학

"이 곡선은 우연이 아니야. 바람의 방향, 조류, 섬의 위치가 만든 안정적 만(灣)의 형상이야."

우리가 내려다보는 라 콘차는 자연과 공학이 협업한 결과였다. 산타클라라 섬이 풍랑을 거르고 도시는 그 정온 수역을 보존·활용하는 쪽을 택했다. 부드러운 해안선 속에는 여러 세대에 걸친 도시의 판단이 숨어 있었다.

### 역사가 만든 현재의 풍경

벨 에포크의 호사를 좇아 유럽 귀족과 왕실이 몰려들던 19세기 후반~20세기 초의 기억, 그리고 1845년 이사벨 2세의 '해수욕' 유행이 겹치며 라 콘차는 도시의 얼굴이 되었다. 더해 1953년 10월 거센 폭우와 범람이 이 일대를 덮친 뒤 도시가 해안과 하구를 다시 읽어내며 관리·복구 체계를 정비해 온 역사도 현재의 풍경 속에 스며 있다. 화려함보다는 안정과 접근의 가치를 택한, 오래된 합의의 결과다.

라 콘차 해변은 화려한 휴양지가 아니라, 도시와 바다가 함께 숨 쉬는 평화로운 쉼표 같았다.

### 예술가들의 뮤즈

라 콘차 해변은 많은 예술가들에게 영감의 원천이 되었다. 파블로 피카소의 1912년 작품 〈La Playa〉에 라 콘차의 실루엣이 추상적으로 표현되어 있다.

피카소의 그림은 '사람이 바다를 어떻게 살아내는가?'를 보여준다면, 실제 해변 풍경은 '바다가 사람과 도시를 어떻게 감싸안는가?'를 보여준다. 같은 장소에 대한 다른 해석이 공존하는 셈이다.

최근에는 웨스 앤더슨 감독이 2021년 영화 〈프랑스 디스패치〉의 한 장면에서 라 콘차를 오마주했다. 대칭적 구도와 파스텔 색조의 배경이 영화 속 가상 도시 '앙베르'로 재탄생했다. 실제 장소가 예술 작품을 통해 새로운 의미를 획득하는 흥미로운 사례다.

피카소의 〈La Playa〉(좌측)는 '사람이 바다를 어떻게 살아내는가?'를 보여주고, 우측 사진은 '바다가 사람과 도시를 어떻게 감싸안는가?'를 보여주고 있다.

산 세바스티안의 해변을 그려 호광(好光)의 화가라 불리는 호아킨 소로야가 여러 작품에서 빛을 기록하였는데, 〈라 콘차 해변〉을 비롯해 그의 산 세바스티안 연작은 '빛과 바람의 표정'을 탁월하게 포착한다.

---
## 3
## 해변 넘어 구시가지, 도시의 속살
---

**공간의 리듬 변화**

라 콘차의 완만한 곡선을 따라 구시가지(Parte Vieja)로 들어서자 리듬이 바뀐다. 넓었던 곡선은 사라지고 좁은 골목·짧은 시야·날카로운 모서리가 대신한다. 오래된 석재의 질감, 발코니의 철제 레이스, 겹겹이 중첩된 입면 위로 사람의 생활이 허공에 걸려 있는 듯 보인다. 낮부터 잔이 부딪히는 소리, 핀초스 접시를 들고 서성이는 사람들…. 도시가 말없이 "여기가 사회적 공간의 심장"이라고 귀띔하는 느낌이다.

### 중세의 수직성

"중세의 건축은 위로 자란다. 위협을 막기 위해서가 아니라 신에게 닿기 위해서."

골목 끝에서 만난 산 비센테 교회(Iglesia de San Vicente). 16세기 바스크 고딕의 힘이 느껴지는데 도시에서 가장 오래된 교회 가운데 하나다. 두꺼운 벽체 대

산 세바스티안에서 오래된 교회 중 하나인 산 비센테 교회

구시가지는 높은 건축 밀도 속에서 균형 잡힌 리듬이 만들어내는 도시적 조화를 잘 보여주며 하나의 '도시적 합주'를 이루고 있다.

신 높은 기둥과 첨두아치가 공간을 하늘 쪽으로 끌어올린다. 그것은 구조의 혁신이자 세계관의 표명—땅의 무게에서 천상의 열망으로. 이곳에서 우리는 현대의 시간을 잠시 벗고, 수백 년 전 어떤 이가 올려다보았을 것 같은 각도로 하늘을 바라봤다.

구시가지를 관통하는 것은 밀도다. 폭 3~5m의 골목, 리듬감 있는 바르-입구-쇼윈도-발코니의 반복, 1층의 공공적 개방성. 이런 요소가 보행 속도를 늦추고 체류 시간을 늘린다. 결국 도시의 활력은 높이보다 접촉면에서 나온다.

## 4
# 미라마르 궁전(Palacio de Miramar)
### - 바다와 바람의 왕궁

영국 왕실의 여름 휴양을 위해 지어진 미라마르 궁전, 빅토리아 시대의 건축 양식과 아름다운 정원이 조화를 이루고 있다.

### 왕실에서 시민에게

라 콘차를 굽어보는 언덕 위 미라마르 궁전은 한때 왕실의 여름 별장이었으나 지금은 누구나 드나드는 정원이 되었다. 1893년 준공, 영국인 건축가 셀던 워넘(Selden Wornum)의 1889년 설계안에 따른 영국풍(빅토리아식) 양식이 바스크의 바람과 만난다. 벤치에 앉으면 파도와 바람, 멀리 겹치는 산맥이 한 폭의 풍경화를 만든다. 전용 공간이 공공의 풍경으로 바뀐 사례, 도시가 지향할 가치가 무엇인지를 조용히 말해준다.

### 공간의 민주화

한때 왕실의 여름 별장이었던 곳은 이제 시민들의 쉼터가 되어 아이들의 웃음과 연인들의 속삭임을 품고 있다. 이것이 바로 '공간의 민주화'다.

미라마르는 풍경의 액자다. 건물이 자연을 압도하지 않고 시선·바람·동선을 정리해 조망의 플랫폼이 되도록 했다. 공공 전환 이후 잔디의 단차, 경로의 곡률, 앉을 자리의 분포가 '머물고 싶은 곳'을 촘촘히 만든다. 럭셔리란 자연을 방해하지 않는 기술이라는 사실을 확인하는 장소다.

---

## 5

## 쿠르살 회관(Kursaal)
### - 빛으로 만든 이방인

---

### 전통과 혁신의 대화

구시가지의 유기적 골목을 빠져나오면 갑자기 두 개의 반투명한 유리 큐브가 바다 쪽에서 빛을 발한다. 라파엘 모네오(Rafael Moneo)가 설계한 이 건축물은 해안의 바위를 추상화한 형태다. 스페인 건축계의 거장인 모네오는 "건축은 장소의 기억을 현대적 언어로 번역하는 것"이라고 말한 바 있다. 쿠르살이 바로 그런 철학의 구현체다.

쿠르살은 컨퍼런스, 콘서트, 박람회 등 다양한 문화 행사가 열리는 곳이다.

쿠르살 회관은 강 하구(우루메아)와 해안의 접점에서 "좌초한 두 개의 바위"처럼 보이도록 기획된 지형의 은유다. 낮에는 밀도 높은 유리의 표면이 주변을 받아들이고 밤이면 발광체처럼 스스로 도시를 비춘다.

쿠르살 회관은 낮에는 햇빛을 받아 반짝이는 유리 외벽이 주변 풍경과 어우러진다.

### 빛의 건축, 시간의 표정

쿠르살의 외피는 시간에 반응한다. 해가 높을 땐 잔잔한 유리의 밀도가, 해가 지면 내부 조명이 켜진 반투명 박스가 도시의 등대처럼 선다. 도면의 형태가 아니라 시간의 표정으로 기억되는 건축. 이곳은 산 세바스티안 국제영화제(SSIFF)의 심장부이기도 하다.

쿠르살 회관은 밤이 되면 건물 전체가 화려한 조명으로 빛나 도시에 활력을 더한다.

### 문화 전략으로서의 장소

영화제와 콘서트, 전시, 컨퍼런스가 드나드는 도시의 문화 플랫폼으로 기능하면서, 쿠르살은 '물성'보다 프로그램으로 도시를 재생한다. 2003년 영화제에서 봉준호 감독이 〈살인의 추억〉으로 감독상(실버 셸)을 받았고, 2016년에는 홍상수 감독이 〈당신 자신과 당신의 것〉으로 같은 상을 수상했다. 장소와 프로그램이 서로를 확장하는 선순환의 예다.

### 건축가의 전문적 시각
쿠르살은 경관–도시–프로그램을 삼각편대로 묶는다.

형태: 하구의 지형 은유(좌초한 바위)로 맥락성 확보.
외피: 반투명 커튼월이 낮/밤의 가변성을 연출.
플랫폼: 두 볼륨 사이 저층 데크가 바다·도시 흐름을 가로막지 않고 횡단 동선을 열어 둠.

즉, '이방인 같은 조형'이면서도 보행의 논리로 도시 조직에 스며든다.

### 도시의 리듬과 사회의 결
산 세바스티안의 아름다움은 건축의 선과 곡선에만 있지 않다. 이 도시는 사람의 관계로 설계된 사회적 리듬을 품고 있다. 아침의 어부시장과 오후의 바르(bar), 저녁의 해변 산책로까지. 구시가지의 바르 문화는 단순한 관광의 풍경이 아니라, 노동과 휴식, 경제와 유대가 얽힌 생활의 시스템이다. 골목마다 서로 다른 조명이 교차하며 '공유된 빛의 거리'를 만든다. 이 빛은 단순히 가게의 간판이 아니라 공존의 언어다.

시 당국은 20세기 후반 이후 지속적으로 해안 접근성 정책과 보행 중심 도시계획을 추진해 왔다. 차량 통행보다 사람의 체류를 우선시한 결과, 도시의 중심축이 '이동의 효율'에서 '관계의 밀도'로 옮겨갔다. 라 콘차 해변의 완만한 곡선이 시민들의 일상을 감싸안듯, 이 도시는 사회적 포용의 곡선을 그리고 있다.

산 세바스티안은 시민과 여행자, 예술가와 노동자가 하나의 리듬 안에서 어우러지는 도시다. 누구의 계급이나 언어에 갇히지 않은, 민주적 아름다움의 형상이

모래와 도시, 시민과 여행자가 한 리듬으로 어우러지는 산 세바스티안의 민주적 풍경

여기에 있다. 도시는 예술가의 손끝이 아니라, 사람들의 일상적인 체온으로 다시 지어진다. 이렇듯 산 세바스티안은 물리적 형태 이전에 사회적 공명이다. 사람들이 함께 사는 방식이 곧 도시의 미학이 된다.

## 6
## 도시라는 유기체, 공간이라는 생물

**시간의 층위가 만든 도시**

산 세바스티안에서 보낸 이틀은 층위에 대한 수업이었다. 라 콘차의 곡선, 구시가지의 밀도, 미라마르의 액자, 쿠르살의 발광체—각기 다른 시대의 감정과 리듬이 한 도시 안에서 겹쳐 산다. 산 비센테의 돌벽과 쿠르살의 유리벽이 동시에 타당한 이유는 도시가 시간을 포개어 수용하는 방식에 능숙하기 때문이다.

**공간이 남긴 깨달음**

밤이 내려앉으면 라 콘차의 포만 곡선 위로 달빛이 은빛 선을 그린다. 파도 소리가 생각을 덮고 멀리 쿠르살이 은근히 빛난다.

"도시는 결국, 사람이 머물고 싶어 하는 곳이어야 해."

혁신적 형태도 화려한 표피도 중요하지만, 사람의 체류가 없다면 그건 진짜 도시공간이 아니다. 산 세바스티안은 그 사실을 걷는 몸에게 체득시킨다.

## 7
## 곡선의 윤리와 공존의 미학

    도시는 단순히 건물의 집합이 아니라, 살아 있는 윤리의 형상이다. 산 세바스티안의 곡선은 건축의 조형미를 넘어, 타인과 공존하기 위한 사회적 태도를 그려낸다. 완만한 라 콘차의 선은 바다를 향한 포용이자, 서로의 다름을 껴안은 인간의 윤리였다.

    건축이 물리적 구조를 세우는 일이라면, 도시의 곡선은 공존을 설계하는 일이다. 사람의 걸음, 바람의 흐름, 시장의 소음, 그 모든 일상이 리듬이 되어 공간을 다시 짓는다.

곡선이 만든 질서, 공존으로 완성된 도시의 미학 — 산 세바스티안

우리는 이 도시의 곡선을 따라 걸으며 아름다움이란 결국 함께 사는 법에서 비롯된다는 것을 배운다. 도시의 선이 완만할수록 관계의 결은 부드러워지고, 그 부드러움 속에서 인간은 서로의 존재를 알아본다.

산 세바스티안의 곡선이 끝나는 곳, 다시 직선의 길이 시작되는 자리에서 우리는 다음의 도시―기억의 도시, 게르니카―를 향해 나아간다. 그곳에서 도시의 선은 미학이 아니라 윤리의 흔적으로 남아 있을 것이다.

〔 건축가의 시선 1 〕
## 쿠르살 회관 집중 메모

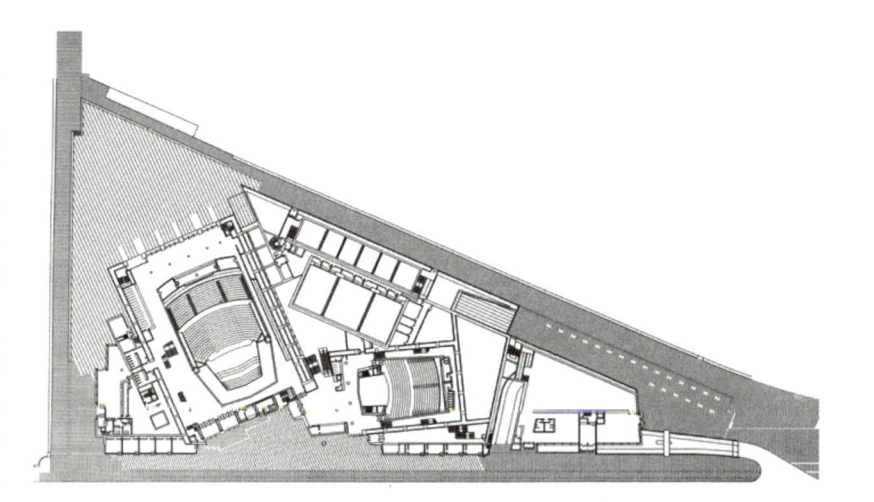

쿠르살 회관 배치도
*도면출처 : MiesArch의 프로젝트, "Kursaal Centre – ground floor plan/main section /site plan"

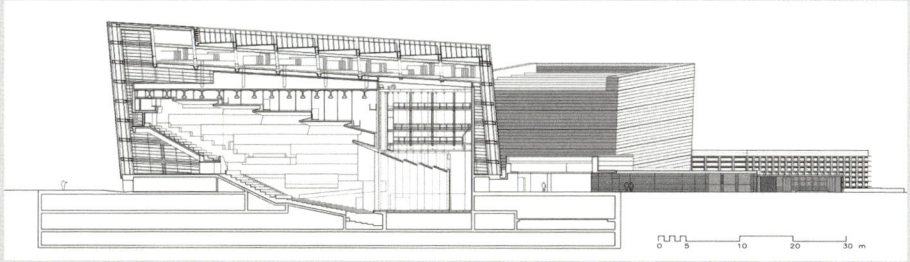

쿠르살 회관 주단면도
*도면출처 : MiesArch의 프로젝트, "Kursaal Centre – ground floor plan/main section /site plan"

### 1. '두 개의 바위'로서의 건축 – 자연 지형과 연결된 디자인

쿠르살은 도시의 일부가 아니라 지형 자체 속에 자연스럽게 안긴 '경관적 오브제'로 설계되었다. 모네오는 이 건물을 "바다에서 밀려온 두 개의 바위"로 개념화했으며 실제로 해안선에서 바라보면 자연스러운 지형의 연장선처럼 보인다.

이는 '컨텍스추얼리즘(Contextualism)' 건축 접근법의 대표적 사례다. 주변 환경과 대립하거나 돋보이려 하지 않고 오히려 자연스럽게 융화되는 방식을 택한 것이다.

### 2. 이중글래스 외피를 이용한 빛의 변화와 시간성 구현

외피 유리는 낮에는 밀도감 있는 벽처럼 보이지만 밤에는 내부 조명과 함께 신비로운 발광체가 된다. 이는 단순한 재료의 특성을 넘어서 시간의 흐름에 따라 건물의 정체성이 변화하도록 의도한 설계다.

"쿠르살은 물성과 투명성, 빛과 그림자라는 재료로 도시를 해석한다. 건축은 형태가 아니라 분위기로 기억된다."

### 3. 음향 기준으로 설계된 내부 공간 비례와 구조

큰 홀은 '이중 정사각형(double square proportion)' 비례를 기반으로 하며, 천장 높이는 약 10㎥로, 관람객의 체적 기준을 적용해 설계되었다. 이는 1:2 비율의 직사각형 평면으로, 클래식 음악 홀에서 이상적인 음향 확산을 만드는 황금비례다.

구조적으로는 대공간을 중간 기둥 없이 지탱하기 위해 트러스(truss) 시스템을 사용했으며, 외부 유리 벽은 구조체와 분리된 통유리벽 방식을 채택했다.

### 4. 지형을 해석한 입체적 플랫폼과 공공 동선 구성

건축물은 지면 위에 떠 있는 듯한 플랫폼을 통해 도시와 자연 사이에서 중간 지대의 공공성을 활성화한다. 사람들은 건축물을 관통해서 바다로 갈 수 있고 건축물 위로 올라가서 도시를 조망할 수도 있다.

이런 동선 계획은 건물을 단순한 기능적 용기가 아니라 도시 경험의 일부로 만드는 전략이다.

### 5. 문화 전략으로서의 장소 창출

단순한 회의장이나 콘서트홀이 아닌 영화제(SSIFF, San Sebastián International Film Festival), 재즈 페스티벌, 전시 등의 문화적 플랫폼으로 기능하도록 설계되어 도시 재생의 주축이 되고 있다.

봉준호 감독의 〈살인의 추억〉 / 홍상수 감독의 〈당신 자신과 당신의 것〉

산 세바스티안 국제영화제는 스페인에서 가장 오래되고 권위 있는 영화제로 매년 9월에 열리며 한국 영화가 세계 무대로 나아가는 중요한 통로 역할을 해왔다.

| 감독 | 작품명 | 수상 내역 | 연도 |
|---|---|---|---|
| 봉준호 | 살인의 추억(Memories of Murder) | 은 조각상 감독상 (Silver Shell) | 2003 |
| 홍상수 | 당신 자신과 당신의 것(Yourself and Yours) | 은 조각상 감독상 (Silver Shell) | 2016 |

한국 감독 수상 내역 (San Sebastián Film Festival)

두 감독 모두 산 세바스티안을 통해 세계 무대에서 주목받기 시작했으며, 이후 칸 영화제 황금종려상(봉준호, 2019)과 베를린 영화제 은곰상(홍상수, 2017) 등으로 이어지는 성과를 거두었다. 이러한 문화적 성과들이 쿠르살이라는 물리적 공간을 통해 구현되고 있다는 점에서 건축이 단순히 건물을 짓는 것이 아니라 문화를 만들어가는 과정임을 보여준다.

[ 순례자의 단상 ]

### 건축과 삶이 만나는 지점

산 세바스티안은 건축적으로 놀라운 도시였다. 하지만 가장 인상적인 것은 사람들이 공간과 관계 맺는 방식이었다. 도시라는 배경 안에서 살아가는 사람들, 그들의 걸음, 시선, 앉는 자세, 웃음…. 이런 것들은 건축이 만든 것이 아니라 건축과 함께 살아가는 '삶의 장면들'이었다. 라 콘차 해변에서 조깅하는 사람들, 구시가지 바르에서 핀초스를 먹으며 담소를 나누는 사람들, 쿠르살 앞 계단에 앉아 바다를 바라보는 연인들…. 이 모든 일상이 도시를 완성하는 요소들이었다.

### 순례는 걷는 행위 이상의 것이다

바스크에서의 여정은 단순한 걷기의 반복이 아니다. 공간과 공간 사이의 감정의 이동이고 시선의 전환이며 문화의 켜를 따라 걷는 일이다. 우리는 국경의 강을 건넜고 도시의 곡선을 따라 걸었고 빛의 건축 앞에서 멈춰 섰다. 그 모든 순간이 하나의 연결된 이야기로 쌓이고 있다.

건축가로서 우리는 항상 '공간을 만드는 사람'이라고 생각해 왔다. 하지만 이 여행을 통해 깨달은 것은, 우리는 사실 '공간 속에서 살아가는 사람'이라는 것이다. 공간이 우리를 만들고 우리가 공간을 만드는 순환 관계 속에서 진정한 건축이 탄생한다.

**질문은 계속된다**

산 세바스티안은 나에게 묻는다. 도시는 어떻게 인간의 감정을 품을 수 있는가? 그리고 건축은 무엇을 기억하고 무엇을 새롭게 말할 수 있는가? 이 질문은 순례길 전체를 통과하는 질문일지 모른다. 각각의 도시마다 각각의 건축물마다 다른 답을 제시하지만, 질문의 본질은 동일하다.

다음 도시로의 길 위에서 우리는 또 다른 응답을 기다린다. 걸음 하나하나가 질문이 되고 만나는 공간 하나하나가 대화가 되는 여정을 계속해 나가면서. 공간은 스스로 말을 하는가? 아니면 우리가 그 안에서 살아갈 때 비로소 이야기가 되는가? 그 질문을 품고, 우리는 다시 걷는다.

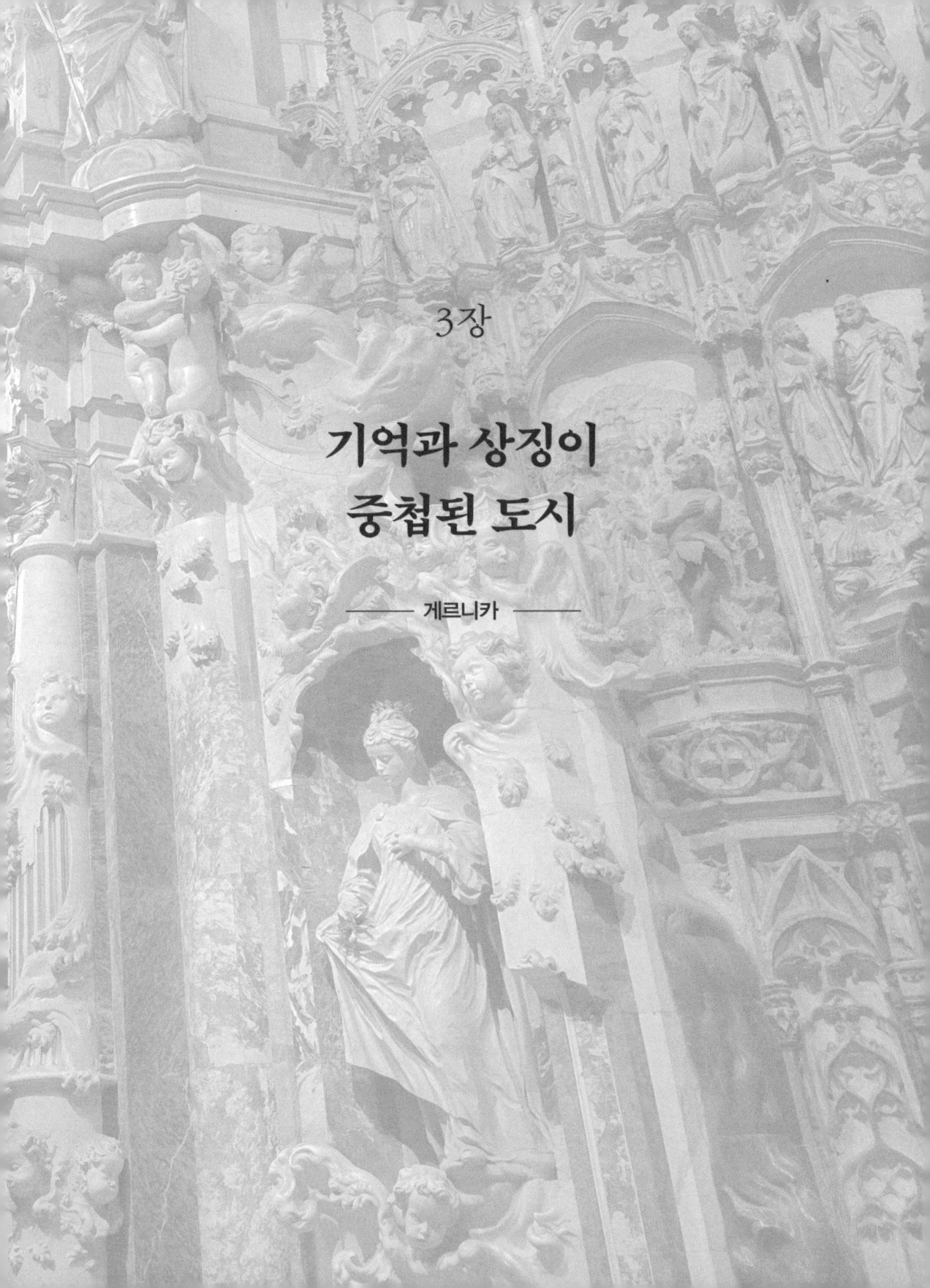

3장

# 기억과 상징이 중첩된 도시

— 게르니카 —

## 1
## '게르니카'라는 이름,
## 그림에서 현실로

**침묵의 도시, 첫발을 내딛다**

게르니카(Guernica)에 들어서는 순간, 공기가 묘하게 다르다는 걸 느꼈다. 바람은 잔잔했지만, 그 안에는 오래된 무게가 실려 있었다. 골목의 벽돌 하나, 바닥의 패인 자국 하나에도 누군가의 시간과 고통이 스며 있는 듯했다.

이곳의 침묵은 단순한 고요가 아니다. 그것은 너무 많은 것을 겪어 말을 잃어버린 기억의 상태다. 도시는 자신의 상처를 감추지 않는다. 오히려 그 상처를 공공의 기억으로 세운 건축물로 남겨두었다.

**이미 알고 있다고 믿었던 도시**

게르니카에 도착하기 전, 우리는 이미 이 도시를 '안다'라고 생각했다. 아니, 안다고 믿고 있었다. 1937년 4월 26일 월요일 오후 4시 30분경, 이 조용한 마을 위로 폭격기가 나타났을 때 시간은 한순간에 정지했다. 나치 독일 콘도르 군단과 이탈리아 아비아치오네 레조나리아가 수행한 공습이 3시간 남짓 이어지며 마을은 잿더미가 되었다. 희생자 수는 오랫동안 논쟁의 대상이었다. 초기 보도는 1,600명 이상으로 추정했으나, 이후 역사학계의 검증을 거쳐 오늘날 다수 연구는 170~300명 수준으로 본다. 그날의 잿빛 공기가 아직도 이 거리의 그림자에 남아 있다.

### 재건의 이면

전후 재건은 프랑코 정권이 주도했으며 물리적 복구와 동시에 바스크 문화에 대한 체계적 억압이 병행되었다. 묘비의 바스크어 비문을 떼어내고 스페인어로 바꾸게 하는 조치까지 시행되었다는 기록이 남아 있다. 도시계획과 재건 정책 전반을 통해 정치가 공간을 통치했다는 점이 이 도시의 상처에 또 하나의 층위를 더한다.

그러나 민주화 이후 게르니카는 도시 곳곳에 평화의 언어를 심기 시작했다. 게르니카 평화박물관(Museo de la Paz)이 그 기억의 중심이 되어 교육·전시·기록을 이어간다.

### 그림을 넘어, 살아 있는 장소

피카소의 〈게르니카〉를 떠올리면 그림 속 절규가 나를 삼킬 듯 다가온다. 검은 빛과 회색빛이 뒤엉킨 캔버스 속에서 빛은 부서지고, 인간은 해체되고, 공간은 뒤틀려 있다.

하지만 도시 자체는 놀랄 만큼 평온했다. 작은 광장, 장 보러 나온 사람들, 주말 장터의 웃음. 평범함이야말로 이 도시가 품은 깊은 물살을 숨긴 표면이었다. 바람결에 스치는 적막은 우리가 알고 있던 '그 그림'의 음영을 현실의 공간으로 바꾸어 놓았다.

피카소의 게르니카

"이건 뭐지? 도시가 생각보다 조용하네."

트라우마의 도시는 '표지판'보다 공간의 태도로 말한다. 과장된 기념비가 아닌 보행의 리듬, 비어 있는 여백, 낮은 시선의 시설물이 기억을 강요하지 않고 머물게 한다. 피카소의 〈게르니카〉는 단순한 회화가 아니라, 도시의 심장이 남긴 초음파 기록이었다. 피카소가 그린 건 전쟁의 순간이 아니라, 기억이 잊히는 과정을 향한 저항이었다.

## 2
## 산타 마리아 교회
### - 증언하는 건축

광장을 마주한 산타 마리아 교회는 게르니카의 가장 오래된 '증언자'다. 교회는 14~15세기 고딕의 뼈대를 지녔다. 1937년 폭격에서 전면 붕괴는 피했지만, 일부 예배당이 크게 훼손되고 성물실(Sacristy)이 불타 귀중한 문서들이 소실되었다.

검게 그을린 돌과 깨진 모서리, 닳아 사라진 조각들—그 침묵은 어떤 설명문보다 더 깊다. 건축은 이곳에서 증언자가 된다. 꾸밈없이 오래된 상처를 보여주는 것만으로 우리는 그

산타 마리아 교회를 복원 대신 그대로 보존하기로 한 것에는 그날의 비극을 잊지 않겠다는 게르니카 시민들의 의지가 담겨 있다.

날의 시간을 몸으로 읽는다.

### 살아 있는 증언자로서의 건축

나는 그 파사드를 바라보았다. 시간의 주름이 돌마다 새겨져 있었다. 복원된 부분과 남겨진 상처의 경계가 마치 인간의 흉터처럼 불완전하게 이어져 있었다. 겹겹의 수선 자국이 남은 파사드는 하나의 팔림세스트(palimpsest)였다. 양피지에 글을 쓰고 지우기를 반복하면서 이전 글씨의 흔적이 남아 있듯이, 이 교회도 여러 시대의 기억이 중첩되어 있었다. 제거·복원이 아닌 부분적 보존을 통해 상처의 시간성을 드러내면 건물은 기능을 넘어 기억의 장치가 된다. 이 도시는 기억을 지우는 대신, 그 위에 새로운 기억을 겹겹이 쌓아 올린다. 건축은 시간의 유적이 아니라, 기억을 적층하는 인간의 윤리적 행위였다.

산타 마리아 교회 정면

## 3
## 도시계획
### - 기억을 설계하다

전후의 게르니카는 단순한 '복원'이 아니라 새로운 도시 구성을 요구받았다. 재건 당국('파괴 지역 복구총국' 등 프랑코 체제 기관)의 체계 아래 광장·보행 동선·녹지 축이 재편되었고 사람 중심의 보행 체계가 도심의 유기성을 회복하는 축이 되었다는 평가가 있다.

도심에는 의도적으로 비워 둔 여백들이 있다. 거기에 서면 '지금-여기'가 아니라 '한때-그곳'이 겹쳐 보인다. 없어진 것의 자리—그 부재가 기억의 형태가 된다. '부재의 건축(Architecture of Absence)'은 채움보다 비움으로 기억을 말한다. 광장의 여백, 낮은 좌석·난간, 발걸음을 늦추는 미세한 레벨 변화가 감정적 체류를 생성한다. 기념비의 규모가 아니라 머무는 시간이 기억을 견고하게 한다.

## 4
## 평화의 공원
### - 피카소와 함께 걷는 거리

**단순한 복제를 넘어선 기념**

도시 한복판의 평화의 공원(Parque de la Paz)은 단순한 조경이 아니라 기억을 위한 무대다. 입구에 자리한 〈게르니카〉 타일 벽화는 원작의 실물 크기를 재현한다. 아래 새겨진 문구 "GUERNICA GERNIKARA(게르니카를 게르니카로)"—이는 마드리드 레이나 소피아 미술관에 있는 피카소의 원작이 언젠가 이곳 게르니카로 돌아오기를 염원하는 도시의 간절한 바람을 담은 문구다. 타일 벽화 앞 벤치와 잔디, 그리고 무명 희생자들을 기억하는 낮은 벽은 관람을 체류로 바꾼다. 이곳은 '보는 곳'이 아니라 머무는 곳이다.

한편 공원과 인접 구역에는 에두아르도 칠리다의 〈우리 아버지의 집(Gure Aitaren Etxea)〉과 헨리 무어의 〈대피소의 큰 형상(Large Figure in a Shelter)〉이 놓여 있다. 두 작품은 폭력의 시대를 건너온 도시가 예술로 평화를 말하는 법을 보여준다.

광장의 중심에 바스크 민족의 시조인 '아이토르' 동상이 세워져 있으며, 과거의 비어 있음이 상징적으로 담긴 공간이다.

## 피카소 〈게르니카〉의 깊은 의미

피카소는 이 작품을 통해 단지 전쟁의 참상을 고발한 것이 아니다. 그는 인간성과 문명 자체가 파괴되는 장면을 거대한 알레고리로 표현했다. 어머니가 죽은 아이를 품고 울부짖고 말과 황소가 뒤엉켜 비명을 지르는 구성은 전쟁의 단순한 결과물이 아닌 인간 존재 자체에 대한 뿌리 깊은 질문이었다.

평화의 공원 입구에 타일로 재현된 〈게르니카〉

| 요소 | 상징 | 해석 |
|---|---|---|
| 울부짖는 어머니 (왼쪽) | 죽은 아이를 안고 있음 | 고통의 극대화. 아이의 눈은 거꾸로 된 얼굴로 묘사되어 충격 강조 |
| 불타는 여인 (오른쪽) | 창문에서 비명 지름 | 불길 속에서도 팔을 뻗는 모습은 저항의 의지 |
| 떨어진 전사 | 손에 부러진 검 | 공화파 병사의 최후. 검 옆에 피어나는 꽃은 희망을 암시 |

## 그림의 정치적 여정

피카소는 생전에 이 그림이 프랑코 독재가 끝나기 전까지는 스페인으로 돌아가지 않기를 원했다. 실제로 이 작품은 1937년부터 1981년까지 44년간 뉴욕 현대미술관에 있다가 민주화 후에야 마드리드의 레이나 소피아 미술관으로 돌아왔다.

이런 사실은 이 그림이 단순한 미술작품이 아닌 정치적 선언문이었음을 보여준다. 예술이 어떻게 역사와 정치 그리고 사회적 기억과 연결될 수 있는지를 보여주는 대표적 사례다.

"건축이 말을 하지 않아야 할 때도 있어."

여기서 예술은 '조형물'이 아니라 공간 장치다. 앉을 자리의 간격, 그늘의 밀도, 시야를 여닫는 높이가 감정의 유량을 조절한다. 기념은 설명이 아니라 동선의 편집으로 완성된다.

## 5
## 오크나무와 의회
### - 상징이 된 공간

**천년의 전통이 살아 있는 나무**

게르니카의 심장, '게르니카의 나무(Gernikako Arbola)', 광장 한쪽에는 오래된 오크나무가 서 있다. 비스카야의 자유와 자치를 상징해 온 이 신목(神木)은 수세기에 걸쳐 후계목이 이어졌다. 그 나무는 바스크 사람들의 자치와 자유를 상징해 왔다. 그늘에서 사람들은 결의하고, 울고, 다시 살아갔다. 2015년 현재의 나무가 다시 심어졌고 옛 나무의 그루터기는 작은 전각 안에 보존되어 있다.

바로 옆 바스크 의회 건물인 '카사 데 훈타스(Casa de Juntas)'는 단순한 의회 건물이 아니라, 시민적 신념의 건축물이다. 투명한 빛이 유리창을 통과해 나무 위로 흘러내릴 때, 도시는 과거의 폭력 대신 민주적 전통의 현장을 보존함으로써 자신을 세운다.

바스크 의회 건물은 바스크 사람들이 스스로의 정체성과 자치권을 지키기 위해 얼마나 많은 노력을 해왔는지 보여주는 살아 있는 증거이다.

### 건물보다 나무가 중심인 곳

이곳의 위계는 분명하다. 자연-의례-건축이 하나의 축을 이루고 건축물은 자연과 의례를 틀—액자처럼 받쳐준다. 건축가의 관점에서 보면 이 건물의 스케일, 재료, 방향성이 모두 '나무'와의 관계를 고려해 설계된 점이 주목된다. 자연물과 건축 사이의 의미적 축이 어떻게 형성되는지를 명확히 읽어낼 수 있다.

"건물보다 나무가 중심인 공간. 이게 진짜 도시의 위계일지도 몰라."

### 자연이 중심이 되는 도시

건축은 자칫하면 모든 걸 설명하려 하고 공간을 장악하려 한다. 하지만 이 공간은 자연이 중심이 되고 건축이 그것을 받쳐주는 겸손한 구조를 보여준다.

오랜 세월 동안 바스크 사람들의 정신적 지주였던 오크나무

그리고 그것은 아주 아름답고 깊은 감동을 주는 공간 구성이었다. 현대 도시에서는 찾아보기 힘든 자연과 건축과 역사가 하나로 통합된 진정한 '장소의' 모습을 보여주고 있었다.

카사 데 훈타스의 스케일·축선·출입 동선은 나무를 중심에 둔 의례적 공간 구성이다. '건물이 자연을 들인다'가 아니라 자연이 건물을 지휘한다. 현대 도시가 잊은 겸손의 디테일이 여기에 있다.

〔 건축가의 시선 2 〕

# 게르니카의 공간 전략
## – 기억을 건축화한 도시

### 기억을 건축화한 도시

게르니카는 트라우마를 어떻게 공간적으로 치유하고 기념할 것인가에 대한 도시적 실험이다.

### 공간 설계의 핵심 전략

#### 1. 기억의 층위가 설계된 도시

게르니카의 도시 구조는 '존재하지 않는 것들'을 중심으로 설계되어 있다. 복원된 벽보다 사라진 공간의 여백이 더 넓고, 기념비보다 조용한 광장이 더 많은 의미를 담고 있다.

현대 건축에서 이러한 방식을 '부재의 건축(Architecture of Absence)'이라 부른다. 무언가를 채우는 것이 아니라 비워 둠으로써 오히려 더 강한 기억의 효과를 만들어내는 방식이다. 도시는 그렇게 '부재'를 통해 과거와 현재를 동시에 서사화한다. 게르니카의 건축은, 부서진 벽 사이로 인간이 다시 태어나는 장면을 품고 있다.

#### 2. 공공조형물의 공간적 구성

〈게르니카〉 벽화는 단순한 미술품 전시가 아니라, 주변 공간과 함께 감정적 체류를 유도하는 종합적 구조로 계획되어 있다. 시각 정보보다 정서적 반응을 우선시하는 설계 접근법이다.

벤치의 배치, 산책로의 동선, 조명의 방향까지 모든 것이 방문자가 그림 앞에서 멈춰서 성찰할 수 있도록 유도한다.

### 3. 기억과 정치의 이중 구조

오크나무와 의회 건물은 단순한 역사적 유산이 아니라 도시의 현재를 구성하는 살아 있는 정치적 장치로 기능한다.

이는 '살아 있는 유산(Living Heritage)' 개념의 구현이다. 과거의 유물을 박제화하는 것이 아니라 현재의 삶과 정치 속에서 계속 의미를 생산해 나가는 방식이다.

### 4. 방사형 도시 구조와 보행 동선

전후 재건 시 차량 동선보다 사람 중심의 방사형 보행 체계를 도입함으로써 도시 내부의 유기성을 회복했다.

이는 중세 도시의 인간적 범위를 현대적으로 재해석한 사례로 도시가 단순히 효율적 이동을 위한 공간이 아니라 사람들이 만나고 소통하는 사회적 공간임을 강조한 설계다.

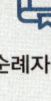
〔 순례자의 단상 〕

### 공감의 도시
게르니카는 공감의 도시다. 그 공감은 지식에서 오지 않고 '멈추어 머무는 것'에서 온다. 걷다가 멈추고 마주보다 고개를 숙이고 그 자리에서 조용히 함께하는 것. 그것이 우리가 이 도시에서 배운 소통의 방식이었다.

### 건축이 기록하는 방식
"건축은 기록이다." — 무너진 교회는 복원되지 않은 채로 전쟁을 증언했고 피카소의 〈게르니카〉는 80년이 지난 오늘날에도 여전히 경고처럼 울리고 있었다. 건축이 단순히 기능적 공간이 아니라 집단의 기억을 담고 전달하는 매체가 될 수 있다는 것을 이곳에서 생생히 체험했다.

### 치유의 진정한 의미
"치유는 덮는 게 아니라 마주하는 것이며, 예술은 경고다."

피카소의 〈게르니카〉는 80년이 지난 오늘도 여전히 유효한 메시지를 전한다. 게르니카의 거리를 걸을 때마다, 나는 이 도시가 슬픔을 숨기지 않는 법을 배운다. 기억은 지워지지 않아야 한다. 그것이 곧 살아 있는 윤리이기 때문이다. 오늘의 게르니카는 더 이상 폐허의 도시가 아니다. 아이들의 웃음소리, 시장의 소음, 벽에 새겨진 평화의 문장들이 전쟁의 흔적을 덮는 것이 아니라, 그 위에 새로운 의미를 쌓아 올린다. 건축은 여전히 그 모든 것을 기억한다. 그리고 그 기억은 우리에게 이렇게 말한다. "기억의 건축은 완성되지 않는다. 매일 새로 세워진다."

### 도시 회복의 모델

게르니카는 전쟁의 상징을 넘어 도시가 어떻게 회복하고 재구성될 수 있는지를 보여주는 귀중한 사례다. 물리적 재건뿐만 아니라 정신적, 문화적 치유가 어떻게 공간을 통해 구현될 수 있는지를 보여준다. 건축과 도시계획이 단순히 기능적 문제가 아니라 사회적, 정치적, 문화적 행위임을 증명하는 곳이다.

### 순례길에서 얻은 교훈

건축은 결국 인간의 기억을 담는 그릇이며 그 기억을 통해 미래를 향한 의지를 표현하는 수단임을 우리는 이 도시에서 다시 한번 깊이 배웠다.

게르니카에서의 경험은 단순히 한 도시를 방문한 것을 넘어서, 건축가로서 그리고 인간으로서 우리가 추구해야 할 가치가 무엇인지를 성찰하게 해준다. 공간은 스스로 말을 하는가? 아니, 공간은 우리가 그 안에서 겪은 고통과 희망을 통해 비로소 이야기가 된다. 게르니카는 그 사실을 온몸으로 증명하는 도시였다.

# 4장

# 구겐하임 이후, 도시가 다시 태어나는 법

— 빌바오 —

## 1
## 철의 도시, 물길을 따라 걷다

**게르니카에서 빌바오로, 바스크의 두 얼굴**

우리는 기억의 도시, 게르니카의 묵직한 여운을 품은 채 바스크의 또 다른 얼굴인 재생의 도시, 빌바오(Bilbao)에 들어섰다.

순례길상에 그려진 이 그라피티는 바스크인들이 단순히 스페인이나 프랑스 내의 자치권을 넘어 온전한 독립 국가를 꿈꾸는 오랜 염원을 담고 있다.

강의 물 냄새가 먼저 말을 걸었다. 네르비온 강(Ría del Nervión)은 도시의 척추처럼 굽이치며 오래된 용광로의 기억과 새로워진 산책로의 바람을 동시에 실어 나르고 있었다. 강변의 잔디와 자전거길, 그리고 곳곳의 조각들은 산업의 흔적을 덜어낸 자리에 시민의 일상을 다시 심어 놓은 표식 같았다.

"이건 도시와 강의 재협상이네."

누군가 중얼거렸고 모두가 고개를 끄덕였다. 낡은 굴뚝이 내쉬던 검은 숨은 사라지고 대신 유리와 티타늄, 석재와 녹지가 서로를 비추며 호흡을 맞추고 있었다.

### 네르비온 강, 도시의 생명선

강변 어귀에서 네 명의 여인이 굵은 밧줄을 잡아당기고 있었다. 움직임이 없는 움직임—도라 살라사르의 조각 〈라스 시르게라스(Las Sirgueras)〉. 19세기 강을 거슬러 배를 '사람의 힘'으로 끌어올리던 여성 노동자들의 몸짓이 이제는 도시의

네르비온 강변에 설치된 조각 작품으로 20세기 초반 빌바오가 철강 산업으로 번성할 때 강을 오가는 배들을 밧줄로 직접 끌어올리던 '아마라도라스(Las Amarradoras)'라는 여성 노동자들의 모습을 형상화한 것이다.

기억이 되어 물 위에 닻처럼 박혀 있다. 우리 일행은 그 앞에 잠시 서서 바스크 바람을 등에 진 채 창백한 청동의 숨을 함께 들이마셨다.

### 산업도시에서 문화도시로의 전환

빌바오는 한때 '스페인의 맨체스터'라 불렸다. 19세기 후반부터 철강과 조선업으로 번성했지만 1970년대 탈산업화의 파고 속에서 강은 탁해지고 도시는 주저앉았다. 다시 일어선 방식은 상징적 건축 하나의 기적이 아니라 하천 정비 · 보행 인프라 · 문화거점 · 교통재편 · 토지 재생을 엮은 장기 미학(美學)이었다. 그 결절점 가운데 하나가 강변의 아반도이바라(Abandoibarra) 재생—지금의 '산책하는 수변 도시'다.

빌바오(Bilbao)는 오랫동안 쇠와 기름 냄새로 가득한 산업의 도시였다. 강은 공장들의 폐수로 탁했고, 사람들은 도시의 중심을 떠났다. 그러나 시간이 흘러 이 도시의 중심부에 하나의 곡선이 들어섰다. 그 곡선이 도시를 다시 호흡하게 했다. 1997년 도시의 심장에 빛의 건축, 구겐하임 미술관(Guggenheim Museum Bilbao)이 세워진 것이다.

---
## 2
### 처음 마주침
- 이질감과 경탄 사이
---

### 외계의 물체 같은 첫인상

강을 따라 굽어지던 길이 한 번 크게 숨을 고르더니 어느 순간 거대한 곡면이 시야를 채웠다.

　빌바오의 구겐하임은 처음 보는 순간 낯설다. 물결처럼 흘러내리는 티타늄의 비늘, 빛과 구름의 속도를 그대로 옮겨 놓은 듯한 외피는 마치 외계의 생명체처럼 솟아 있다. 그러나 가까이 다가설수록 그 낯섦은 경탄으로 바뀐다. 곡면은 하늘의 빛을 품어 변하고, 강의 수면과 호흡하며 형태를 달리한다.

빛에 따라 시시각각 색이 변하는 구겐하임 미술관 전경(아침)

### 프랭크 게리의 건축 혁명

프랭크 게리(Frank Gehry)의 구겐하임 빌바오 미술관. 그는 건축을 "조율된 혼돈"이라 불렀다. 그에게 곡선은 무질서가 아니라 생명체의 윤리였다. 질서와 혼돈이 교차하는 그 미묘한 균형이, 도시의 재생을 가능하게 하는 비정형의 질서를 낳았다. 1997년 개관한 이 미술관은 약 3만 3천 장의 티타늄 패널이 덧입혀진 유기적 덩어리로 구성되어 있다. 항공기 설계용 소프트웨어 'CATIA'[컴퓨터 지원 3차원 설계 프로그램]가 건축 언어로 번역되면서, 도면의 선들은 실제 공간의 곡선으로 태어났다. 비가 오면 은빛, 해가 기울면 구릿빛으로 변주되는 표피는 도시 하늘의 기분을 제시간에 공표하는 일기 예보 판 같다. 이 기술적 변환은 단순한 공학적 혁신이 아니라, 건축이 인간의 상상력과 기술이 만나는 경계에서 새로운 미학을 창조할 수 있음을 증명한 사건이었다.

### 건축과 도시의 만남

살베 다리(Puente de La Salve)는 그 거대한 몸과 어깨를 맞댄 이웃이다. 다리 위로 선명한 홍(紅)의 반원—다니엘 뷔렝의 〈아르코스 로호스/아르쿠 고리악(Arcos rojos/Arku gorriak, 2007)〉—이 도시의 입구를 괄호처럼 묶는다. 밤이면 붉은 고리는 강물과 공중에 반원을 더 그려 다리·건물·물·빛을 하나의 문장으로 이어 준다. 건축은 단독으로 도시를 바꾸지 못한다. 하지만 도시가 준비되어 있을 때 건축은 도시 변화의 강력한 매개자가 될 수 있다.

빛에 따라 시시각각 색이 변하는 구겐하임 미술관 전경(낮, 비 올 때)

빛에 따라 시시각각 색이 변하는 구겐하임 미술관 전경(해 뜰 때)

## 3
### 구겐하임의 내부
### – 비워진 공간 속의 시간

**예상치 못한 휴관일**

구겐하임 미술관 내부를 보기 위해 빌바오에서 하루를 더 머물기로 계획되어 있었다. 하필이면 그날이 휴관일과 겹쳐서 다음 일정인 포르투갈레테로 가는 길을 먼저 걷고 돌아와 다음 날 아침에 입장권을 받고 들어설 수 있었다.

이런 예기치 못한 상황도 순례길의 묘미 중 하나다. 모든 것이 계획대로 되지 않지만, 그 덕분에 더 깊이 있는 경험을 할 수 있게 된다.

**건축 그 자체가 예술**

아트리움은 한 번에 파악되지 않았다. 아래에서 올려다보면 빛의 우물 같고 위에서 내려다보면 곡선의 강이 건물 안을 흐르는 듯했다. 계단과 브리지는 공중의 문장부호, 전시실들은 쉼표처럼 흩어져 있었다. 이곳에서 '동선'은 관객을 묶는 끈이 아니라 건물이 펼쳐 놓은 변주를 듣는 박자였다.

건축 그 자체가 예술인 미술관 내부 1

건축 그 자체가 예술인 미술관 내부 2

### 곡선의 건축학

"여기는 '건축을 바라보는 곳'이 아니라 곡선의 길을 따라 '건축을 산책하는 곳'이야. 모든 면이 곡면인데도 불구하고 하중은 정확히 지탱되고 있어."

프랭크 게리는 평면보다 입체를, 직선보다 곡선을 선택했다. 그 안에서 관람자는 때로는 방향을 잃기도 하고 때로는 예상치 못한 새로운 공간을 발견하기도 한다. 이 미술관은 '예술을 보여주는 상자'가 아니라 예술이 실현되고 체험되는 살아 있는 무대였다.

바닥 가까이 몸을 낮추자, 거대한 강철의 미로가 시야를 채운다. 리처드 세라의 〈시간의 문제(The Matter of Time, 1994–2005)〉는 미술관의 가장 긴 갤러리에 영구 설치되어 있으며, 게리의 곡선 공간과 완벽한 대화를 나누고 있다. 작품과 건축이 서로를 돋보이게 하는 이상적인 관계다. 거대한 강철판이 나선형으로 감기며 '시간의 깊이'를 걷게 만든다. 공간은 직진하지 않은 곡선으로 기억된다. 그 안에서 사람은 물리적 존재가 아니라 공간의 일부가 된다. 이 영구 설치는 미술관의 가장 긴 갤러리에서 빌바오의 시간을 굽이쳐 들려준다.

밖으로 나오면 제프 쿤스의 〈튤립(Tulips)〉이 색의 숨을 길게 뿜는다. 풍선을 닮은 스테인리스의 표면에 강과 하늘, 관람객의 표정이 겹겹이 반사된다. 꽃다발은 가볍지 않고 색채는 얄팍하지 않다. 유희처럼 보이는 덩어리 안쪽에 도시가 새로 배운 낙관의 무게가 묻어난다.

리처드 세라(Richard Serra)의 〈시간의 문제(The Matter of Time)〉

## 4
### 도시와 미술관
### - 다시 연결된 삶

**미술관 너머의 일상**

빌바오의 기적은 미술관이 세운 것이 아니다. 그 기적은 도시가 자신을 스스로 다시 믿기로 결정한 순간에 시작되었다. 구겐하임은 '도시 전체'를 전시장으로 확장했다. 강변 보행로와 자전거길은 작품 사이의 캡션처럼 이어지고 광장은 시민의 일상으로 낭독된다. 아이는 계단에서 뛰고 연인은 물가에 앉아 강을 바라본다. 관광을 위한 '무대미술'이 아니라 거주를 위한 '생활 세트'가 된 풍경이다. 예술은 더 이상 특별한 것이 아니라, 일상과 함께 숨 쉬는 도시의 공기였다. 건축이 예술을 품고, 예술이 도시를 품었다. 그 속에서 사람들은 서로의 존재를 재발견했다.

**통합적 도시 재생 프로젝트**

이 변화는 건축 한 점으로 설명되지 않는다. 빌바오는 교통부터 수변까지 '전체'를 고쳤다. 1995년 문을 연 지하철은 '포스테리토(Fosterito)'라 불리는 유리 반원 캐노피로 도시에 우아한 호흡을 내주었고 2000년 칼라트라바의 공항 터미널('라 팔로마')은 하늘길의 관문을 새로 그렸다. 도시 재생의 시간표가 미술관·메트로·공항·수변공원을 서로 맞물리게 했기 때문이다.

## 5
### 네르비온 강
— 도시의 리듬과 호흡

**도시를 관통하는 생명의 물줄기**

 빌바오를 관통하는 네르비온 강은 한때 산업의 상징이었지만, 이제는 도시의 심장처럼 박동한다. 수면 위로 반사된 빛이 미술관의 곡면을 따라 미끄러지고, 그 빛이 다시 사람들의 얼굴에 닿는다. 같은 자리에 앉아도 물의 문장이 달라진다. 우리는 벤치에 앉아 도시를 등받이 삼아 숨을 골랐다.

 도시는 움직이면서 고요했고 변하면서도 균형을 잃지 않았다. '성공한 도시 재생'의 표정은 바로 그런 것—관광객이 떠난 자리에도 변함없이 남아 있는 시민의 일상이 있었다.

제프 쿤스(Jeff Koons)의 〈튤립(Tulips)〉

**걸어서 이해하는 도시**

구겐하임에서 시작하여 구시가지로, 강변에서 언덕으로, 유리에서 석재로, 현대적 건물에서 전통적 건물로 이어지는 질감의 전환이 자연스럽게 이어질 때 빌바오라는 도시는 하나의 입체적 호흡으로 이해된다. 걷는 사람들의 속도에 맞춰 도시는 부드럽게 호흡한다. 걷는 만큼만 보이고 멈춘 만큼만 들린다. 그 단순한 진리가 이 도시의 회복을 이끌었다.

도시를 흐르는 생명선, 네르비온 강

〔건축가의 시선 3〕

# 구겐하임 빌바오
# - 21세기 건축의 혁명

## 21세기 건축의 패러다임을 바꾼 혁신

프랭크 게리의 구겐하임 빌바오는 단순한 미술관을 넘어서, 건축사에 새로운 장을 연 기념비적 작품이다. 프랭크 게리는 1997년 개관 인터뷰에서 이렇게 말했다. "나는 건물을 짓는 것이 아니라, 사람들이 머물 수 있는 감정을 만든다." 그 말은 빌바오 전체를 설명한다. 구겐하임의 곡면은 도시의 과거를 감추지 않는다. 오히려 녹슨 철의 질감을 티타늄 외피 사이에 남겨두며 상처의 기억을 빛으로 감싸는 방식으로 도시를 치유한다.

이것이 '빌바오 효과'의 본질이다. 경제적 성공의 상징이 아니라, 공공의 기억이 회복된 공간적 윤리의 실현이다. 건축은 재료가 아니라 태도이며, 도시의 회복은 설계가 아니라 의지에서 비롯된다.

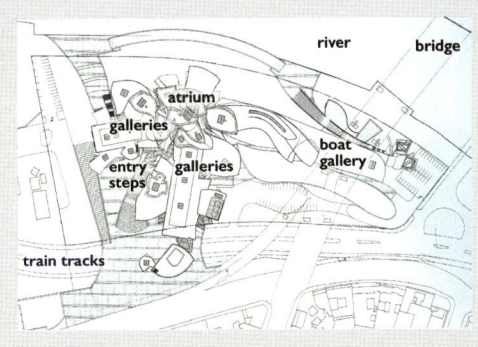

구겐하임 미술관 배치도 *출처: WikiArquitectura 사이트

### 1. 유기적 곡선의 조형성과 '비정형의 논리'

프랭크 게리의 설계 철학에서 핵심은 '자연에서 영감을 받은 비정형 곡선'이다. 구겐하임 미술관의 외관은 마치 커다란 조개껍질, 물고기의 비늘, 바람에 흩날리

는 천 조각을 연상시킨다.

　이러한 곡선은 단순한 조형적 아름다움 이상의 의미가 있다. 게리는 '규칙적인 격자와 직선으로 이루어진 전통적 도시' 위에 자연의 자유로운 선을 얹음으로써 산업도시 빌바오를 완전히 새로운 시각으로 해석하고자 했다.

　이 곡선들은 CATIA(항공기 설계 프로그램)를 이용하여 정밀하게 설계되었으며 철골 구조물 위에 약 33,000장의 티타늄 패널이 마치 비늘처럼 촘촘히 입혀져 있다. 티타늄은 자연광에 따라 색조가 끊임없이 변하며 빌바오의 흐린 날씨조차 아름답게 반사하여 '살아 있는 건축물'처럼 느껴지게 한다.

### 2. 중앙 아트리움(Atrium) - 빛과 동선의 허브

　내부의 핵심 공간인 아트리움은 건물 전체를 유기적으로 연결하는 공간적 중심축이다. 높이 약 50미터에 이르는 거대한 유리 천창으로 자연광이 쏟아져 들어오며 곡면으로 이루어진 벽과 계단, 브릿지가 공간 곳곳에서 서로 이어진다.

　게리는 이 아트리움을 '산책하는 미술관' 개념으로 설계했다. 관람자는 일직선으로 전시를 보는 것이 아니라 곡선을 따라 걸으며 자연스럽게 공간을 체험하게 된다. 동선은 엄격히 정해지지 않았고 각기 다른 시점에서 다양한 전시 공간을 만나게 되며 이동 중에도 네르비온 강을 바라보는 외부 풍경이 자연스럽게 눈에 들어온다.

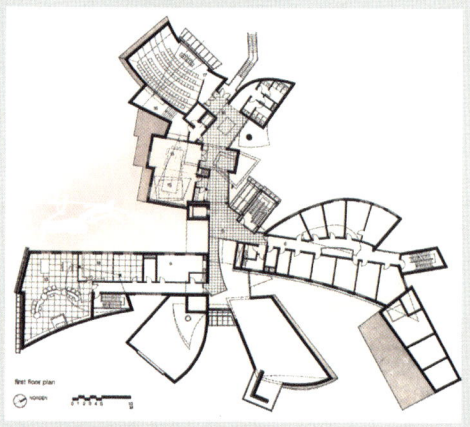
구겐하임 미술관 1층 평면도
*출처: WikiArquitectura 사이트

빛과 동선의 허브 중앙 아트리움

### 3. 네르비온 강과의 공간적 대화

구겐하임 미술관은 단지 미술관이 아닌 빌바오라는 도시의 상징적 풍경 요소로 설계되었다.

건축물은 네르비온 강을 끼고 도시와 대화를 나누며 강변의 자연스러운 곡선을 따라 덩어리를 분절하여 배치했다. 특히 강 쪽으로 돌출된 부분은 마치 강물 위로 미끄러지듯 흐르고 외부 산책로와 수평적인 시선을 공유하여 자연스럽게 도시 공간과 연결된다.

살베 다리(Puente de la Salve)와 의 접점은 특히 흥미롭다. 거대한 빨간 아치와 티타늄 곡면이 교차하며 강렬한 시각적 대비를 이루는데 이는 의도적으로 '기존 도시 인프라와 새로운 건축적 조형이 충돌하고 대화하는 장면'을 연출하기 위한 전략적 장치이다.

도시를 잇는 붉은 아치 살베 다리

### 4. 재료의 상징성 – 티타늄, 석재, 유리

티타늄 외피는 빌바오의 흐린 날씨와 산업적 정체성을 반사하는 전략적 재료로 선택되었다. 비와 바람, 햇빛에 따라 색이 시시각각 바뀌며 강과 도시를 담아내는 거대한 거울처럼 작동한다.

석제(석회암) 벽체는 티타늄 외피와 대비를 이루며, 주변 전통 건축물과의 맥락을 연결하는 중요한 장치로 배치되었다. 유리 커튼월(curtain wall)은 아트리움(Atrium)과 네르비온 강 쪽에 적극적으로 사용되어 내부와 외부 경계가 모호하게 흐려지는 투명성을 표현한다.

### 5. 건축-조각-풍경이 통합된 광장 디자인

구겐하임 미술관 앞 광장에는 루이즈 부르주아(Louise Bourgeois)의 거대한 거미 조각 〈Maman〉과 제프 쿤스의 꽃 강아지 〈Puppy〉가 설치되어 있다. 게리는 건축물과 조각 작품, 네르비온 강, 보행자 공간이 하나의 거대한 '도시적 무대'를 이루도록 통합적으로 설계했다.

관람자는 미술관을 방문하지 않더라도 광장을 거닐며 예술적 경험을 자연스럽

루이즈 부르주아(Louise Bourgeois)의 거대한 거미 조각 〈마망(Maman)〉 – 미술관과 하나의 풍경을 이룬다.

게 체험하게 되고, 이는 '건축이 도시와 어떻게 통합되어야 하는가?'에 대한 훌륭한 답변이 된다.

제프 쿤스의 꽃 강아지 〈Puppy〉

〔 순례자의 단상 〕

### 도시를 사랑하는 사람으로
빌바오에서 우리는 또 다른 길을 걷고 있었다. 길 위의 건축가가 아니라 도시를 사랑하는 사람으로서 말이다. 누군가는 이 도시가 미술관 하나로 바뀌었다고 단순하게 말한다. 하지만 우리가 본 빌바오는 그 이상이었다.

### 기적 같은 도시의 탄생
건축이 상징이 되고 도시가 잃었던 공간과 정체성을 되찾고, 시민이 다시 삶의 주인이 되는 도시. 빌바오는 그 모든 것이 동시에 가능한 기적 같은 도시였다.

### 건축의 진정한 힘
"건축은 도시를 구할 수 있는가?"라는 오래된 질문 앞에 빌바오는 분명한 답을 제시하고 있었다. 건축은 단순한 기능의 집합이 아니라 도시가 다시 숨 쉬도록 하는 '의지의 형상'이라는 것을. 그리고 그런 의지가 시민과 만날 때 진정한 기적이 일어난다는 것을 말이다.

### 발걸음마다 체험하는 기적
빌바오의 기적은 구겐하임이 만든 것이 아니다. 우리는 그 기적을 네르비온 강을 따라 걷는 발걸음마다 체험하고 있었다. 쇠락한 산업도시가 어떻게 세계적인 문화도시로 거듭날 수 있는지, 건축이 어떻게 도시의 운명을 바꿀 수 있는지를 온

몸으로 느끼고 있었다.

### 순례길에서 얻은 깨달음

빌바오에서의 경험은 순례길 전체에 새로운 의미를 더해주었다. 전통과 혁신, 과거와 미래가 갈등하지 않고 조화를 이룰 수 있다는 것, 그리고 그런 조화야말로 진정한 발전의 모습이라는 것을 깨달았다. 건축가로서 우리가 추구해야 할 것은 단순히 새로운 형태나 기능이 아니라 사람들의 삶을 풍요롭게 하고 도시에 새로운 생명력을 불어넣는 공간을 만드는 것이다. 건축은 의지의 형상이며, 그 의지는 결국 인간의 회복을 향해 있다. 공간은 스스로 말을 하지 않는다. 우리가 그 안에서 살아갈 때, 빌바오처럼, 공간은 비로소 도시 전체의 이야기가 된다. 우리는 그 이야기를 품고, 다시 길 위로 나선다.

2부

# 바다의 도시들

걷는 건축가의 시선

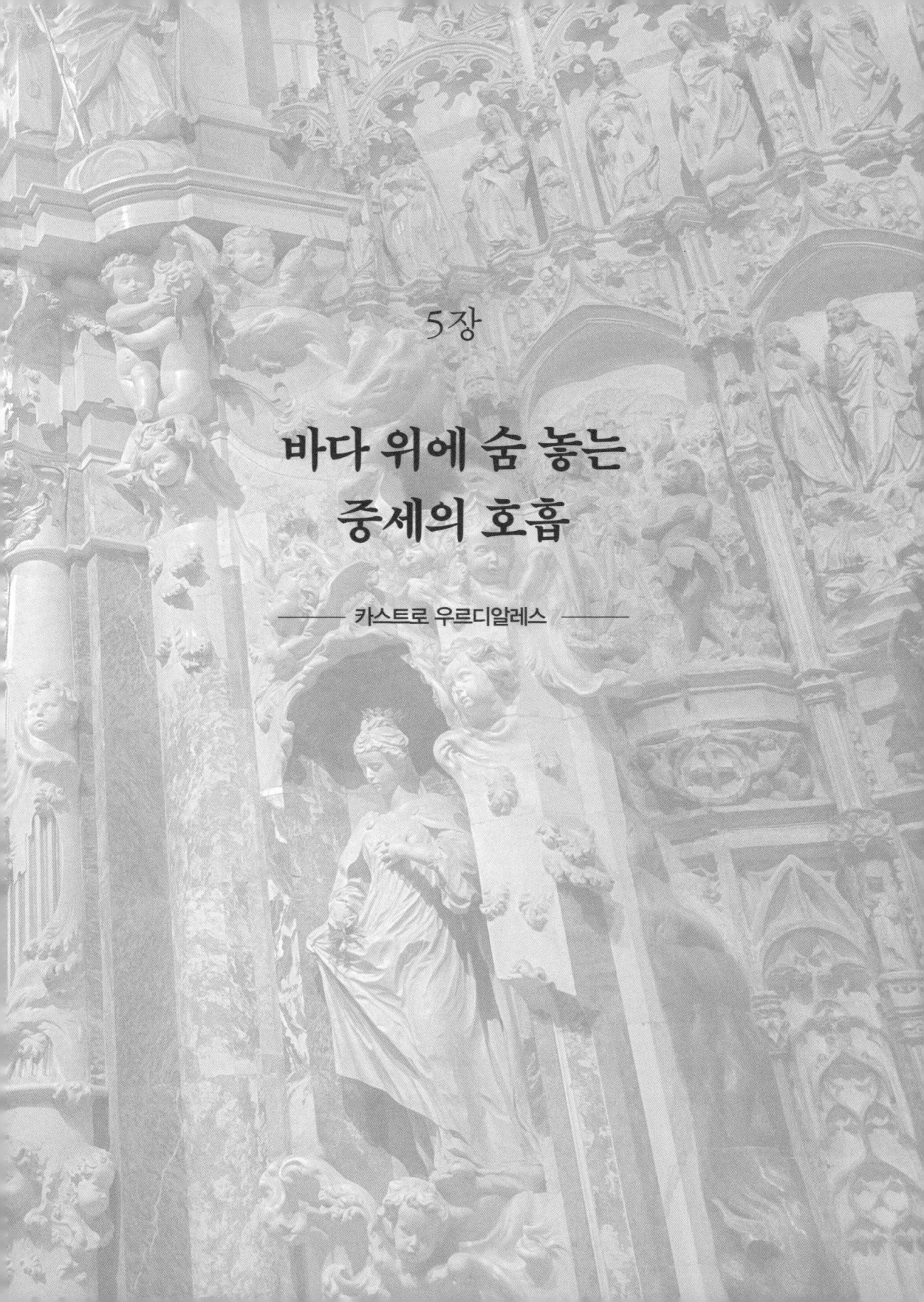

# 5장

## 바다 위에 숨 놓는
## 중세의 호흡

— 카스트로 우르디알레스 —

# 1
## 바다에 걸린 성곽의 윤곽

**새로운 땅, 새로운 문화권의 시작**

빌바오의 강 빛을 뒤로하고 바람의 결이 바뀌는 순간 우리는 칸타브리아 땅으로 들어섰다. 바스크의 단단한 긴장감이 서서히 풀리고 언어의 억양과 집들의 표정이 미세하게 달라진다. 그 첫 관문이 카스트로 우르디알레스(Castro Urdiales)였다. 멀리서 볼 때는 평범한 항구 도시지만, 가까이 다가서면 도시의 중심이 바다 가장자리로 뚜벅뚜벅 걸어 나가 있음을 알게 된다. 로마의 식민도시 '플라비오브리가(Flaviobriga)'[1세기경 건설]의 흔적이 현재의 구시가지 아래에 겹겹이 깔린 곳, 시간의 지층이 얇게 들뜬 면처럼 드러나는 도시다.

**첫인상의 강렬함**

멀리서 바라본 카스트로 우르디알레스는 스페인 북부 칸타브리아 지방의 전형적인 해안 도시 모습이었지만 가까이 다가갈수록 평범함과는 거리가 먼 도시임이 드러났다. 도시는 오래된 호흡으로 우리를 맞았다.

"길도, 벽도, 바람도 오래됐어."

누군가 중얼거렸고, 우리는 그 말이 단순한 묘사가 아니라 이 도시의 리듬이라는 것을 곧 알게 되었다. 이곳의 시간은 '살아 있는 유적'으로서 현재형으로 숨 쉬고 있었다. 실제로 이 도시는 중세 시대 중요한 항구 도시로 번성했으며, 과거 왕족들의 전용 해변이었지만 지금은 완전히 시민을 위한 공간으로 전환되었다. 이런 변화야말로 현대 민주사회의 발전 과정을 상징적으로 보여주는 사례다.

카스트로 우르디알레스는 스페인 북부 칸타브리아 지방의 아름다운 해안 도시이다.

## 2
## 산타 마리아 대성당
### - 절벽 끝, 거대한 돌의 기도

**압도적인 첫 만남**

절벽 위에 선 산타 마리아 대성당(Iglesia de Santa María de la Asunción)을 처음 마주하는 순간 시선은 자연스레 위로 당겨진다. 13~15세기에 걸쳐 지어진 고딕의 육중한 리듬—첨두아치, 리브볼트, 플라잉 버트레스(flying buttress, 외부 지지대)—가 바닷바람을 견디는 구조적 언어로 응축돼 있다. 성당은 어항과 성채, 물결의 소음과 종소리를 한 화폭에 담듯 바다와 포구, 등대와 나란히 선다.

산타 마리아 성당(左)과 산타 아나 성(右)

### 방어와 신앙의 결합

성당 옆으로는 1853년에 등대 설비가 추가되면서 한 몸처럼 다듬어진 산타 아나 성(Castillo de Santa Ana)이 바다 쪽으로 돌출되어 있다. 북부에서 보존 상태가 뛰어난 성곽 가운데 하나로 성채·등대·성당이 포개져 '방어-신앙-항해'의 삼중 구조를 이룬다. 신앙과 항해, 방어가 하나로 포개진 이 복합체는 '하늘과 바다, 인간의 두려움과 믿음이 교차하는 자리'였다.

### 하나의 복합체로서의 건축

성채와 성당은 서로를 감싸듯 배치되어 마치 하나의 방어 복합체처럼 보였다. 절벽을 가로지르는 아치형 석교까지 더해지니 성당과 성채가 하나의 거대한 방어

성당과 성채가 하나의 거대한 방어 복합체

복합체를 이루고 있었다. 한쪽에는 중세의 흔적이, 다른 쪽에는 어항과 현대의 레스토랑이 나란히 자리 잡고 있었다. 도시는 지금과 과거를 동시에 보여주고 있었고 우리는 그 중간쯤에 서서 두 세기를 한눈에 바라보고 있었다. 수 세기의 시간 차를 한눈에 조망할 수 있는 이런 경험은 건축가에게 특별한 감흥을 준다.

### 시간을 견디는 건축의 힘

누군가 농담처럼 말했다.

"건축이 이 정도면 바람쯤은 다 견뎌냈겠지."

실제로 이 건축물들은 수백 년간 대서양의 거친 바람과 염분 전쟁과 자연재해를 모두 견뎌내며 지금까지 서 있는 것이다. 고딕 특유의 첨두아치와 플라잉 버트레스, 그리고 창을 감싸는 장미 문양의 섬세한 조각들. 바람은 건축의 또 다른 재료가 되고 있었다.

### 내부 공간의 신비로움

성당 안으로 들어서니 차가운 돌벽과 어두운 공간이 우리를 감쌌다. 순례자라기보다는 중세의 시민이 된 듯한 기묘한 몰입감이 찾아왔다. 높은 천장 사이로 스며드는 빛, 기둥과 아치가 만드는 리듬감, 그리고 수백 년 된 돌바닥의 질감. 모든 것이 시간을 초월한 경외감을 불러일으켰다. 이곳에서 느낀 것은 장엄함보다 균형이었다. 하중과 저항, 믿음과 의심, 신앙과 현실이 서로를 지탱하는 방식. 건축은 언제나 신의 논리를 흉내 내며 인간의 불안을 견디는 예술이었다.

## 3
## 성과 다리, 물과 돌이 만든 방어의 도시

### 중세 방어 시설의 완성체

성곽과 성당, 그리고 석교로 이어지는 구조는 도시가 외세를 막던 시절의 흔적을 고스란히 간직하고 있다. 성채와 작은 섬 같은 성스러운 바위(산타 아나 예배당)를 잇던 중세의 석교(Puente Medieval)는 바위 위의 성채와 연결되며 바다 위로 살짝 아치를 그린다. 그 선 하나가 도시의 혈관처럼 바다와 육지를 이어 준다.

본래는 해수에 둘러싸인 바위에 접근하기 위한 연결 체계였고 폭풍으로 일부가 훼손되어 상부를 다시 고친 역사를 지닌다. 돌과 바다가 서로에게 기대며 만든 최소한의 선—이 도시의 방어적 혈관이었다.

### 돌 쌓기의 기술과 예술

"조립이 아니라 그냥 쌓아 올린 거야. 돌과 돌 사이가 곧 기술이지."

누군가의 감탄이 곧 우리 모두의 감탄이 되었다. 시멘트나 현대적 접착제 없이도 수백 년을 버틴 이 돌 구조물들은 당시 석공들의 뛰어난 기술력을 보여준다. 각 돌의 크기와 모양을 정확히 계산해서 서로 맞물리도록 쌓아 올린 것이다. 지진이나 태풍에도 무너지지 않는 비결이 바로 이런 정교한 결합에 있다. 건축은 돌의 예술이 아니라, 균형의 철학이다.

### 과거의 기능, 현재의 의미

성은 더 이상 외세를 막지 않는다. 하지만 도시의 가장자리에서 여전히 도시를 감싸는 단단한 기단처럼 서 있었다. 방어 시설에서 역사적 상징으로 그 기능과 의미가 자연스럽게 변화한 것이다.

아치형 석교와 해변 전경

## 4
## 두 개의 리듬
- 어촌과 도시의 교차

**두 개의 리듬이 공존하는 도시**

낮의 시간은 포구에서 천천히 흐른다. 새로 잡아 올린 조개와 문어가 하얀 연기를 내며 익어가고 광장에서는 물 튀기는 웃음이 분수처럼 솟는다. 골목은 사람이 다니는 폭만큼만 열려 있고 창살 사이로 햇빛이 점점이 찍힌다.

자동차보다 발걸음이 속도보다 체류가, 계획보다 사용의 흔적이 공간을 빚어낸다. 이곳의 고요함은 도시 규모 때문이 아니라 성당·성채·항구·석교·골목·광장이 끊김이 없이 맞물리도록 배치된 구조적 질서에서 비롯된다. 이 도시의 질서 속에서 우리는 '멈춤'이라는 또 하나의 리듬을 배운다. 멈춘다는 것은 무력함이 아니라 공간과 함께 숨을 고르는 일이다.

우리는 돌길 위에 그냥 앉아 있었다. 수 세기의 시간이 차곡차곡 스며든 그 돌 위에 말없이 함께 앉아 있었다. 순례길에서 가장 소중한 순간들은 이렇게 '아무것도 하지 않는' 시간이었다. 걷는 것도 중요하지만 때로는 멈춰 서서 그 장소의 시간을 느끼는 것이 더 중요할 때가 있다. 건축이 시간을 품듯, 인간은 멈춤 속에서 자기 호흡을 회복한다.

〔 건축가의 시선 4 〕

## 산타 마리아 대성당(Santa María de la Asunción)
### – 바다와 바람을 견디는 고딕의 지혜

**바다 위에 우뚝 선 고딕 양식의 걸작**

   세월의 흔적을 고스란히 담고 있는 돌담과 하늘을 향해 뻗은 아치형 구조는 성스러운 위엄을 느끼게 한다. 주변 환경과 어우러져 마치 성채처럼 보이는 이 성당은 단순한 종교 시설을 넘어 도시의 역사와 예술을 응축한 중요한 건축물이다.

바다 위에 우뚝 선 고딕 양식의 걸작 대성당 외관

## 건축적 특징 분석

### 1. '바다를 배경으로 서 있는 거대한 조각품'으로서의 외관

이 성당은 바닷가 절벽 위에 세워져 있어 멀리서 보면 마치 바다를 향해 당당히 서 있는 거대한 돌 조각품처럼 보인다. 성당의 높은 첨탑과 아치형 창문, 바깥으로 뻗어나간 부벽(지지대)은 단순히 무게를 지탱하기 위한 구조물이 아니라 자연 경관과 어우러져 웅장한 조형미를 만들고 있다.

건축물이 주변 풍경의 일부처럼 녹아들면서도 동시에 자신의 존재감을 강렬하게 드러내는 모습, 바로 이것이 건축가가 주목하는 첫 번째 포인트다.

### 2. '빛이 움직이는 성당 내부' – 창과 아치가 만드는 빛의 연출

성당 내부를 걸어가다 보면 시간이 지나면서 빛이 움직이는 것을 생생하게 느낄 수 있다. 높은 창을 통해 들어오는 빛이 아치와 벽면에 부딪혀 공간의 분위기를 계속해서 변화시킨다. 중세 건축가들은 이런 '빛의 흐름'을 매우 의도적으로 설계했다. 벽면 위로 길게 드리워지는 그림자, 기둥 사이로 스며드는 햇살 한 줄기까지도 모두 '공간을 살아있게 만드는 장치'로 활용한 것이다.

특히 고딕 건축의 특징인 높은 천창과 스테인드글라스는 단순한 채광을 넘어서, 신비로운 종교적 체험을 만들어내는 핵심 요소였다.

### 3. '튼튼하게 오래 살아남기 위한 지혜' – 바닷바람과 맞서는 구조

해안가에 세워진 성당이니만큼 바다에서 불어오는 강한 바람과 염분을 이겨내야 했다. 그래서 성당 외벽은 매우 두껍고 지붕도 날렵하게 설계되어 바람이 부드럽게 지나가도록 만들었다. 외부를 감싸는 부벽(플라잉 버트레스) 역시 단순한 장식이 아니라 성당이 무너지지 않도록 바깥쪽에서 받쳐주는 구조적 역할을 한다.

이는 바닷바람과 싸우는 건축물의 생존 전략이라고 할 수 있다.

### 4. '세월이 만든 아름다움' – 돌의 색과 질감

성당 외벽을 자세히 보면 시간이 지나며 색이 바래고 표면이 부드럽게 닳은 흔적들을 발견할 수 있다. 이 돌들의 질감은 성당이 오랜 세월을 견뎌왔다는 '시간의 흔적'이다. 건축가들은 종종 이런 변화를 의도적으로 그대로 보존한다. 건축이 단지 처음 지어졌을 때만 아름다운 것이 아니라 세월이 흐를수록 더 깊어진다는 사실을 보여주기 때문이다. 이를 '파티나 효과(Patina Effect)'라고 부르는데, 시간이 만들어내는 자연스러운 변화가 오히려 건축물에 독특한 매력을 부여하는 현상이다.

세월이 만든 색, 돌의 질감이 빚어낸 산타 마리아 대성당의 아름다움 — 파티나 효과를 보여주는 외벽 디테일

## 5. '성당과 마을이 하나의 풍경이 되는 자리 잡기'

　이 성당은 절벽 끝자락에 매우 영리하게 자리 잡고 있다. 성당에서 내려다보면 마을과 항구가 한눈에 들어오고 마을 어디에서든 성당이 보인다. 이처럼 성당은 마을과 끊임없이 시선을 주고받는 위치에 놓여 있다. 단지 예배를 위한 공간이 아니라 도시 전체의 '랜드마크'가 되고 사람들에게 방향감을 제공하는 역할도 하는 것이다. 건축가에게 이런 '사이트 플래닝(Site Planning)', 즉 위치 선정은 설계의 가장 핵심적인 요소 중 하나다.

〔 순례자의 단상 〕

### 멈춤의 가르침

카스트로 우르디알레스는 우리에게 '멈추라'라고 명령하지 않았다. 다만 우리를 조용히 앉게 했다. 도시는 우리를 향해 아무 말도 하지 않았지만, 그 침묵이야말로 가장 오래된 언어였다. 이곳에는 거대한 조형물도 유명한 박물관도 없다. 하지만 중세의 숨결은 여전히 돌과 물, 골목 안에 고요히 살아 있었다.

### 순례의 진정한 의미

걷는다는 것은 공간을 소유하는 것이 아니라, 시간을 통과하는 일이다. 우리는 걸으며 잊고, 멈추며 기억한다. 순례길은 단순히 목적지를 향해 걷는 일이 아니었다. 이렇게 길 위에서 과거의 시간을 잠시 살아보는 순간들이 쌓여야 비로소 순례가 완성된다.

### 두 시선의 만남

건축가로서 우리는 늘 미래의 공간을 그리지만, 순례자로서는 과거의 시간 속에 잠시 머물 수 있는 특권을 얻는다. 이 두 시선이 만나는 지점에서 비로소 공간은 지식이 아니라 깨달음이 된다. 공간은 스스로 말하지 않는다. 우리가 그 안에서 멈추어 숨을 고를 때, 카스트로 우르디알레스처럼, 공간은 비로소 오래된 언어로 우리에게 말을 건넨다. 우리는 그 언어를 들으며, 다시 길 위로 나선다.

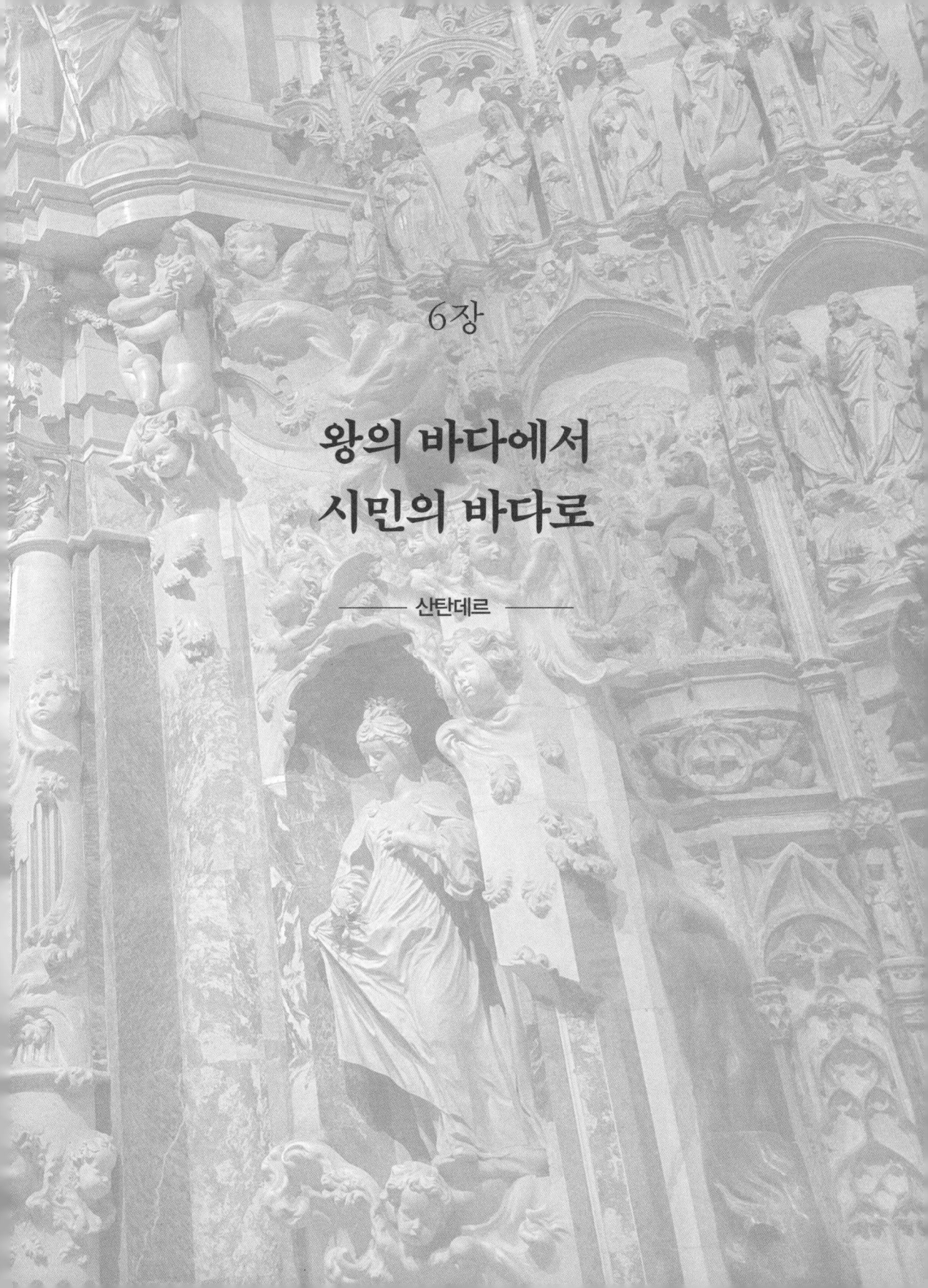

# 6장

# 왕의 바다에서
# 시민의 바다로

— 산탄데르 —

## 1
## 지중해가 아닌, 대서양의 품격

**첫인상의 차이**

소모 선착장에서 배를 타고 산탄데르만(灣)으로 진입할 때 공기가 먼저 말을 걸어왔다. 지중해의 게으른 황금빛이 아니라 대서양의 짙고 단단한 은청색. 산과 바다, 바람과 항로가 오래 손발을 맞춘 도시—산탄데르의 첫인상이었다.

바다에서 바라본 산탄데르 외관

**왕실 휴양지의 역사**

산탄데르(Santander)는 스페인 북부 해안 도시 중에서도 특히 왕실과 문화가 조화를 이룬 도시다. 19세기 후반부터 알폰소 13세 국왕이 여름을 보내기 위해 찾기 시작하면서 이곳은 왕실의 공식 휴양지가 되었고 곧 스페인 최고급 해안 도시로 성장했다. 하지만 막상 발을 딛고 보니 그 화려한 역사를 억지로 과시하려 드는 법은 없었다. 오히려 자연스럽고 품격 있는 모습으로 과거와 현재를 아우르고 있었다. 이 도시는 놀기 위해 만든 곳이라기보다, 살기 위해 완성된 곳이라는 생각이 들었다. 바람이 휘감는 언덕길을 따라 우리는 천천히 도시 안으로 들어섰다.

## 2
## 마그달레나 궁전
### - 왕의 여름이 남긴 품격 있는 풍경

### 권위보다 머무름을 위한 건축

반도 끝 언덕에 선 마그달레나 궁전(Palacio de la Magdalena)은 과시보다 체류를 선택한 왕가의 여름 집이다. 1909~1912년 산탄데르 시민의 모금으로 지어져 알폰소 13세의 공식 여름 거처가 되었고(1913~1930년 매년 체류), 오늘날엔 시민의 산책로가 되었다. 여름에는 멘데스 펠라요 국제대학의 강좌가 열린다. 영국·프랑스지역 양식이 겹쳐진 단정한 외관은 '권력의 집'보다 '바람의 집'에 가깝다.

### 절제된 아름다움

고딕과 튜더 양식이 뒤섞인 외관은 위압적이지 않고 오히려 단정했다. '권력의 집'이라기보다 '머무름의 집'에 가까운 느낌이었다. 이는 당시 유럽 왕실 건축의 새로운 경향을 반영한 것으로 과시보다는 실용성과 쾌적함을 중시한 결과다.

"이건 왕궁이 아니라, 바람을 맞기 위해 지은 집 같네."

궁전은 바람의 방향을 따라 고요히 서 있었다. 잔디와 보행로, 낮은 등대와 바위 해변이 궁전과 한 몸처럼 이어지며, 왕실의 기억은 어느새 시민의 일상 속으로 녹아들었다. 오늘의 주인은 바람과 시민이다.

마그달레나 궁전 외관

---

### 3
### 시청 앞 광장과 도시의 생동감 넘치는 리듬

---

**기능적 중심으로서의 도심**

도심으로 내려오면 도시의 박동이 분명해진다. 광장은 '비어 있음'이 아니라 '호흡'이다. 이곳은 역사적 상징이라기보다는 기능적 일상의 중심이었다. 관광객을 위한 공간이 아니라 시민들이 실제로 살아가는 공간의 모습이 더 강했다.

"여기선 건축이 풍경을 만드는 게 아니라 리듬을 만드는구나."

이 관찰이 정확했다. 도심의 건축물들은 개별적으로 특별하지 않았지만, 전체적으로는 도시의 생동감 있는 리듬을 만들어내고 있었다.

### 사회적 심장으로서의 광장

광장은 단순히 비어 있는 공간이 아니었다. 사람들이 모이고, 흩어지고, 다시 모이는—일상 호흡이 들리는 사회적 심장 같은 곳이었다. 스페인의 전통적인 광장 문화가 현대적인 도시 생활과 자연스럽게 결합된 모습을 볼 수 있었다. 카페테라스에 앉은 사람들, 분수 주변에서 뛰어노는 아이들, 벤치에서 대화를 나누는 노인들. 이 모든 것이 도시의 진짜 얼굴이었다.

---

## 4

## 엘 사르디네로
### – 왕의 바다에서 시민의 바다로

---

### 공간의 민주화 과정

한때 왕실 전용이던 해변, 엘 사르디네로(El Sardinero)는 이제 시민의 일상 속으로 완전히 열린 공간이 되었다. 엘 사르디네로의 길고 밝은 모래사장은 19세기 후반 '바뇨스 데 올라(Baños de Ola)'라 불린 해수욕 문화와 함께 해변 인프라가 갖춰지며 근대적 휴양지로 자리 잡았다. 왕실의 여름 체류(마그달레나 궁전)와 더불어 유럽 귀족·부르주아가 모여들었고 호텔과 카지노, 산책로와 정원이 해변을 도시와 연결하는 세련된 인터페이스가 되었다.

오늘의 모래사장은 처음부터 열린 공공 공간이었고 왕실 체류가 도시의 '여름 품격'을 증폭시켰다.

활기찬 엘 사르디네로(El Sardinero) 해변

## 벨 에포크 시대의 유산

벨 에포크 시대의 곡선과 발코니, 상앗빛 건물들은 이 도시가 품었던 '우아한 여름'을 여전히 기억하고 있다. 해변을 따라 늘어선 건물들을 자세히 보면 19세기 말~20세기 초 벨 에포크(Belle Époque) 시대의 건축 양식을 확인할 수 있다. 우아한 곡선의 발코니, 섬세한 장식이 새겨진 파사드, 그리고 크림색과 화이트 색조의 외관 등 모든 것이 당시 유럽 상류사회의 미적 취향을 반영하고 있다. 특히 눈에 띄는 것은 1917년 개관한 그란 호텔(현 Eurostars Real 등으로 계승)과 주변 휴양 시설이며, 이들은 도시의 우아한 여름을 기념한다.

벨 에포크 시대의 양식을 볼 수 있는 Eurostars Real 호텔

### 도시와 자연의 완벽한 인터페이스

우리는 해안 산책로를 따라 천천히 걸었다. 해변과 도시는 넓은 보행로, 공공 벤치, 예술 조형물, 그리고 야자수 아래의 카페들과 리듬 있게 어우러져 있었다. 이런 해안 도시 설계는 19세기 말부터 20세기 초 유럽 도시계획의 모범 사례로 여겨진다. 자연과 인공, 공적 공간과 사적 공간, 휴식과 활동이 자연스럽게 연결되도록 한 통합적 접근법의 결과물이다.

해안 산책로는 단순한 보행로가 아니라 하나의 '선형 공원'이었다. 곳곳에 배치된 벤치들은 바다를 바라보는 최적의 각도로 설치되어 있고 가로등과 조경수들은 보행자의 시선을 자연스럽게 바다로 유도한다.

"계획된 도시 같지만, 사실은 오래 사용된 흔적이 질서를 만든 거네."

이 해변의 아름다운 질서는 하루아침에 만들어진 것이 아니라 100여 년간 시민들이 사용하면서 자연스럽게 형성된 것이었다. 사람들이 걸어온 시간의 궤적이 돌바닥의 윤기를 만들고, 바람이 닳게 한 벤치가 도시의 품격을 완성한다.

### 시민들의 일상이 만든 풍경

오후 시간대의 엘 사르디네로는 그야말로 시민들의 삶이 펼쳐지는 무대였다. 이런 일상적 풍경들이 모여서 도시의 진짜 아름다움을 만들어내고 있었다. 건축가로서 우리가 놓치기 쉬운 부분이 바로 이것이다. 아무리 멋진 설계를 해도 사람들이 자연스럽게 사용하지 않으면 진정한 공공 공간이 될 수 없다는 사실 말이다. 사람이 사용하며 변형시키는 과정에서 좋은 도시가 만들어진다.

### 계절과 시간에 따른 변화

우리가 방문한 것은 초여름(6월)이었지만 현지인들의 이야기를 들어보니 이 해변은 사계절 내내 각기 다른 매력을 보여준다고 했다. 겨울에는 거친 대서양의 파도가 몰아치면서 장엄한 자연의 힘을 느낄 수 있고 봄과 가을에는 상대적으로 한적해져서 사색하기 좋은 공간이 된다. 여름에는 지금처럼 활기찬 휴양지의 모습을 보여준다.

이처럼 계절의 변화에 따라 공간의 성격이 달라지는 것도 좋은 도시 공간의 특징 중 하나다. 일 년 내내 똑같은 모습을 유지하는 것이 아니라 자연의 리듬에 따라 유연하게 변화하는 것이다.

## 5
## 센트로 보틴
### - 기억을 건너는 현대 건축

**과거에서 미래로 향하는 도시**

산탄데르는 1941년 2월 15일 강풍 속 대화재로 구도심 대부분이 소실되는 상흔을 겪었다. 이틀간 지속된 화재로 약 400명이 사망하고 1만여 명이 집을 잃었다. 그 후 도시 구조는 크게 바뀌었고 지금도 '화재의 길' 안내판과 QR이 사라진 도시의 층위를 조용히 복기하게 한다. 도시가 아픔을 숨기지 않고 학습이 가능한 기억으로 가공해 두었다는 점이 인상적이다.

새로운 얼굴을 선택한 것은 예술과 해양이었다. 칸타브리아 지방의 주도이자 중요한 항구 도시였던 산탄데르가, 이제는 '북부 스페인의 문화 허브'로 거듭나고자 하는 야심 찬 프로젝트를 시작한 것이다.

**렌조 피아노의 해양 건축학**

이탈리아의 거장 건축가 렌조 피아노(Renzo Piano)가 설계한 이 현대 미술관은 그의 대표작 중 하나로 평가받는다. 파리의 퐁피두 센터, 런던의 샤드 등을 설계한 피아노가 스페인에서 완성한 첫 번째 주요 작품이기도 하다.

자연과 기술, 인간의 감성을 조화시킨 공존의 건축가, 렌조 피아노는 이곳을 "바다와 도시를 잇는 다리"로 설계했다. 실제로 건물의 일부는 바다 위에, 일부는 육지의 공원과 연결되어 있다. 건물 자체가 바다와 땅을 잇는 매개체 역할을 하는 것이다.

하얀 세라믹 타일과 유리 난간으로 덮인 외벽은 시간과 날씨에 따라 표정을 바꾼다. 건축이 날씨에 응답하는 순간, 도시는 생명을 얻는다. 아침 햇살을 받으면 진주처럼 반짝이고 석양 무렵에는 따뜻한 금빛으로 물들며, 비가 오면 은은한 회색빛을 머금는다. 피아노 특유의 '빛의 건축학'이 여기서도 빛을 발한다.

### 도시의 기억을 품은 새로운 건축

흥미로운 것은 산탄데르가 이런 혁신적 변화를 추진하면서도 과거를 완전히 지우지 않는다는 점이다. 도시 곳곳에는 해양 박물관, 1941년 대화재의 기록을 보존한 전시관, 그리고 왕실 시대의 유산들이 여전히 남아 있다.

산탄데르는 과거를 완전히 지우지 않고 '다음 시대를 위한 기억'으로 껴안고 있었다. 기억 위에 새로운 가능성을 세운다는 점에서 산탄데르는 단순한 재건이 아니라 사유의 재생을 선택한 도시다.

〔건축가의 시선 5〕

## 센트로 보틴(Centro Botín)
## – 바다와 도시를 잇는 건축

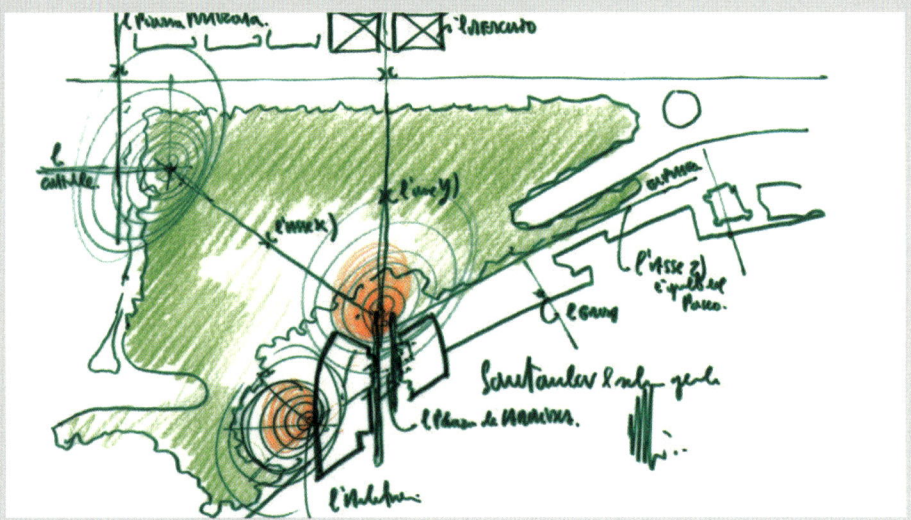

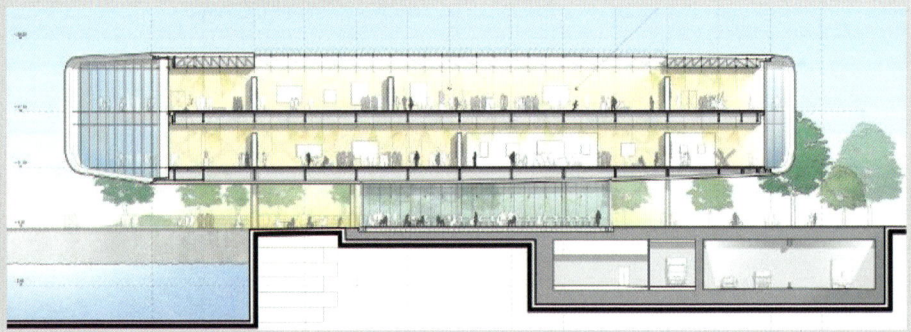

센트로 보틴(Centro Botín) 개념도(上) 및 단면도(下) – 렌조 피아노 설계
*출처: WikiArquitectura, "Centro Botín de Arte y Cultura"

## 1. 두 개의 떠 있는 볼륨 - 경관에 스며드는 경계 없는 공간

센트로 보틴의 가장 인상적인 특징은 두 개의 독립적인 볼륨이 공중에 떠 있는 구조다. 서쪽에는 전시 공간이 동쪽에는 교육 및 다목적 공간이 배치되어 있으며 각각이 최소한의 기둥으로만 지지가 되고 있다.

구조적 혁신과 경관적 배려, 이런 설계가 단순한 형태적 실험이 아니라는 것은 건물 주변을 걸어보면 바로 알 수 있다. 건물 아래쪽은 완전히 개방되어 있어서 시민들이 자유롭게 통행할 수 있고 무엇보다 바다로 향한 시야가 전혀 차단되지 않는다.

이는 바다로 향한 시야를 막지 않기 위한 전략으로, 건축물이 땅을 압도하지 않도록 설계된 결과다. 기존 도시 조직에 대한 존중과 새로운 건축적 제안 사이의 절묘한 균형을 보여준다.

## 2. 공중 연결 통로 - 도시적 산책로의 수직적 확장

두 볼륨은 철제와 유리로 이루어진 우아한 공중 통로로 연결된다. 피아노는 이 연결부를 단순한 동선 공간이 아니라 도시적 경험을 확장하는 '공중 산책로'로 설계했다.

새로운 공공 공간의 창조이다. 사람들은 이 연결로를 따라 이동하면서 바다와 공원, 도시를 다양한 각도에서 경험하게 된다. 지상에서는 볼 수 없었던 새로운 풍경들이 연결 통로를 걷는 순간 펼쳐진다.

특히 통로 위쪽에 형성된 공공 광

두 개의 볼륨이 떠 있는 센트로 보틴(Centro Botín)

두 개의 독립적인 볼륨이 공중에 떠 있는 연결 통로

장은 완전히 개방된 시민 공간이다. 미술관을 이용하지 않는 사람들도 자유롭게 접근할 수 있으며 다양한 문화 행사나 시민들의 일상적 만남이 이루어지는 장소가 되고 있다.

### 3. 빛을 품은 세라믹 외피 – 시간과 날씨의 협연

건물의 외벽을 덮고 있는 수십만 개의 작은 진주빛 세라믹 타일은 센트로 보틴의 가장 매력적인 요소 중 하나다. 이 타일들은 단순한 마감재가 아니라 건물에 생명을 불어넣는 '살아 있는 피부' 역할을 한다.

햇빛과 바닷물의 반사에 따라 건물의 표정이 시시각각 변화한다. 맑은 날에는 강렬한 반사광으로 역동적인 모습을 보여주고 흐린 날에는 부드럽고 차분한 분위기를 연출한다. 비 오는 날에도 빛을 반사해 건물이 살아 있는 듯 보인다.

이런 효과는 우연이 아니다. 피아노는 칸타브리아 지방의 변화무쌍한 해양 기후를 면밀히 연구해서 모든 날씨 조건에서 건물이 아름답게 보일 수 있도록 재료와 형태를 결정했다.

### 4. 유연한 전시 공간 – 미술관 건축의 새로운 표준

서쪽 전시동은 총 2,500㎡ 규모의 전시실 두 층으로 구성되어 있다. 하지만 단순히 넓기만 한 공간이 아니라 다양한 전시 형태에 대응할 수 있는 유연성을 갖추고 있다.

다양한 전시 형태에 대응할 수 있는 전시 공간

자연광 조절 시스템의 혁신 중 가장 인상적인 것은 천창 조명 시스템이다. 사중 유리와 센서 제어 루버를 통해 자연광을 부드럽게 조절할 수 있어서 전시되는 작품의 성격에 따라 공간 분위기를 섬세하게 조정할 수 있다.

이는 인공조명에만 의존하는 기존 미술관들과는 차별화되는 접근 방식이다. 시간의 흐름에 따른 자연광의 변화가 전시 경험의 일부가 되도록 설계된 것이다.

내부 공간은 작품에 오롯이 집중할 수 있도록 유연하고 미니멀한 디자인으로 구성되어 있다. 건물의 외관이 파격적인 형태를 자랑하는 것과 달리 내부는 작품이 주인공이 될 수 있도록 절제된 아름다움을 추구했다.

미니멀한 디자인의 전시 공간

## 5. 열린 교육 공간 – 미술관을 넘어서는 문화 허브

동쪽 블록에는 고정식 좌석 300석의 다목적 강당이 있으며 천장 높이가 약 7.5m에 달하는 웅장한 공간이다. 하지만 여기서 가장 주목할 점은 강당 앞쪽이 완전히 유리 벽으로 구성되어 있다는 것이다.

이 유리 벽을 통해 해상과 도시 전망을 동시에 제공하기 때문에 공연이나 강연을 듣는 관객들은 자연스럽게 바다를 배경으로 한 특별한 경험을 하게 된다. 인공적인 무대 장치보다도 훨씬 인상적인 자연 배경이 제공되는 셈이다.

내부 공간은 워크숍, 전시, 공연까지 다목적 사용이 가능하도록 설계되어 있어서 단순한 미술관을 넘어서는 종합 문화 공간으로 기능한다.

### 6. 도시적 맥락과 건축적 창조성의 조화

센트로 보틴이 성공적인 이유는 단순히 형태가 독특해서가 아니다. 이 건물은 산탄데르라는 구체적인 장소의 특성을 깊이 이해하고, 그에 맞는 건축적 해답을 제시했기 때문이다.

바다와 도시를 잇는다는 콘셉트는 산탄데르만의 지역적 특성에서 출발했지만, 그 결과물은 전 세계 해안 도시들이 참고할 만한 보편적 가치를 지니고 있다. 지역성과 보편성이 대립하지 않고 조화를 이룰 수 있음을 보여주는 사례다.

또한 과거의 유산(마그달레나 궁전, 해양 전통)을 부정하지 않으면서도 미래지향적 비전을 제시한다는 점에서 지속가능한 도시 발전의 모델을 제공한다.

[ 순례자의 단상 ]

# 산탄데르에서 만난 또 다른 순례

### 다듬어진 아름다움

산탄데르는 우리가 지나온 도시들과는 달리 다듬어진 얼굴을 하고 있었다. 그동안 순례길에서 만났던 작은 마을들이 자연스럽고 소박한 아름다움을 가지고 있었다면 산탄데르는 의도적으로 설계되고 계획된 아름다움을 보여주었다. 하지만 그 다듬음 속에서 오히려 여유와 풍경이 살아 있었다. 인위적이지 않고 자연스러웠다.

### 왕실에서 시민으로 - 공간의 민주화

마그달레나 궁전에서 센트로 보틴까지 해안 길을 걸으면서 생각했다. 마그달레나 궁전이 과거의 기억을 품었다면, 센트로 보틴은 미래의 숨결을 품었다. 과거 스페인 왕실만이 누릴 수 있었던 이 아름다운 해안이 이제는 모든 시민에게 열려 있기 때문이다. 왕의 발자취가 남긴 자리는 시민의 산책로로 바뀌었고, 그 위로 예술과 해풍이 자연스럽게 스며들었다. 이는 단순한 공간의 용도 변화를 넘어서 사회적 관계의 변화를 반영하는 상징적 사건이었다.

센트로 보틴의 공중 광장에서 만난 사람들의 모습이 특히 인상적이었다. 나이와 계층을 불문하고 다양한 사람들이 자연스럽게 어울려 있었다. 어떤 이는 바다를 바라보며 책을 읽고 있었고, 어떤 이는 친구와 대화를 나누고 있었으며, 어떤 이는 그저 멍하니 바다를 바라보고 있었다. 이런 풍경을 보면서 깨달았다. 진정한 공공 건축은 용도를 강요하지 않는다. 사람들이 각자의 방식으로 그 공간을 사용할 수 있게 한다. 공간을 여는 대신, 인간을 연다.

### 과거와 미래의 대화

산탄데르에서 하루를 보내면서 가장 흥미로웠던 것은 과거와 미래가 경쟁하지 않고 대화하고 있다는 점이었다. 19세기 말의 마그달레나 궁전과 21세기의 센트로 보틴이 같은 해안선에서 서로 다른 시대의 미학을 보여주고 있지만 그들 사이에는 적대감이 아니라 존중이 흐르고 있었다. 이는 우연이 아니다. 렌조 피아노가 센트로 보틴을 설계할 때 기존 도시 맥락에 대해 깊은 고려를 했기 때문이다. 새로운 건축물이 기존의 것들을 압도하지 않으면서도 자신만의 정체성을 드러낼 수 있는 절묘한 균형을 찾은 것이다.

### 순례자에게 주는 선물

순례자에게 산탄데르는 길의 중간 쉼표였다. 숨을 고르고 다시 걸어 나갈 수 있는 넓고 환한 바다 같은 도시였다. 그동안 작은 마을들과 좁은 길에 익숙해진 눈에 산탄데르의 넓은 해안과 열린 공간들은 새로운 자극이었다. 특히 센트로 보틴의 공중 연결 통로에서 바라본 칸타브리아 만의 풍경은 순례길에서 본 어떤 경치보다도 웅장했다.

하지만 동시에 이런 생각도 들었다. 아름다운 건축과 멋진 풍경만으로 충분할까? 진짜 중요한 것은 그 공간에서 사람들이 어떤 경험을 하느냐가 아닐까?

센트로 보틴 내부에서 전시를 보면서 느낀 것은 건축이 줄 수 있는 특별한 종류의 위로였다. 건축이 위로를 주는 이유는 그 안에서 우리가 '지금 이곳에 존재함'을 느끼기 때문이다. 순례란 결국, 세상 속에서 다시 자기 자신을 발견하는 일이

센트로 보틴의 공중 연결 통로에서 바라본 칸타브리아 만의 풍경

다. 산탄데르의 바다는 그 사실을 말없이 가르쳐주었다. 왕의 여름이 시민의 바다로 변했듯, 공간도, 인간도, 결국은 공존의 시간으로 향하고 있었다. 공간은 스스로 말을 하지 않는다. 우리가 그 안에서 살아갈 때, 산탄데르의 바다처럼, 공간은 비로소 민주화의 이야기가 된다. 우리는 그 이야기를 품고 다시 길 위로 나선다.

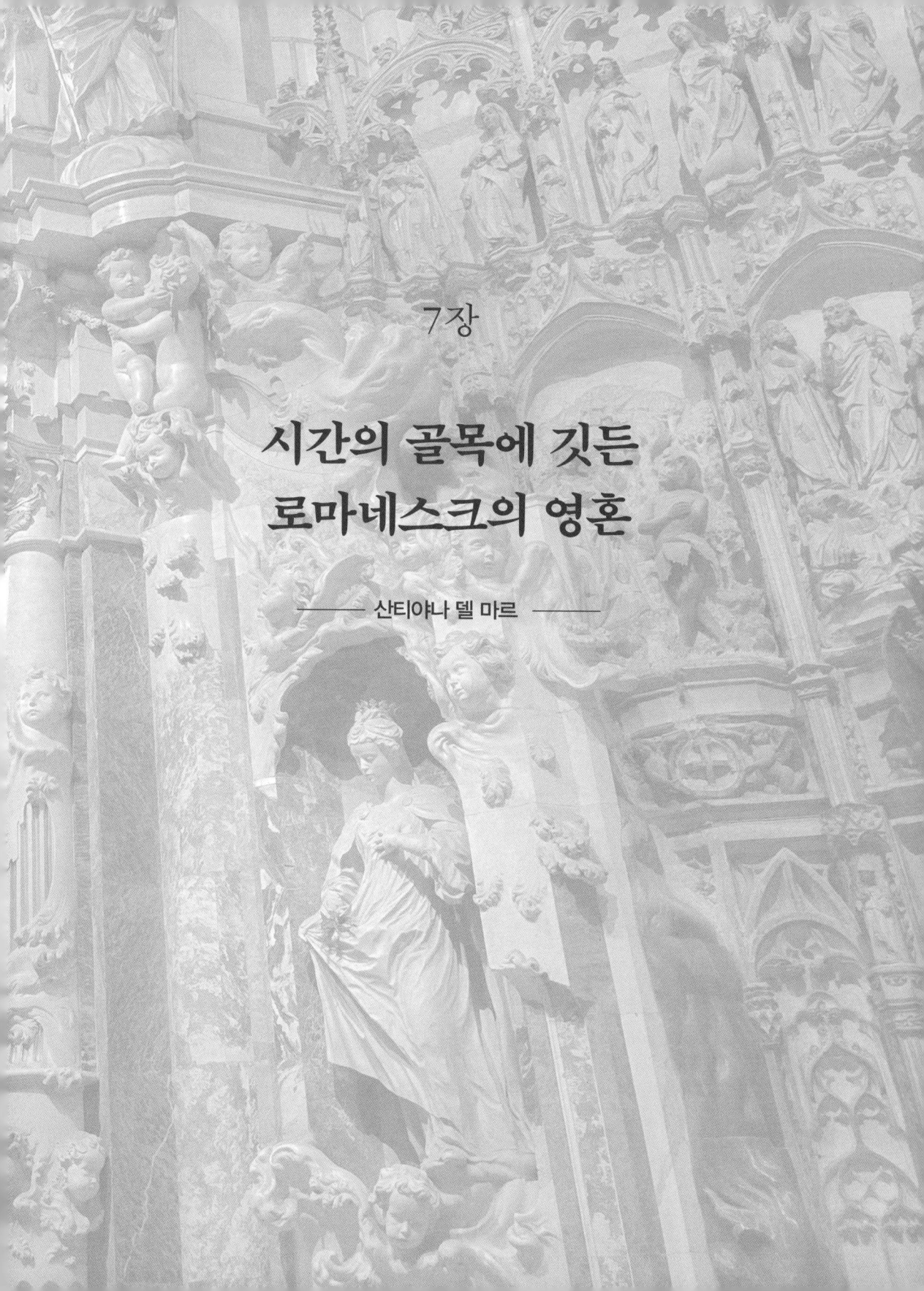

# 7장

# 시간의 골목에 깃든 로마네스크의 영혼

— 산티야나 델 마르 —

# 1
## 걷는 순간부터 시간이 느려졌다

**'세 개의 거짓말'로 유명한 마을**

카미노 북부길을 따라 이동하다 보면 갑작스레 시간 여행을 떠난 듯한 기분을 주는 마을이 있다. 바로 '스페인에서 가장 아름다운 마을' 중 하나로 꼽히는 산티야나 델 마르(Santillana del Mar)이다.

'세 개의 거짓말'을 품은 마을. 이름에 '산타(Santa, 성인)'도 없고, '야나(llana, 평평함)'와도 거리가 멀며, '마르(Mar, 바다)'에서는 한참 떨어져 있다. 그래서일까. 산티야나 델 마르에 발을 들이는 순간 우리는 말장난보다 오래된 정적과 마주한다. 자잘한 자갈 위로 햇빛이 번져 흐르고 낮은 처마와 두툼한 석벽이 내는 숨소리가 골목마다 잔잔하게 머문다. '시간'이란 말이 굳이 필요 없는 곳―그저 몸이 먼저 느리게 걷는 법을 배우는 곳이다.

"시간은 흘러가는 것이 아니라, 머무는 것이다."

**중세가 멈춰 선 듯한 골목**

### 중세가 살아 숨 쉬는 박물관 도시

골목 초입에서부터 보이는 목조 발코니와 꽃 상자, 붉은 기와와 거친 석조 파사드는 마을 전체를 하나의 박물관으로 만든다. 그러나 이곳은 박물관이 아니라 '살아 있는 마을'이다. 문지방에 기대 담소를 나누는 이들, 정오의 종소리에 맞춰 문을 여닫는 상점, 빵 냄새가 하루의 시간을 대신 알려주는 오븐…. 1943년 이후 마을 중심부는 역사 예술 보호구역(Conjunto Histórico-Artístico)으로 엄격히 관리됐다. 새 건물은 전통 재료와 비례를 따르고 기존 건물의 보수도 원형을 흩뜨리지 않는다. 그래서 산책은 곧 '보존된 일상'을 걷는 일과 다르지 않다.

### 철학자의 찬사

20세기 프랑스 실존주의 철학자 장 폴 사르트르(Jean-Paul Sartre)도 "스페인에서 가장 아름다운 곳은 산티야나 델 마르다."라고 말했을 정도다. 사르트르가 1960년대에 이곳을 방문했을 때 그는 이 마을에서 "시간의 순수한 존재"를 체험했다고 전해지고 있다.

사르트르가 말한 '순수한 시간'이란 흘러가는 시간이 아니라, 존재가 공간 속에서 자각되는 순간이었다. 이곳에서는 오직 시간의 정적만이 흐르고 있었다. 그리고 그 정적 속에서 우리는 진정한 평온을 발견할 수 있었다. 마치 우리가 멈추어 설 때, 시간이 우리 안으로 들어온 것처럼.

## 2
## 마을 전체가 박물관이 아닌, 하나의 유기체

### 중심 없는 완벽한 조화

이곳에는 거대한 광장도 하늘을 찌르는 탑도 드물다. 대신 골목마다 '작은 중심'이 생겨나고 사라진다. 바람이 서쪽으로 기울면 서편 골목에 그늘과 사람들이 모이고 저녁이면 동편에서 노랫소리가 번진다. 도시의 리듬이 건물의 장식보다 먼저 들린다. 건물 하나하나가 독립된 존재이면서

마요르 광장의 활기 넘치는 모습

모두 합쳐 하나의 앙상블을 이루는—컨텍스추얼 디자인의 수작(秀作). 현재의 도시계획이 '맥락'을 말하기 훨씬 이전부터 이 마을은 이미 그렇게 만들어지고 고쳐지고 살아왔다.

### 살아 있는 중세의 일상

마요르 광장의 모습을 보면 중세 시대의 모습을 그대로 간직한 채로도 현재의 활기 넘치는 삶이 펼쳐지고 있다. 광장 주변의 카페와 레스토랑에서는 사람들이 모여 이야기를 나누고 때로는 작은 공연이나 축제가 열려 과거의 모습과 현재의 활기가 자연스럽게 공존하는 특별한 경험을 선사한다.

사람들의 발걸음으로 반질반질해진 돌길과 수백 년 된 석조 건물들은 마을의 오랜 역사를 말해 준다.

"마을 전체가 하나의 거대한 건축물 같아."

건축가의 눈으로 보면 이 마을을 걷는 것은 마치 평면도나 단면도 없는 입체적 도시 공간을 통과하는 듯한 경험이었다. 각각의 건물이 독립적이면서도 전체적으로는 하나의 완성된 작품을 이루고 있다.

### 도시계획의 유기적 진화

이런 조화는 하루아침에 만들어진 것이 아니다. 중세 시대부터 수백 년에 걸쳐 조금씩 형성된 결과다. 각 시대의 건축가와 장인들이 기존의 맥락을 존중하면서 새로운 요소를 더해나간 '유기적 도시계획'의 완벽한 사례라고 할 수 있다. 현대 도시계획에서 추구하는 '컨텍스추얼 디자인(Contextual Design)' 개념이 이미 수백 년 전부터 자연스럽게 실현되고 있었다.

## 3
## 콜레히아타 성당
### - 무게의 신학, 로마네스크의 정수

**시간의 무게를 견디는 건축**

마을 끝자락의 콜레히아타 성당(Colegiata de Santa Juliana)은 묵중한 돌과 반원아치, 좁은 창으로 시간을 견딘다. 이곳에서는 빛보다 어둠이 공간을 지배한다. 작은 개구부로 흘러든 빛이 벽과 기둥을 더듬다가 회랑에 이르면 한층 부드러워진다.

**고딕과 로마네스크의 차이**

12세기 로마네스크의 의지가 두꺼운 벽체와 낮은 창의 비례 속에 고스란히 남아 있다. 고딕 건축이 하늘을 향한 수직성과 빛의 극대화를 추구했다면, 로마네스크 건축은 땅에 단단히 뿌리내린 수평성과 묵중한 영성을 지향했다. 두꺼운 벽체, 작은 창문, 반원형 아치 등이 모두 이런 철학을 반영한다.

수도자들의 발걸음이 만든 원형의 동선은 걷는 이의 호흡을 길들이는 고요한 메트로놈처럼 작동한다. 성당과 회랑은 북부 스페인 로마네스크의 대표작으로 일찍이 1889년 국가기념물로 지정되었다.

성당의 외관을 이루는 거칠고 투박한 돌벽과 좁은 창문

### 회랑, 중세인의 명상 공간

성당 내부에는 넓은 회랑(클로이스터, Claustro)이 있고 그 둘레를 따라 돌기둥과 조각상들이 줄지어 서 있다. 각 기둥의 머릿돌(캐피텔, Capital)에는 신화와 성경 이야기, 동물과 인간의 형상이 정교하게 새겨져 있었다.

우리는 하나하나를 들여다보며 무언의 서사를 따라 걸었다. 이런 조각들은 글을 읽지 못했던 중세인들에게는 성경을 그림으로 보여주는 '돌로 만든 경전'이었다.

회랑은 수도사들이 묵상과 기도를 위해 걸었던 공간이다. 덮개가 있는 복도를 따라 걸으면서 내면의 평정을 찾는 '걷는 명상'의 공간이었다. 걷는 수도사의 발걸음이 곧 기도가 되고, 그 원형의 동선은 '걷는 명상'의 원형이 되었다. 우리는 그 회랑을 돌며 느꼈다. 건축은 신앙의 구조물이 아니라, 시간을 견디는 인간의 얼굴이라는 것을.

## 4
## 침묵의 언어
— 장식보다 공간, 말보다 존재

**생산성이 아닌 존재감의 시간**

이곳에서의 하루는 '무엇을 하는가?'보다 '어떻게 존재하는가?'가 중요했다. 해시계처럼 그림자가 시간을 알려주고, 종소리가 하루의 리듬을 정한다. 돌바닥의 광택은 셀 수 없이 많은 발걸음의 시간을 반짝이며 되비춘다. 건축은 설명을 멈추고 침묵으로 말한다.

건물 아래 자리 잡은 작은 상점들과 카페가 있는 마을 내부

**공간이 전하는 무언의 메시지**

"이런 마을은 굳이 말이 필요 없어. 공간이 이미 다 말해 주고 있으니까."

그 순간 우리는 건축가로서가 아니라 삶을 사는 존재로서 공간을 경험하고 있었다. 전문적인 분석이나 이론적 해석을 넘어서 공간 자체가 주는 순수한 감동을 받아들이고 있는 것이었다.

오랜 세월 동안 사람들의 발걸음으로 반질반질해진 돌길과 수백 년 된 석조 건물들은 마을의 깊은 역사를 무언으로 전해주며 특히 건물 아래 자리 잡은 작은 상점들과 카페 그리고 골목을 오가는 사람들의 모습은 이 공간이 여전히 활기찬 삶의 터전임을 증명하고 있었다.

## 5
## 일상과 유산이 만나는 살아 있는 구조

### 박물관이 아닌 생활 공간

무엇보다 놀라웠던 것은 이 마을이 단순한 관광지나 박물관이 아니라 '살아 있는 마을'이라는 점이었다. 빨래가 널린 발코니, 골목 모퉁이의 작은 식당, 저녁마다 열리는 소규모 연주회…. 문화유산은 유리 진열장 안이 아니라 사람들 사이에서 호흡한다.

### 보존의 진정한 의미

"건축 보존은 단지 형태의 문제가 아니라, 결국 삶의 지속성에 대한 신뢰의 문제구나."

이 깨달음은 매우 중요했다. 많은 역사적 건축물이 관광지로만 활용되거나 박물관처럼 되면서 본래의 생명력을 잃어버리는 경우가 많다. 하지만 산티아나 델 마르는 과거의 형태를 보존하면서도 현재의 삶을 지속시키는 방법을 보여주고 있었다.

보존이란 과거를 붙드는 일이 아니라, 시간을 현재형으로 살게 하는 일임을 마을은 쉽게—그러나 깊게—깨닫게 한다. 그리고 이 마을은 그 사실을 매일의 일상으로 증명하고 있었다.

## 6
## 알타미라 동굴
### - 인류 최초의 '공간 예술', 기억의 보존 방식

**인류 예술의 시작점**

마을을 조금 벗어나면 인류의 첫 예술, 알타미라 동굴이 있다. 알타미라 동굴(Cueva de Altamira)은 인간이 처음으로 공간을 장악하고 그것을 표현물로 기록한 '벽화의 시초'로 불린다.

방사성 탄소 연대측정 결과 약 3만 6천 년 전부터 후기 구석기시대 선조들이 그린 들소(비손)와 사슴, 손바닥 무늬는 단순한 예술작품이 아닌 '공간의 의미화'라는 건축적 본능의 발현이라 할 수 있다. 선사시대의 천장화로 '구석기시대의 시스티나 성당'에 비견된다.

**최초의 공간적 사고**

벽화에는 들소, 사슴, 말 등 다양한 동물들이 생생하게 묘사되어 있다. 당시 사람들은 여러 색상의 안료를 사용했을 뿐만 아니라 동굴 벽면의 울퉁불퉁한 굴곡을 활용하여 그림에 놀라운 입체감과 생동감을 부여했다.

들소와 사슴이 암반의 굴곡을 입체감으로 바꿔 태어난 그 그림은 '공간을 캔버스로 쓰는' 인간의 본능을 증언한다. 방사성 탄소·우라늄 계열 연대측정 결과 일

인류 최초의 미술관인 알타미라 동굴

부 표식과 도상은 약 3만 6천 년 전까지 거슬러 올라가며 폴리크롬 천장군의 핵심 도상군은 후기 구석기(대략 1만 5천~1만 3천 년 전)에 형성된 것으로 보고된다.

벽화는 단순한 그림이 아니라, "나는 존재한다."라는 최초의 문장이자, 자신의 존재를 증명한 흔적이었다. 동굴의 울퉁불퉁한 곡면을 따라 생긴 선들은 인간이 처음으로 '공간을 언어로 바꾼 순간'이었다.

### 보존과 접근성의 딜레마

오늘의 알타미라는 보호와 접근성 사이의 섬세한 협정을 맺고 있다. 원 동굴은 학술 목적으로만 주 1회, 단 5명에게 37분간만 개방된다. 대신 바로 옆 '네오쿠에

바(Neocueva)'가 원형과 조도, 동선을 정밀 복제해 대중의 체험을 돕는다. 이것은 원형의 보존과 접근성 사이의 섬세한 균형을 위해서이다.

하지만 복제본이라 하더라도 공간적 밀도감과 암반 특유의 재질감은 여전히 강렬한 인상을 남긴다. 오히려 원본을 보호하면서도 많은 사람들

동굴벽화에는 들소, 사슴, 말 등 다양한 동물들이 생생하게 묘사되어 있다.

이 접근할 수 있게 한 현명한 선택이라는 생각이 들었다. 비록 복제된 공간일지라도, 그 안의 감동은 여전히 기억하려는 인간의 의지를 엿볼 수 있다. 시간과 건축, 그리고 사람이 같은 리듬 안에서 존재할 수 있는 방식. 그것이 이 마을이 보여준 가장 큰 가르침이었다.

알타미라 동굴은 1985년 유네스코 세계문화유산으로 등재되어 2008년 북부 17개 동굴군 확대로 현재의 명칭("Cave of Altamira and Paleolithic Cave Art of Northern Spain")을 사용하고 있다.

〔 건축가의 시선 6 〕

# 콜레히아타 성당(Colegiata de Santa Juliana) - 로마네스크 건축의 완성체

### 1. 도시 중심의 심장 - 로마네스크 교회와 도시 형성

산티야나 델 마르는 콜레히아타 성당을 중심으로 형성된 전형적인 중세 도시다. 이 교회는 12세기에 지어진 로마네스크 양식의 대표 건축물로 두꺼운 벽체와 작은 창문, 실용적이면서도 견고한 디자인이 특징이다. 성당은 단순히 종교적 기능만 수행한 것이 아니라 순례자들에게는 영적 중심지를, 마을 사람들에게는 사회적 구심점을 제공했다. 도시 전체의 공간 구성에서 기준점 역할을 하는 '도시 축(Urban Axis)' 기능을 했다고 볼 수 있다.

### 2. 클로이스터(회랑, Claustro) - 고요 속 조각 같은 공간 경험

교회 옆에 있는 회랑(클로이스터)은 열주와 아치가 반복되는 구조로 이루어져 있다. 각각의 기둥머리(캐피털)에는 세밀하게 조각된 성경 이야기나 상징물이 새겨져 있으며 햇살이 바닥을 타고 흘러드는 모습은 공간을 살아 있는 듯이 느끼게 한다.

기둥은 쌍기둥(double columns) 구조로 배치되어 있으며 약 42개의 주두(capitals, 柱頭)에는 성경 장면, 괴수, 식물 문양이 풍부하게 조각되어 있다. 거친 돌 표면에 새겨진 800년 전 조각가의 손길이 그대로 느껴진다. 이런 회랑은 수도사들의 '걷는 명상' 공간이었다. 덮개가 있는 복도를 따라 원형으로 걸으면서 기도와 묵상을 하는 것이다. 현대 건축에서 추구하는 '명상적 공간(Meditation

클로이스터 열주

space)'의 원형이라고 할 수 있다.

### 3. '돌로 쌓은 시간' – 재료와 세월의 미학

회랑과 외벽은 현지 사암과 석회암으로 지어졌으며 세월이 흐르면서 표면은 부드럽고 따뜻한 색으로 변했다. 건축가는 이러한 변화를 보존의 일부로 받아들이며 건축물이 단순한 구조물이 아니라 '살아 있는 기억의 기록'임을 강조하게 된다.

특히 바닷바람과 비에 노출된 외벽의 풍화 과정은 인위적으로 만들 수 없는 자연스러운 텍스처를 만들어냈다. 이를 '파티나 효과(Patina effect)'라고 하는데 시간이 만들어내는 아름다움의 대표적 사례다.

〔건축가의 시선 7〕

# 알타미라 동굴(Cueva de Altamira)
## – 인류 최초의 공간 예술

### 1. 자연의 동굴, 인류 최초의 예술 공간

알타미라 동굴은 약 3만 6천 년 전 구석기시대 인간이 그린 들소, 사슴, 손바닥 벽화를 간직한 곳이다. 동굴 내부의 울퉁불퉁한 천장 곡면을 활용한 그림 배치는 자연 지형을 건축적 캔버스로 재해석한 최초의 공간 구성 사례다. 이는 현대 건축에서 말하는 '사이트 스페시픽(Site-Specific)' 접근법의 원조 격이다. 주어진 공간의 특성을 파악하고 그것을 최대한 활용하여 작품을 만들어내는 것 말이다.

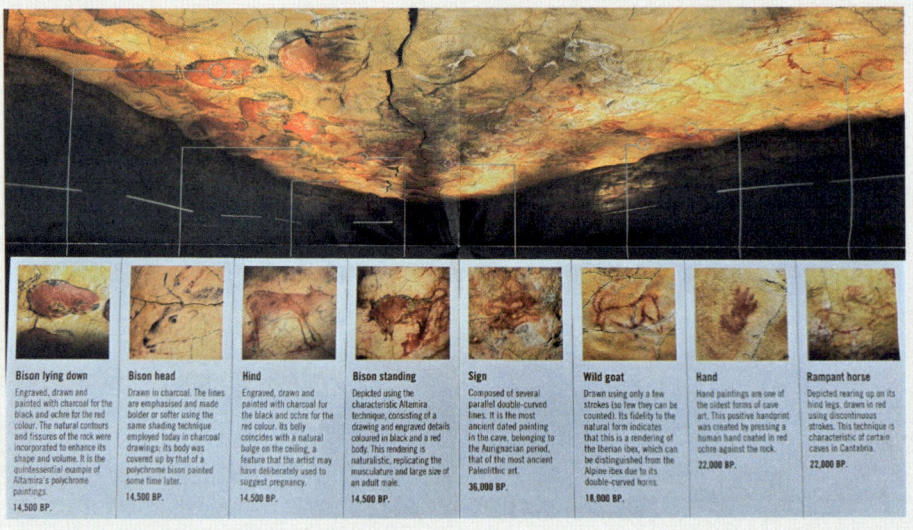

알타미라 동굴에는 다양한 동물들이 묘사되어 있다.

## 2. 네오쿠에바(Neocueva) 복제 공간의 설계적 의미

원본 동굴 보호를 위해 만든 네오쿠에바는 실제 동굴의 굴곡과 조도, 동굴 내부 동선을 디지털 스캔으로 정밀하게 복제해 구현되었다. 건축가는 이 복제 공간을 통해 '공간과 예술, 역사적 경험을 기술로 재현'할 수 있는 새로운 모델을 제시했다고 평가한다.

| 항목 | 원본 동굴 | 복제 동굴(네오쿠에바) |
| --- | --- | --- |
| 온도 | 13.5℃ (엄격 유지) | 20℃(관람객 편의) |
| 습도 | 97% (엄격 통제) | 60%로 조정 |
| 벽화 감상 | 1.2m 거리 유지 필수 | 직접 손대고 체험 가능 |
| 접근성 | 주 1회, 5명(학자 한정) | 연간 25만 명 관람 |

이런 접근법은 문화유산의 보존과 접근성 사이의 균형을 찾는 현대적 해법을 보여준다. 원본은 철저히 보호하면서도 복제를 통해 더 많은 사람이 그 가치를 경험할 수 있게 한 것이다.

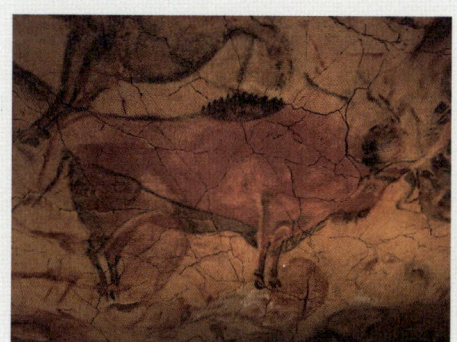 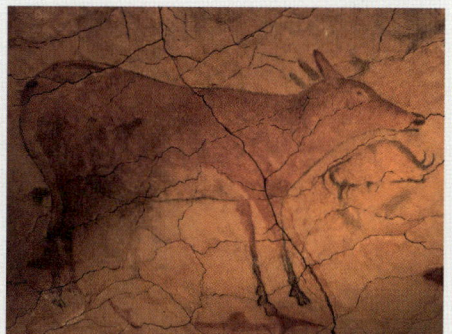

동굴 내 벽화에는 다양한 동물들이 그려져 있다.

〔 순례자의 단상 〕

### 건축은 왜 오래 남아야 하는가?

산티야나 델 마르는 우리에게 물었다. 건축은 왜 오래 남아야 하느냐고. 그 대답은 이 마을이 매일 보여주고 있었다. 돌은 남기 위해 존재하지 않는다. 그 위를 걷는 우리는 건축이 시간을 품는 법, 그리고 공간이 사람을 품는 법을 배운다. 순례길 위에 놓인 이 마을은 그 자체로 하나의 조용한 성찰이었다. 급하게 지나칠 수 없는 것이 머물러야만 하는 공간의 힘이 있었다.

### 한 줄 한 줄 써 내려가는 긴 시

이곳에서 경험은 하나의 문장이 아니라 한 줄 한 줄 써 내려가는 긴 시와 같았다. 각각의 건물, 각각의 골목, 각각의 돌멩이까지도 모두 시의 한 구절이 되었다. 우리는 성당 앞 돌계단에 앉아 돌로 쌓인 시간과 사람의 무게를 느꼈다.

### 머무름의 미학

순례는 나아감이 아니라 머무름이다. 길 위의 시간보다, 한 장소의 침묵 속에서 비로소 우리는 자신을 만난다. 산티야나 델 마르는 바로 그런 '머무름의 미학'을 가르쳐준 도시였다.

현대인들은 늘 빠르게 효율적으로 생산적으로 살아가려 한다. 하지만 산티야나 델 마르는 느림의 존엄을 지켜낸 도시였다. 그곳에서 우리는 '시간을 품는 존재'가 되는 법을 배웠다.

걸어간다는 것은 결국 자신 안의 시간을 다시 짓는 일이다. 공간은 스스로 말을 하지 않는다. 우리가 그 안에서 머물 때, 공간은 산티야나 델 마르처럼, 비로소 시간의 언어로 우리에게 말을 건넨다. 우리는 그 침묵의 언어를 들으며, 다시 길 위로 나선다.

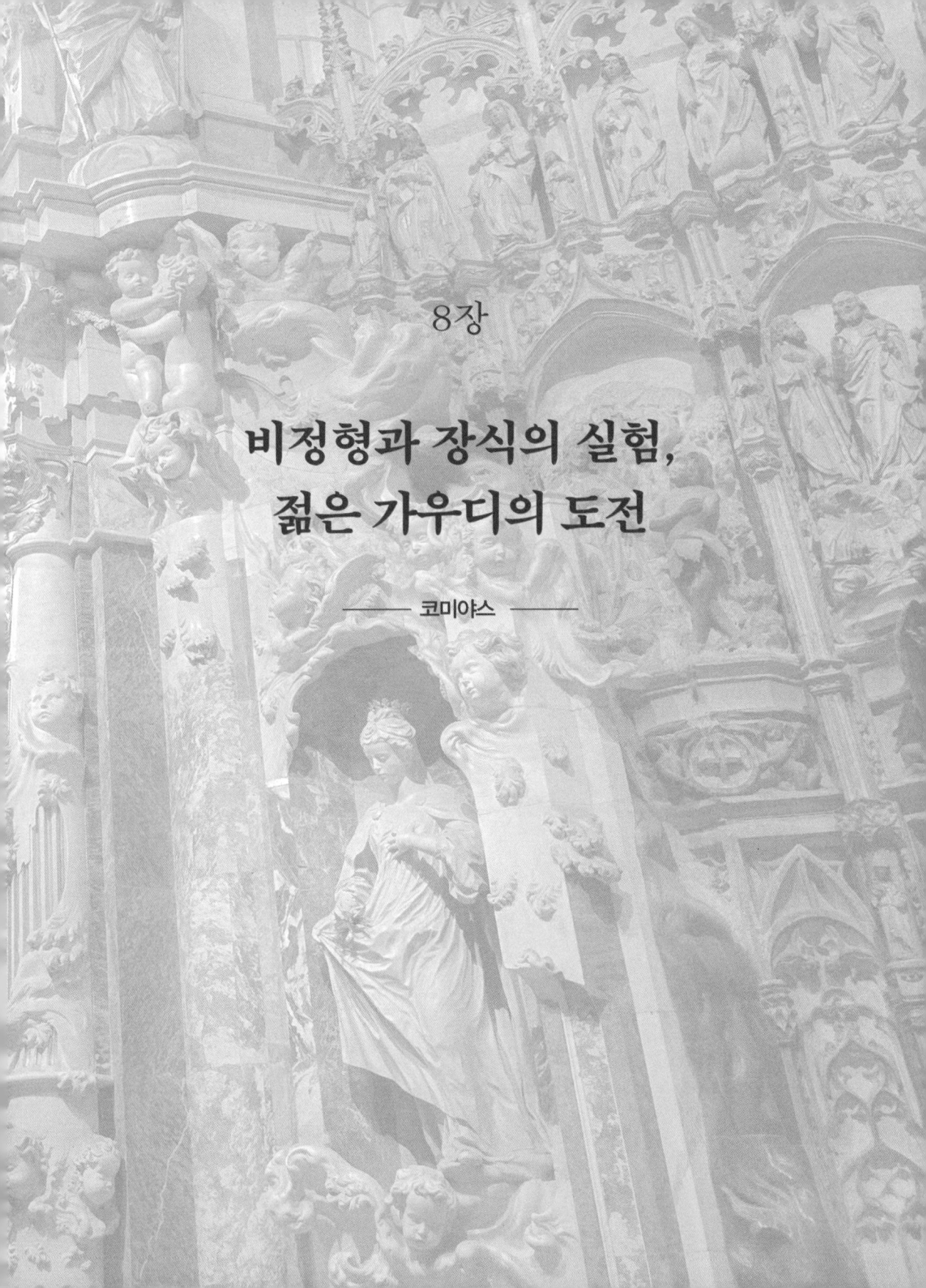

# 8장
# 비정형과 장식의 실험, 젊은 가우디의 도전

―― 코미야스 ――

# 1
## 가우디의 실험과 소도시의 미학

**건축적 실험정신이 꽃핀 소도시**

칸타브리아의 바람이 도기처럼 반짝이는 지붕을 스치고, 올리브 잎사귀가 초록의 성운처럼 떤다. 코미야스(Comillas)의 풍경은 단정하고 너그럽다. 이 평온한 마을 코미야스는, 사실 혁신의 씨앗이 심어진 실험실이었다.

19세기 말 아메리카 대륙에서의 식민지 무역으로 막대한 부를 축적한 '인디아노(Indiano)' – 아메리카 대륙으로 건너가 사업으로 성공한 후 고향으로 돌아온 스페인인들 – 귀족들이 아메리카의 부를 등에 업고 돌아와 이곳에 새로운 미적 질서를 세웠다.

특히 막시모 디아스 데 키하노(Máximo Díaz de Quijano) 같은 인물들은 단순히 부를 과시하기 위한 건축이 아니라 당시로서는 매우 전위적인 예술적 실험을 후원했다. 그들의 후원 속에 젊은 28세의 건축가, 안토니오 가우디가 '비정형'의 첫 실험을 시작했다.

**19세기 말 스페인 사회의 변화상**

이 시기의 스페인은 전통적인 농업 사회에서 근대 자본주의 사회로 변화하던 문턱에 있었다. 아메리카 대륙에서 돌아온 인디아노 귀족들은 단순한 부의 축적뿐만 아니라 새로운 문화와 예술적 감각을 가져왔다. 코미야스가 특별한 이유는 이런 사회적 배경 때문이다. 이곳에서는 전통적인 귀족 사회와는 다른 새로운 부르주아 계층의 미적 취향이 반영된 건축을 만날 수 있다.

인디아노 귀족들은 유럽의 최신 예술 사조에 관심이 많았고 젊은 예술가들을 적극적으로 후원했다. 바르셀로나에서 이제 막 건축 활동을 시작한 28세의 가우디도 그런 후원의 수혜자 중 하나였다.

---
**2**

## 엘 카프리초
- 자유분방한 정원, 태양을 좇는 집
---

**태양을 좇는 집, 엘 카프리초**

### 첫인상의 당혹감과 매혹

가우디는 산업화가 가져온 '패턴화된 질서'에 맞서 자연의 리듬을 건축의 질서로 번역하려 했다. 이는 마치 니체가 『비극의 탄생』에서 말한 아폴론적 질서와 디오니소스적 생명의 융합과도 같았다. 엘 카프리초(El Capricho)는 그 젊은 시도의 첫 결실이었다.

마을 길을 걷다 고개를 들면 초록 수풀 사이로 불쑥 나타나는 이 건물 앞에서 우리는 잠시 말을 잃었다. 가우디가 28세에 설계해 1883년 착공하여 1885년에 완공된 '엘 카프리초(El Capricho)'는 음악을 사랑한 귀족 막시모 디아스 데 키하노(Máximo Díaz de Quijano)를 위해 지어진 집이다.

이 집은 마치 '빛으로 작곡된 음악' 같다. 하루 동안 태양이 움직이며 만들어내는 빛의 변화가 악보처럼 공간을 따라 흘러간다. U자형 평면(약 15×36m의 작은 스케일)은 가운데 중정을 감싸고, 동쪽과 서쪽의 햇빛이 드는 방향에 맞춰 방들이 배치되어 있다. 외벽에는 해바라기 무늬 타일 띠가 둘러져 있는데, 이는 태양의 이동을 시각적인 리듬으로 표현한 장식이다. 즉, 건물 전체가 태양의 궤적을 따라 춤추듯 설계된 '빛의 음악'이자, 가우디의 초기 실험정신을 보여주는 작품이다.

마을 길을 걷다 고개를 들면, 초록 나무 사이로 불쑥 보이는 이국적인 건축물

### 자연을 모방한 유기적 디자인

초록 도기 기와 아래 벽돌과 석재, 세라믹이 서로 기대어 선다. 장식은 표피가 아니라 구조의 언어다. 문지방의 주두에서부터 난간의 철제 곡선에 이르기까지 우리는 '장식=구조의 파생'이라는 가우디의 초기 신념을 본다. 현관 위 가느다란 탑은 미나레트를 연상시키며 젊은 건축가가 유럽에 번지던 오리엔탈리즘을 어떻게 자기 언어로 흡수했는지 보여준다.

무엇보다 이 집은 소리를 아는 집이다. 창을 여닫을 때 공기가 통과하며 울리는 작은 관들의 장치─건축주를 위한 음악적 장난이자 공간을 다 감각으로 설계하려는 젊은 가우디의 실험정신이다.

---

### 3
### 장식이라는 사유, 구조라는 리듬

---

### 제멋대로이면서도 완벽한 조화

19세기 산업화가 표준화의 미학을 강요하던 시절, 가우디는 손의 미학으로 저항했다. 그에게 장식은 외피가 아닌 내면의 고백이었다.

"장식은 감추기 위한 것이 아니라 드러내기 위한 것이다."

그 말처럼 엘 카프리초의 장식은 '가리기'가 아니라 '드러내기'다. 해바라기 타일은 외피를 리듬으로 만들고 난간의 곡선은 바람의 흐름을 시각화한다. 모든 요소는 제멋대로인 듯 보이지만 빛과 환기, 방향과 동선을 종합해 하나의 '생활 악보'를 완성한다. 산업화가 패턴과 표준화를 약속하던 시대에 가우디는 손맛과 자연의 비선형을 건축으로 되살린다.

"이런 건축은 규칙을 깨뜨리는 데서 생명력을 얻는 것 같아. 하지만 깨는 데도 기술이 필요하지. 저 곡면 기둥, 저 지붕 선, 다 계산된 구조야."

### 장식의 새로운 정의

사실 진정한 장식이란 뭔가를 가리려는 것이 아니라 오히려 본질을 더욱 드러내려는 것이다. 코미야스에서의 가우디는 구조와 장식을 서로 독립된 요소로 보지 않았다. 그는 모든 것을 유기적으로 연결했으며 건축 전체를 하나의 살아 있는 생물처럼 설계했다. 이는 당시 유럽 건축계의 주류였던 고전주의나 절충주의와는 완전히 다른 접근법이었다.

19세기 말은 산업혁명으로 인한 대량생산과 표준화가 본격적으로 시작되던 시기였다. 하지만 가우디는 정반대 방향으로 나아갔다. 하나하나 손으로 만

해바라기 타일과 자연의 곡선으로 장식된 외벽

든 타일, 세심하게 조각된 장식, 자연의 곡선을 모방한 형태들. 건축의 표면이 곧 철학의 표면이 된다. 한나 아렌트가 말한 '탄생성(natality)'—새롭게 시작할 수 있는 인간의 능력처럼, 가우디의 벽돌과 타일은 매일 새 빛을 맞으며 다시 태어난다.

### 음악가를 위한 건축

엘 카프리초가 특별한 이유 중 하나는 건축주가 음악가였다는 점이다. 막시모 디아스 데 키하노(Máximo Díaz de Quijano)는 아마추어 음악가로 특히 피아노와 바이올린을 즐겨 연주했다. 가우디는 이를 건축에 반영했다. 창문이 열릴 때마다 바람이 만들어내는 자연스러운 음향 효과, 공간의 비례에서 느껴지는 음악적 리듬감 그리고 해바라기 타일 배열에서 보이는 시각적 선율. 이 모든 것이 음악과 건축의 융합을 추구한 가우디의 실험정신을 보여준다.

---

## 4
## 가우디의 실험과 코미야스 풍경의 조화

---

### 건축보다 더 기억에 남은 마을

놀랍게도 엘 카프리초보다 더 오래 남는 건 '마을의 풍경'이다. 붉은 기와의 리듬, 일정한 처마선, 너른 하늘과 저층의 스케일. 전혀 다른 미학의 건물조차 이 풍경 속에서는 부딪치지 않는다.

"여기선 건축이 튀는 게 아니라 풍경 안에 녹아들어."

그 조용한 풍경이 건축과 함께 어우러지면서 공간 자체가 하나의 완성된 작품처럼 느껴졌다. 엘 카프리초는 확실히 주변의 전통적 건축물들과는 다른 모습이었다. 하지만 마을과 충돌하지 않았다. 오히려 그 다름이 새로운 조화를 만들어낸 풍경이었다.

**소브렐라노 궁전과의 대비**

같은 시기의 소브렐라노 궁전(Palacio de Sobrellano)—네오고딕의 위엄을 지닌 귀족적 건축—과 나란히 서 있을 때 엘 카프리초는 실험과 유머, 생활의 온기로 균형을 맞춘다. (소브렐라노 궁전은 조안 마르토렐 설계, 인접한 예배당·영묘는 도메네크 이 몬타네르가 설계했다.)

귀족적인 건축 형태의 소브렐라노 궁전

같은 시기에 지어졌지만 완전히 다른 성격을 보여주는 건축물이다.

두 건물을 비교해 보면 19세기 말 스페인 사회의 계층별 미적 취향의 차이를 명확히 알 수 있다. 코미야스를 찾는 사람들은 권세와 부를 과시하기 위해 지은 소브렐라노 궁전과 밝고 유머러스한 색채로 빛나는 엘 카프리초, 이렇게 서로 다른 미학이 나란히 놓인 공간을 걸으며 한편으로는 귀족의 권위를, 다른 한편으로는 예술적 상상력의 자유로움을 동시에 마주하게 된다. 이곳에서 가우디의 건축은 '다름의 조화'라는 근대 미학의 새 언어를 쓰고 있었다.

**일상이 만들어낸 진짜 아름다움**

코미야스가 만들어낸 풍경은 단순히 눈에 보이는 건물과 거리만이 아니라 그 안에 흐르는 삶의 리듬 그리고 사람들의 일상에서 비로소 완성되는 것이었다. 이상하게도 코미야스를 걷는 동안 우리 모두 말수가 줄었다. 말 대신 관찰이, 걷는 대신 멈춤이 많아졌다. 마을이 주는 특별한 분위기 때문이었다.

코미야스 도심의 마을 모습

## 5
### 균형의 이름으로
### - 실험과 전통의 조화

**혁신의 진정한 의미**

혁신은 기존 상태를 부수는 일이 아니라 본질을 더 이해하고 새롭게 번역하는 데서 시작된다는 것을 이곳에서 깨달았다. 가우디는 분명 시대를 앞서간 혁신적인 실험자였다. 하지만 그의 초기작에서는 주변 환경에 대한 섬세한 배려와 장소성과 재료 성에 대한 깊은 인식이 느껴진다.

**맥락 주의 건축의 선구자**

가우디는 이미 이곳에서 맥락 주의(Contextualism)—주변과 호흡하며 독창성을 발휘하는 태도—의 씨앗을 뿌렸다. 지역 석재와 벽돌, 카탈루냐 타일의 로컬리티로 전혀 새로운 보편 언어를 만들어낸다.

엘 카프리초는 이런 맥락 주의 건축의 초기 사례로 볼 수 있다. 주변의 전통적 건축물들과 완전히 다르면서도 그들과 갈등을 일으키지 않고 새로운 조화를 만들어낸 것이다. 이는 가우디가 단순한 형태의 혁신가가 아니라 깊이 있는 건축 철학을 가진 사상가였음을 보여준다.

**지역성과 보편성의 균형**

엘 카프리초에서 사용된 재료들을 살펴보면 현지 산 석재와 벽돌 그리고 카탈루냐 지방의 전통적인 도기 타일이 주를 이룬다. 즉, 철저히 지역적인 재료를 사용하면서도 완전히 새로운 형태 언어를 만들어낸 것이다. 이는 현대 건축에서 추구하는 '세계적인 보편성과 로컬 한 특수성의 조화'를 100년 앞서 구현한 사례라고 할 수 있다.

### 건축 교육에 주는 시사점

건축을 공부하는 사람들에게 코미야스의 경험은 특별한 의미가 있다. 이론과 실제, 혁신과 전통, 개성과 조화. 이런 상반된 요소들을 어떻게 균형 있게 조합할 수 있는지를 보여주는 살아있는 교과서 같은 곳이기 때문이다.

〔 건축가의 시선 8 〕

# 엘 카프리초(El Capricho)
# - 태양을 좇는 집의 비밀

### 가우디 초기 작품의 완성도

엘 카프리초는 가우디가 28세에 설계한 초기 작품으로 후기의 화려함과는 다른 절제된 아름다움을 보여주는 건축물이다.

### 설계 개념과 공간 구성

#### 1. 태양과 방향을 읽어 공간에 스며들게 한 설계

아마추어 음악가였던 막시모 디아스 데 키하노(Máximo Díaz de Quijano)가 1883년 소브렐라노 궁전 근처 코미야스에 여름 별장을 짓도록 가우디에게 설계를 맡겼다.

엘 카프리초는 15m x 35m 크기로 지하실의 절반, 1층 그리고 다락방으로 구성되어 해당 지역의 경사에 맞춰 설계되었다.

'카프리초'는 해가 움직이는 방향에 따라 공간을 배치한 '태양 공간 설계'의 전형이다. 예를 들어, 아침 햇살이 비치는 동쪽으로 침실과 거실을 저녁 햇살이 드는 서쪽으로는 응접실 등을 위치시켰다. 중앙에는 온실이 자리 잡고 있으며 이 공간은 주변 기후를 조절하는 역할도 했다. 이는 현대 건축의 '패시브 디자인'(자연 에너지를 활용한 친환경 설계) 개념을 100년 앞서 구현한 사례다.

## 2. 'U자형 평면'의 완결성과 보호 기능

빌라의 평면은 U자형 형태로 디자인되어 북쪽에서 부는 찬바람을 차단하면서 태양광을 최대로 활용하도록 했다. 엘 카프리초는 평면에서 U자 구조를 가지는데 이는 주거의 중심에 개방된 중정을 두고 생활과 휴식을 동시에 가능하게 하려는 의도다. 이 중정은 단순한 안마당이 아니라 건물 전체의 생활 리듬을 조직하는 축 그리고 빛과 자연을 불러들이는 통로로 작동한다.

중심 안뜰(Courtyard)이 실내로 빛과 공기를 끌어들이는 역할을 하며 일상 공간과 정원을 시각적으로 연결하고 있다. 이는 전통적인 스페인 주택의 파티오(Patio) 개념을 현대적으로 재해석한 것이다.

U자형 평면의 중심에 개방된 중정

### 3. 외관의 시각 언어 – 재료와 장식의 정교한 조합

해바라기 타일 띠로 장식된 외관 – 오각형 패턴이 음악적 리듬을 시각화

하부는 거친 현지 석재, 상부는 붉은 벽돌과 초록색·노란색의 해바라기 타일 띠로 장식되어 있다. 특히 해바라기 무늬는 오각형(펜타그램)처럼 배열되어 음악과 자연의 조화를 시각화한다. 해바라기 문양은 파사드 전면에 반복적으로 적용되어 계절의 순환과 햇빛의 상징성을 나타내며 창호는 직선보다 곡선을 사용해 빛의 흐름과 건물 외곽의 유연성을 반영한다. 초록색 타일 지붕은 주변 숲과의 조화를 고려한 색채 전략이며 전체적으로 자연을 단순히 모사하는 것이 아닌 공간 구성에 통합하는 방식으로 해석되었다.

가우디는 자연에서 얻은 모티프와 다양한 재료를 결합하여 건축물을 단순한 구조물이 아닌 살아 있는 예술 작품으로 승화시켰다. 기둥과 발코니 난간은 철제 곡선으로 마감되어 있으며 난간 일부는 벤치 역할도 한다. 이는 기능과 미학을 통합한 가우디 특유의 디자인 철학을 보여준다.

## 4. 이국적 수직축, 미나렛 형식의 탑

정문 입구 위 탑은 페르시아식 미나렛 형태로 중동 고딕의 느낌을 준다. 이는 19세기 말 유럽에 불었던 오리엔탈리즘의 영향을 받은 것으로 보인다. 탑 꼭대기로 오르는 나선형 계단 그리고 음악적 노트를 형상화한 난간 디자인은 건축주가 음악 애호가였다는 점을 반영한 건축적 상징성을 보여준다.

미나렛 형식의 이국적인 탑

## 5. 내부 구성의 통일된 흐름과 음악적 상징

내부는 세 개의 층(반지하, 1층, 다락)으로 구성되어 있으며 건축주가 음악인이라서 '파이프 벨 시스템'을 구축하여 창문이 열릴 때마다 음향 효과가 나는 독창적인 장치를 설치했다.

엘 카프리초의 내부는 가우디의 건축 철학이 잘 드러나는 공간으로서 외부의 화려한 장식과는 또 다른 방식으로 통일된 흐름과 음악적 상징을 통해 공간에 생명력을 불어넣는다. 이런 음향 장치는 건축이 단순히 시각적 예술이 아니라 청각적, 촉각적 경험을 포함하는 종합예술임을 보여주는 사례다.

가우디의 건축 철학이 잘 드러나는 1층 내부

외부의 화려한 장식과는 또 다른 방식으로 통일된 흐름의 다락방

〔 순례자의 단상 〕

### 절제된 가우디의 발견

가우디의 건축은 늘 과장되고 화려한 것으로 인식됐다. 하지만 코미야스에서 만난 가우디는 달랐다. 그의 건축은 조용했고 섬세했고 무엇보다 마을과 대화하고 있었다.

사그라다 파밀리아나 구엘 공원에서 보여준 후기의 극적인 표현과는 다른, 더욱 절제되고 성숙한 아름다움이 있었다. 젊은 가우디가 얼마나 주변 환경을 섬세하게 관찰했는지 그리고 그 관찰을 어떻게 건축적 언어로 번역했는지를 확인할 수 있었다.

초록색 지붕과 미나렛 형식의 탑

### 조화로운 이질성의 미학

코미야스의 마을을 걸으며 깨달았다. 엘 카프리초는 분명 주변의 전통적 건축물들과는 다른 모습이었다. 하지만 그 다름이 갈등을 일으키지 않고 오히려 풍경을 더욱 풍부하게 만들었다.

'특별하다'라는 것이 기존 풍경을 파괴하는 것이 아니라 그 안에 조용히 새로운 호흡을 불어넣는 것이라는 걸 알았다. 그 건축이 마을 사람들의 일상과 어떻게 어우러지는지, 시간이 지나면서 어떤 변화를 겪고 있는지를 관찰하는 것이 더욱 의미 있는 경험이었다. 순례길은 우리에게 이런 깊이 있는 관찰력을 기를 수 있는 시간과 여유를 제공한다. 바쁜 일상에서는 놓치기 쉬운 미묘한 변화들과 섬세한 아름다움들을 발견할 수 있었다.

우리는 알게 되었다. 건축은 돌로 만든 철학이며, 빛으로 쓴 시라는 것을. 엘 카프리초 앞에 서면, 우리는 '형태'보다 '시간'을 본다. 이 집은 태양의 흐름에 따라 하루를 살고, 바람의 숨결에 따라 노래한다. 그 리듬 속에서 인간은 자연의 일부로 되돌아간다.

하이데거는 『짓기, 거주하기, 사유하기』에서 "거주함은 존재의 방식"이라 했다. 가우디가 만든 건축물은 우리에게 그 말을 체험하게 한다. 우리는 이곳에서 여행자가 아니라 머무는 존재, 시간과 함께 늙고 빛과 함께 다시 태어나는 순례자가 된다.

### 마을이 주는 교훈

가우디의 실험적 건축도 중요했지만, 그것을 자연스럽게 받아들이고 품어낸 마을 자체의 포용력이 더욱더 인상적이었다. 코미야스라는 작은 도시가 보여준 문화적 관용과 예술적 개방성이야말로 진정한 도시의 품격이 아닐까 생각했다. 공간은 스스로 말을 하지 않는다. 우리가 그 안에서 살아가고 실험하고 조화를 이룰 때, 공간은 코미야스처럼 비로소 관용의 이야기가 된다. 우리는 그 이야기를 품고, 다시 길 위로 나선다.

포용력이 더 큰 마을 전경

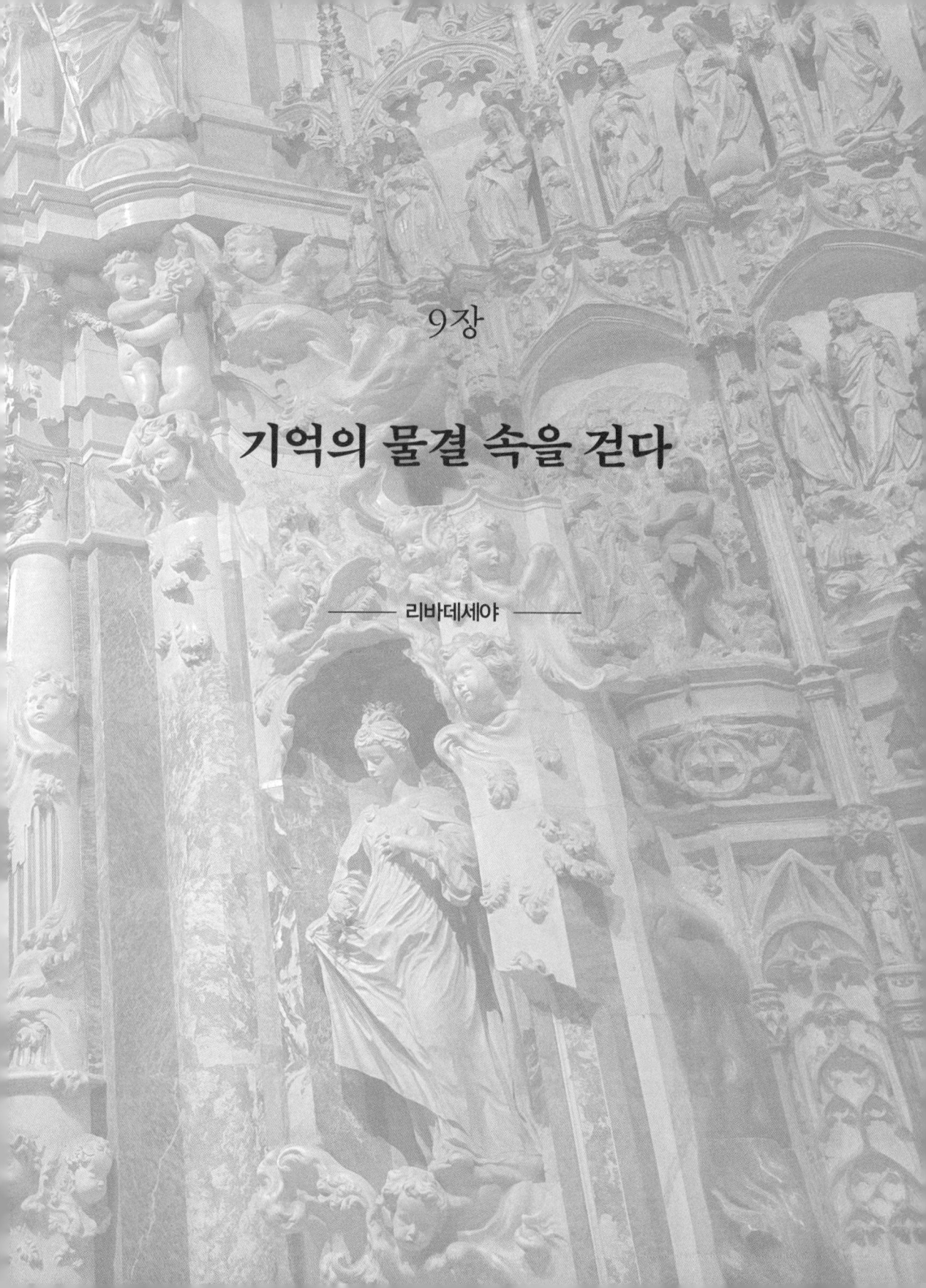

9장

# 기억의 물결 속을 걷다

―― 리바데세야 ――

# 1
## 강과 바다가 만나는 곳,
## 도시가 깃들다

**자연이 그린 도시의 윤곽**

코미야스를 떠나 아스투리아스 해안을 서쪽으로 걷다 보면 세야 강(Río Sella)이 바다로 스며드는 자리에 조용히 앉은 도시 리바데세야(Ribadesella)를 만난다. 바다는 넓고 환하지만 정작 도시의 깊이는 강 쪽에 숨어 있다. 세야 강은 구시

강과 바다가 만나는 하구에 있는 리바데세야

가지와 신시가지를 갈라놓지만 끊지 않고 잇는다. 긴 다리, 하구의 잔물결, 천천히 드나드는 작은 배들—이곳의 도시 형태는 그려진 설계도가 아니라 자연의 손길이 그린 선 위에 놓여 있다. 강이 골격을 만들고, 사람은 그 틈새에 삶을 채워 넣었다. 가장 온전한 유기적 도시계획의 문법이다.

아우구스티누스가 『고백록』에서 언급한 시간론처럼, "시간은 우리의 기억과 기대 속에 존재한다." 리바데세야의 거리는 바로 '머무른 시간'의 흔적이었다.

### 지형이 만든 도시의 성격

세야 강 하구는 천연의 항구 역할을 했다. 강을 통해 내륙과 연결되고 바다를 통해 외부 세계와 소통할 수 있는 완벽한 조건을 갖춘 것이다. 중세 시대부터 이곳은 어업과 해상 교역의 중심지였고 지금도 그 전통이 이어지고 있다.

## 2
## 해변과 도시
### - 공존하는 두 개의 시간

### 현대적 활력과 전통적 여유

바다 쪽으로 걷자 흐름의 속도가 달라진다. 플라야 데 산타 마리나(Playa de Santa Marina) 해변에는 두 개의 시간이 공존한다. 최근 서핑 스팟으로도 알려진 이곳에서는 서핑보드를 든 청년의 현재와 오래된 항구의 과거가 파도의 리듬 속에 겹친다. 서핑보드와 더불어 유모차, 노인의 산책과 여행자의 느린 커피가 한 장면을 이룬다. 웅장한 산세가 배경을 단단히 붙들고 해변의 산책로는 도시를 수평으로 펼친다. 이곳의 휴식은 과장되지 않고 일상은 소박하지만 견고하다.

**파도의 리듬 속에서 들리는 메아리**

우리는 천천히 해변 산책로를 걸었다. 파도는 똑같은 리듬을 끝없이 반복했는데 그 속에서 오래된 메아리가 함께 울려오는 것 같았다.

이 해변에서 매년 8월에 열리는 '세야 강 국제 카누 대회(Descenso Internacional del Sella)'는 유럽에서 가장 유명한 카누 경기 중 하나다. 강에서 바다로 이어지는 20킬로미터 구간을 카누로 내려오는 이 대회에는 매년 수만 명의 관광객이 몰려든다. 이런 현대적 이벤트가 고풍스러운 마을 풍경과 자연스럽게 어우러지는 모습이 리바데세야의 또 다른 매력이다. 전통과 이벤트가 서로의 볼륨을 해치지 않는 도시—시간이 자연스럽게 공존한다. 건축의 언어로 말하자면, 이곳은 확장보다 갱신, 파괴보다 적응의 미학이 작동하는 곳이다.

주변의 웅장한 산과 어우러져 고즈넉한 아름다움을 선사하는 해변

## 3
## 공간이 아닌 기억을 설계한 도시

### 특별함 없는 특별함

리바데세야의 매력은 특별함이 없는 특별함이다. 눈에 띄는 '한 방'의 명소가 없다. 그래서 더 단단하다. 자극 대신 리듬, 과시 대신 질감이 축적되어 도시의 표정을 만든다. 골목의 꺾임, 강변의 난간, 오래 쓴 석재의 거칠기가 하루의 움직임과 포개지며 '사는 동안 만들어진 공간'이 된다.

### 살면서 만들어진 공간의 힘

"누가 만든 게 아니라 살면서 만들어진 공간이네."

이 관찰이 정확했다. 리바데세야의 아름다움은 계획이 아니라 축적에서 태어났다. 수백 년간 이곳에 살았던 사람들의 일상이 켜켜이 쌓여서 만들어낸 공간적 질감이었다. 현대 도시계획에서는 이를 '오가닉 어바니즘(Organic Urbanism)'이라고 부른다. 인위적인 계획보다는 자연스러운 성장과 변화를 통해 형성된 도시 구조를 의미한다.

역사가 피에르 노라(Pierre Nora)는 '기억의 장소'(Les Lieux de Mémoire, 1984~1992)에서 "공동체의 정체성은 기억을 통해 공간에 새겨진다."라고 했다. 리바데세야는 바로 그런 도시다. 하루하루의 노동과 기도가 벽돌과 강바람에 스며들며 살아 있는 건축이 되었다.

공간 속에서 사람들이 소통하고 기억을 쌓아갈 수 있도록 설계된 마을 내부

〔 건축가의 시선 9 〕

# 리바데세야
## – 자연과 조화를 이룬 유기적 도시

### 자연 지형과 조화를 이룬 유기적 도시

리바데세야는 세야 강이 바다와 만나며 형성한 '리아(Ría, 강 하구의 만입)'를 중심으로 발전했다. 이 지형은 바다의 수위에 따라 매일 다른 풍경을 만들어내며, 도시는 그 변화에 순응하는 구조로 발전했다. 이렇듯 리바데세야는 인공적인 도시계획보다는 자연조건에 순응하며 발전한 전형적인 유기적 도시의 모습을 보여준다.

### 도시 구조와 역사적 형성 과정

#### 1. 역사 속 마을 구조 – 도시 전체가 조화로운 '공동체 작품'

구시가지는 13세기 이래 골목·아케이드·목조 발코니가 촘촘히 엮인다. 주택과 성당은 현지 사암과 석회암으로 지어졌다. 카사 데 로스 아르디네스(Casa de los Ardines), 팔라시오 프리에토-쿠트레(Palacio Prieto-Cutre, 현 시청사) 같은 저택은 르네상스와 바로크 양식의 시민 건축으로 항해·교역의 기억을 정면에 새긴 사례다.

구시가지에 있는 팔라시오 프리에토-쿠트레(Palacio Prieto-Cutre) 외관 — 르네상스와 바로크 양식이 혼합된 시민 건축

## 2. 산타 마리아 마그달레나 교회 – 신앙의 건축학

### 20세기 신앙과 예술의 융합

1936년 스페인 내전 후 재건된 이 교회는 신고전주의와 네오로마네스크가 절충된 '에클레틱(절충주의) 공간'이다. 양쪽에 솟은 쌍탑과 중앙에 세워진 예수상은 도시의 종축을 형성하며 지리적 중심을 영적 중심으로 전환한다.

### 내부 예술의 걸작들

교회 내부에서 주목할 만한 것은 트란셉트(십자형 평면의 가로축) 공간 상부에 십자형 공간을 감싸안은 네 개의 그림 패널이 이야기하듯 숨 쉰다. '죄(Culpa)'와

'권고(Admonición)', '범죄(Delito)'와 '평화(Paz)'의 프레스코는 전쟁과 폭력의 근원적 원인에 대한 반성, 인간성 회복의 메시지를 던지는 구성으로 되어 있다.

특히 트롱프뢰유(Trompe-l'œil, '눈속임'이라는 뜻의 프랑스어)—2차원 평면 위에 3차원 입체감을 극도로 사실적으로 묘사하여 관람자의 시각적 착각을 일으키는 미술 기법을 이용해 평면에 입체감과 공간감을 사실적으로 재현한 장치는 교회 내부 공간을 극적인 무대로 변화시키고 있다. 이는 종교 건축에서 예술이 어떤 역할을 할 수 있는지를 보여주는 훌륭한 사례다.

산타 마리아 마그달레나 교회 내부의 벽화와 전경

### 3. 지형과 배치 – 리아(Ría)의 도시

리바데세야는 세야 강이 해안에 이르기 전 만들어낸 '리아(Ría, 강 하구의 만입)'를 중심으로 발달했다. 이는 스페인 북부 해안 도시들의 공통된 특징이다.

이 마을의 건축물들은 해안선과 나란히 배치되어 자연과의 조화를 이루고 있으며 바다에서 불어오는 바람과 햇빛을 최대한 받아들이도록 큰 창문과 발코니가 설치되어 있다. 교회와 주요 광장은 강과 해변을 잇는 중심에 자리하고 있어, 자연경관과 도시 기능이 유기적으로 연결된 배치를 보여준다.

## 4. 재료와 형태의 지역성 – 토속성과 조형의 균형

성당과 주택 모두 현지 사암과 석회암을 주재료로 사용하여 실용성과 내구성을 동시에 갖추고 있다. 바닷바람과 염분을 견디는 구조·마감의 선택이 미감과 내구를 함께 책임진다. 넓은 발코니와 유리 갤러리, 섬세한 철제 세공이 결합해 만들어진 '인디아노 양식'은 이곳에서 장식이 아닌 생존의 논리로 변형되었다.

해안선과 배치된 전경

〔 순례자의 단상 〕

### 사는 도시의 발견

리바데세야는 '보는 도시'가 아니라 '사는 도시'였다. 특별한 명소나 화려한 건축물로 시선을 사로잡는 것이 아니라 은근하고 깊이 있는 매력으로 마음을 움직이는 곳이었다. 이곳에서 우리는 해변의 따스한 햇살과 고요한 강물의 흐름, 그리고 넘실대는 바다 파도를 같은 하루 안에 경험했다. 자연의 다양한 표정을 한 곳에서 만날 수 있는 특별한 지리적 조건이 만들어낸 선물이었다.

### 기억이 만드는 현재

그리고 그 자연의 흐름 속에서 기억이라는 것이 과거에 머물러 있는 정적인 것이 아니라 현재도 계속 만들어지고 있는 살아 있는 것임을 알게 되었다. 강가에서 낚시하는 노인들, 해변에서 뛰어노는 아이들, 카페에서 담소를 나누는 사람들. 이 모든 일상의 순간들이 모여서 이 도시의 새로운 기억을 만들어가고 있었다.

### 새로운 시선을 얻다

리바데세야는 '보는 도시'가 아니라 '기억하는 도시'였다. 여기서 기억은 과거의 회상이 아니라, 현재를 새롭게 인식하는 능력이었다. 마르셀 프루스트는 『갇힌 여인(La Prisonnière)』(제5권)에서 이렇게 말했다.

"진정한 발견은 새로운 풍경을 찾는 것이 아니라, 새로운 눈을 갖는 것이다."

그의 말처럼, 순례는 목적지가 아니라 시선의 변화다. 리바데세야의 바다와 강, 그 사이를 걷는 동안 나는 '본다'라는 것이 얼마나 다층적인 행위인지 배웠다. 눈으로 본 것은 곧 잊히지만, 마음으로 본 것은 기억이 된다. 그 기억은 고정된 과거가 아니라 지금, 이 순간에도 다시 태어나는 살아 있는 시간이다.

강가에서 낚시하는 노인의 손놀림, 해변을 달리는 아이의 웃음, 창가에 걸린 흰 시트 한 장조차도 그들의 삶이 쌓여 도시의 질감이 되었다. 순례는 단순히 아름다운 풍경을 수집하는 일이 아니다. 그 풍경 속에 스며 있는 시간과 사람들의 목소리에 귀 기울이는 일이다. 리바데세야는 그런 섬세한 시선을 내 안으로 향하게 한 도시였다. 그것이 이 도시가 내게 가르쳐준 진정한 발견의 방식이었다. 순례란 새로운 시선을 얻는 여정이었다. 공간은 스스로 말을 하지 않는다. 우리가 그 안에서 살아가고 기억을 쌓을 때, 공간은 리바데세야처럼 비로소 삶의 이야기가 된다. 우리는 그 이야기를 품고, 다시 길 위로 나선다.

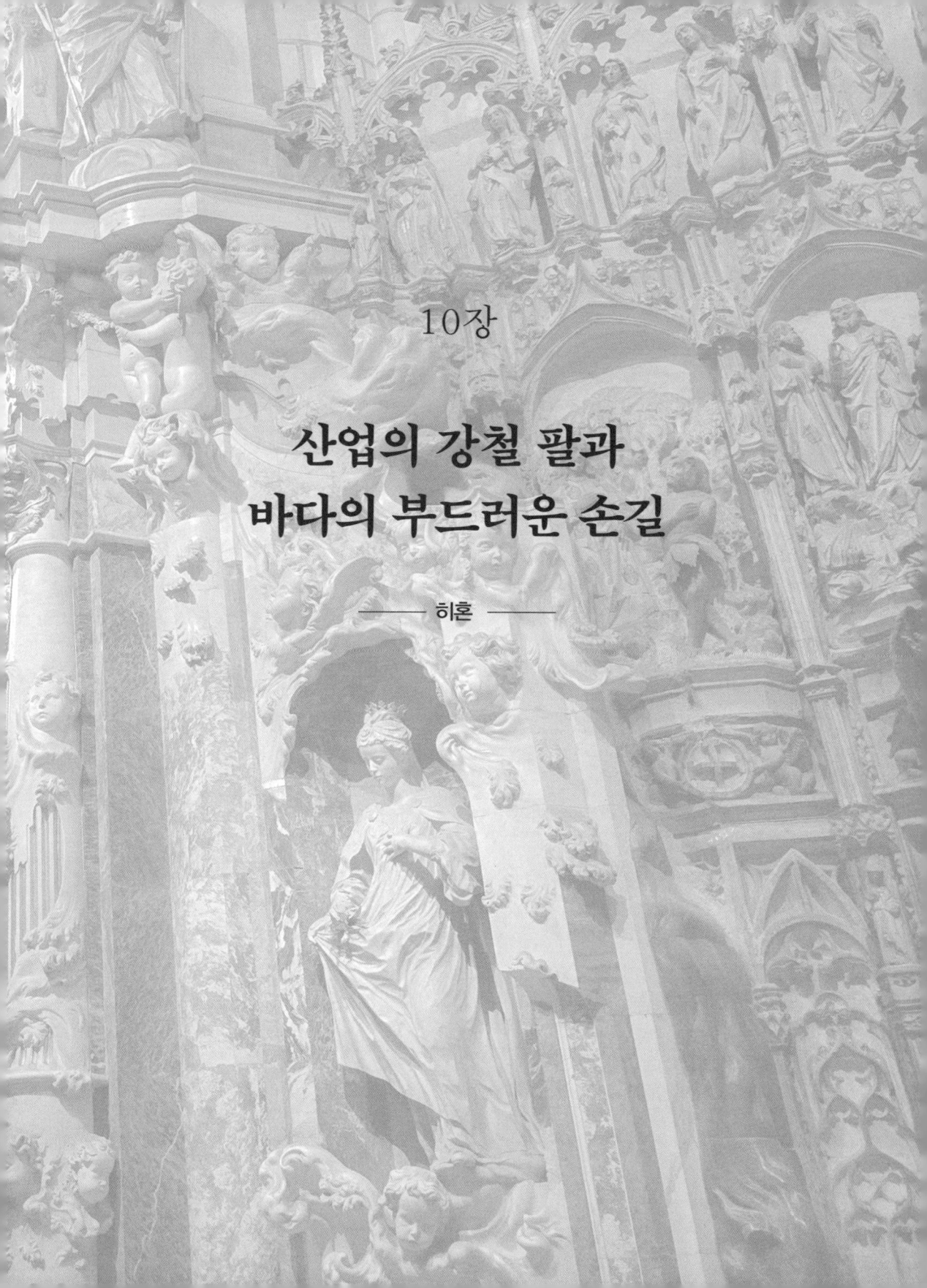

# 10장

# 산업의 강철 팔과 바다의 부드러운 손길

— 히훈 —

# 1
## 첫인상은 '강철'이었다

**낯익은 듯 낯선 산업도시의 풍경**

히혼(Gijón)에 닿았을 때, 공기 속에는 여전히 쇠의 냄새가 남아 있었다. 어쩐지 우리나라 부산을 떠올리게 하는 바다 곁의 산업도시 풍경이었다. 항구와 화물선, 질서정연하게 적재된 컨테이너들, 무뚝뚝한 굴뚝.

스페인 북부 아스투리아스 지방에서 가장 큰 도시 히혼은 한때 검은 연기로 가득 찼던 산업 항구에서 지금은 파란 바다와 문학, 예술이 어우러진 활기찬 도시로 거듭난 공간이다. 1970년대 히혼의 실업률은 20%를 넘었지만, 현재는 전국 평균 수준으로 회복되었다.

히혼은 산업과 휴양이 한 공간에서 공존하며 강인한 과거와 평화로운 현재가 독특한 조화를 이루고 있다. 걷다 보면 불현듯 코끝에 철 냄새가 스

해변과 건축물이 어우러져 있는 모습

치고 돌계단 틈에서 누군가 어제 적어둔 시 한 줄이 불쑥 들려오는 듯한 도시였다. 히혼은 말 그대로 철과 시멘트 위에 예술을 올려 세운 도시다.

"이거, 건축으로 보기엔 너무 투박한 거 아닐까?"

하지만 우리는 곧 알게 되었다. 도시의 첫인상은 표면일 뿐이라는 것을. 히혼의 진짜 얼굴은 걷다 보면 서서히 드러난다.

### 아스투리아스 지방의 역사적 맥락

히혼이 현재와 같은 모습을 갖게 된 배경에는 아스투리아스 지방의 독특한 역사가 있다. 이 지역은 8세기 이슬람의 이베리아반도 정복 당시에도 끝까지 저항했던 아스투리아스 왕국(718년 건국)의 발원지다.

19~20세기에는 석탄과 철강 산업의 중심지로 발전했고 스페인 산업혁명의 핵심 역할을 했다. 하지만 1970년대부터 중공업이 쇠퇴하기 시작하면서 도시는 새로운 정체성을 모색해야 했다.

한때 철강과 조선의 상징이었던 이곳은 이제 '포스트 인더스트리얼(Post Industrial)'의 교과서로 불린다. 과거의 산업 유산을 완전히 지우지 않으면서도 문화와 관광, 서비스업 중심의 새로운 도시로 변모한 것이다.

히혼의 풍경은 마치 쇠의 무게와 바다의 부드러움이 맞부딪히며 만든 조화처럼, 거칠고 따뜻하다. 철과 예술이 공존하는 도시-그 모순 속에서 나는 인간이 어떻게 상처를 예술로 치유하는지를 보았다.

## 2
# 라플라야(Las Playas)
### – 공장 옆의 해변, 도시 재생의 교과서

**산업과 자연의 기적적 공존**

히혼에는 산로렌소 해변(Playa de San Lorenzo)이라는 긴 곡선의 모래사장이 있다. 놀랍게도 산업 시설과 인접해 있음에도 불구하고 도시는 바다를 자연과 시민의 공간으로 성공적으로 전환해냈다. 활기 넘치는 해변의 모습과 대조적으로 항구에는 거대한 선박과 크레인들이 늘어서 있어 도시의 산업적인 면모를 고스란히 보여준다. 이런 대비가 히혼만의 독특한 매력을 만들어낸다.

활기 넘치는 산로렌소 해변의 모습

"이 정도면 시민 친화적 재생의 교과서 사례지."

해변과 도시는 우아한 곡선의 산책로로 부드럽게 연결되어 있고 그 주변에는 현대식 아파트, 스포츠센터, 역사적인 건물들이 조화를 이루며 서 있다. 지나치게 인위적이지도, 과거에만 묶여 있지도 않은 절묘한 균형의 풍경이다.

### 공학적 설계가 만든 자연미

"이 방파제 곡선 좀 특이하지? 파도의 힘과 모래 유실까지 계산해서 만든 거래."

산로렌소 해변의 아름다운 곡선형 방파제는 단순한 자연이 아니라 정교한 해안 공학의 결과다. 방파제의 위치와 각도, 해저 지형의 조성까지 모든 것이 파도의 에너지를 분산시키고 모래의 침식을 방지하도록 설계되어 있다. 자연과 공학이 만든 '공생의 풍경'이었다.

곡선형 방파제 형식의 산로렌소 해변의 활기찬 모습

이는 현대 도시계획에서 추구하는 '그린 인프라(Green Infrastructure)' 개념의 초기 사례라고 할 수 있다. 자연의 힘을 억압하거나 차단하는 것이 아니라 과학적 분석을 바탕으로 자연과 협력하는 방식을 택한 것이다. 이는 인간이 자연을 정복하던 시대에서 함께 살아가는 시대로의 전환을 상징한다.

도시가 물리적 회복을 넘어서 감정적으로도 회복되는 과정을 우리는 그 산책로를 걸으며 체감하고 있었다. 시민들이 자연스럽게 바다와 친해지고 산업도시의 거친 이미지에서 벗어나 여유로운 해양도시의 정체성을 찾아가는 과정 말이다.

# 3
## 지평선에 바치는 찬가(Elogio del Horizonte)
### - 비어 있음의 건축

**철의 도시에 선 시적인 콘크리트**

히혼의 가장 상징적인 장소 중 하나는 산타 카탈리나 언덕 끝에 서 있는 콘크리트 구조물이다. 조각가 에두아르도 칠리다(Eduardo Chillida)의 '지평선에 바치는 찬가(Elogio del Horizonte)'가 서 있다.

히혼시에서 가장 높은 곳에 있는 산타 카탈리나 언덕에서는 로마 성벽 유적과 고대 군사 벙커 등 역사적인 유적들을 찾아볼 수 있다. 그 중심에 칠리다의 기념물이 자리 잡고 있다.

산타 카탈리나 언덕에 있는 칠리다(Chillida)의 기념물

형태는 단순한 곡선의 콘크리트 덩어리다. 거대한 콘크리트 덩어리는 하늘과 바다 사이를 가르지 않는다. 오히려 그 틈을 열어둔다. 그 안에 서면, 바람이 공간을 연주한다. 음향이 아닌 존재의 울림이다. 칠리다는 인터뷰에서 "조각이란 물질을 더하는 것이 아니라, 비어 있는 공간을 드러내는 일"이라 말했다고 전해진다. 이것은 그저 눈으로 보는 조형물이 아니라 온몸으로 체험하는 건축이었다.

### 바스크 조각가의 철학적 메시지

에두아르도 칠리다는 바스크 출신의 세계적인 조각가로 '공간의 조각'으로 유명하다. 그의 작품들은 물질을 쌓아 올리는 것이 아니라 비어 있는 공간을 드러내는 방식으로 접근한다.

"기념비가 아니라 사유의 구조야. 콘크리트 하나로 바다와 도시를 연결했어."

그의 작품은 산업의 도시 히혼에 새로운 눈을 열어주었다. 그의 구조물은 과거를 품고 있으면서도 동시에 미래를 바라보고 있었다. 바다와 하늘, 바람과 인간을 이어 주는 공간적 틈을 만들었다. 조각을 통해 경계가 없는 자유로움과 인간 존재의 겸허함을 동시에 표현한 것이다. '강철의 팔'이 만든 도시 위에, 그는 '바람의 사유'를 세웠다.

### 산업 도시에서 사유하는 도시로

도시의 언덕 위 산업 굴뚝이 여전히 보이는 위치에 선 그 조형물은 히혼이라는 도시가 여전히 '일하는 도시'이면서도 동시에 '사유하는 도시'가 되었음을 상징했다.

이런 변화는 1980년대부터 시작된 히혼의 도시 재생 프로젝트의 핵심이었다. 단순히 경제적 기능만을 중시하던 산업 도시에서 시민의 삶의 질과 문화적 가치를 중시하는 도시로의 전환을 의미하는 것이다.

칠리다의 작품이 1990년에 설치된 이후 이곳은 히혼 시민들뿐만 아니라 전 세계 방문객들이 찾는 명소가 되었다. 단순한 관광지를 넘어서 도시의 정신적 상징이 된 것이다.

## 4
## 라보랄 시우다드(Universidad Laboral)
### – 권위의 건축에서 시민의 무대로

**거대한 석조 건축물이 전하는 역사의 무게**

히혼으로 접어드는 외곽에 거대한 석조 건축물이 있다. Universidad Laboral de Gijón, 히혼 노동 대학이다.

이 건물은 스페인 내전(1936-1939) 이후인 1946년부터 1956년까지 10년에 걸쳐 건설되었다. 노동자 자녀들을 위한 기술 교육을 목적으로 지어진 곳으로 당시로서는 유럽에서 큰 건축물 중 하나였다. 라보랄 시우다드는 넓은 부지에 걸쳐 좌우 대칭을 이루는 건물과 거대한 돔, 그리고 스페인에서 높은 건물 중 하나인 130미터 높이의 탑을 갖추고 있다.

**권위주의 건축에서 민주적 공간으로**

라보랄 시우다드는 프랑코 시대의 권위주의 건축이 남긴 유산이다. 현재는 대학과 예술학교, 전시관, 공연장 등으로 활용되고 있다. 과거 권위주의적 교육 시설이었던 공간이 열린 문화 공간으로 탈바꿈한 대표적 사례다.

우리는 안쪽을 돌아보다가 카페에서 점심까지 먹었는데 걷고 머무는 순간마다 나도 모르게 감탄이 터져 나왔다. 돔 형태의 원형 극장, 정교한 석조 회랑, 높은 시계탑과 벽돌로 쌓인 교실들. 엄숙하고 장중하면서도 묘하게 아름다웠다.

"이게 기능을 넘어선 건축이지."

넓은 부지에 걸쳐 좌우 대칭을 이루는 라보랄 시우다드

### 건축이 담은 시대정신의 변화

이 건축물은 프랑코 독재 시대의 국가주의적 가치관을 반영하고 있다. 거대한 규모와 고전주의적 양식, 대칭적 구성 등은 모두 국가의 권위를 상징하기 위한 장치였다.

하지만 민주화 이후 이 공간은 완전히 다른 의미로 재해석되고 있다. 권위의 상징이었던 건축물이 시민을 위한 교육과 문화의 공간으로 변모한 것이다. 이런 변화는 단순한 용도 변경을 넘어선다. 건축이 어떻게 시대정신의 변화를 반영하고 새로운 가치를 담아낼 수 있는지를 보여주는 살아 있는 사례다.

거대한 돔과 스페인에서 높은 건물 중
하나인 우뚝 솟은 탑

## 5
## 도시는 무엇으로 재생되는가
### - 히혼이 주는 교훈

**과거를 품은 채 미래로 나아가는 도시**

히혼은 스스로 과도하게 포장하지 않는다. 여전히 산업 시설은 가동 중이고 항구는 바쁘게 돌아가며 도시는 조용히 일상을 영위해 나간다. 하지만 우리는 분명히 느꼈다. 이 도시는 과거의 굴레를 벗어버리기보다는 그것을 자신의 일부로 자연스럽게 껴안는 방식으로 재생되고 있다고.

**지속가능한 도시 재생의 모델**

히혼의 도시 재생 과정에서 주목할 점은 '급진적 변화'보다는 '점진적 전환'을 택했다는 것이다. 기존의 산업 기반을 완전히 포기하지 않으면서도 새로운 문화적 가치를 더해나가는 방식이다.

이는 현재 전 세계 많은 구 산업 도시가 주목하는 '지속가능한 도시 재생' 모델이기도 하다. 단기적인 효과를 노린 대규모 개발보다는 장기적 관점에서 도시의 정체성을 유지하면서 새로운 활력을 불어넣는 접근법이다.

〔 건축가의 시선 10 〕

# 칠리다의 〈지평선에 바치는 찬가〉
## – 비어 있음의 건축

### 바스크 조각가 칠리다의 건축적 사유

에두아르도 칠리다의 〈지평선에 바치는 찬가〉는 단순한 조각품을 넘어서 건축적 공간 경험을 제공하는 작품이다.

히혼은 바다와 함께 역사를 쌓아온 활기찬 항구 도시이다.

## 조각과 건축의 경계를 넘나드는 작품

### 1. 지형과 구조물이 하나가 되는 '대지형(Landform) 건축'

칠리다는 이 조각물을 단순한 오브제가 아닌 대지(大地) 그 자체의 연장선으로 설계했다. 산타 카탈리나 언덕의 자연스러운 윤곽과 조각물의 곡선은 서로 맞물려 마치 땅 위에 놓인 인공 구조물이 아닌 지형에서 자연스럽게 솟아오른 형상처럼 느껴진다.

건축가적 관점에서 이는 '대지형 건축(Landform Architecture)'의 대표적 사례로 해석된다. 조형물이 지형의 흐름을 해치지 않고 자연스럽게 스며들며 장소성과 조화를 이룬다는 점에서 리처드 세라(Richard Serra)의 대지 작업과도 연결된다.

주변 환경을 압도하지 않고 풍경을 감상하는 새로운 시점을 제공하는 조형물

## 2. 비어 있는 공간을 강조하는 '음(陰)의 건축'

칠리다의 작품 철학은 '형태를 만드는 것이 아니라 비어 있는 공간을 드러내는 것'이 핵심이다. 지평선을 바라보는 틈과 프레임이 진짜 주인공이며, 콘크리트 덩어리는 오히려 이 공간을 드러내기 위한 장치에 불과하다.

건축적으로 보면 이는 루이스 칸(Louis Kahn)의 '공간은 빛으로 완성된다.'라는 철학과 맥을 같이 한다. 조형물 내부의 공간은 자연광, 바람, 소리를 받아들이며 '비어 있음으로써 완성되는 공간'의 전형을 보여준다.

이런 접근법은 현대 건축에서 추구하는 '미니멀리즘(Minimalism)'의 본질과도 통한다. 더하는 것이 아니라 **빼는 것**, 채우는 것이 아니라 비우는 것을 통해 본질에 다가가는 방법론이다.

비어 있는 공간의 조형물

## 3. 소리와 바람을 매개하는 '공간적 음향 장치'

에두아르도 칠리다는 바람이 조각물 내부를 통과할 때 발생하는 소리의 울림을 의도적으로 설계했다고 한다. 이는 건축적으로 보면 공간의 '음향적 물리성'을 조작하는 장치적 접근이다.

이는 건축 음향 설계에서 다루는 '잔향(Reverberation)'과 '공명(Resonance)'을 예술적으로 활용한 사례다. 조형물 사이로 불어오는 바람 소리는 방문자의 감각을 깨우고 공간의 체험성을 극대화한다.

현대 건축에서도 이런 '감각적 건축' 개념이 중요하게 다뤄지고 있다. 시각적 경험뿐만 아니라 청각, 촉각, 후각 등 모든 감각을 통합한 공간 디자인을 추구하는 것이다.

### 4. 재료의 물성을 넘어선 '구조적 추상화'

칠리다는 이 거대한 콘크리트 덩어리를 통해 무게감과 부유감의 긴장 관계를 연출한다. 마치 땅 위에 얹힌 거대한 덩어리 같지만, 형태적 배치는 바다와 하늘을 향해 떠오르는 듯한 느낌을 준다.

건축적 관점에서 이는 재료의 중량감을 시각적 '부유감'으로 전환하는 추상적 설계 언어로 볼 수 있다. 콘크리트라는 무거운 물질의 한계 안에서도 공간적 해방감을 끌어내는 고도의 비례 감각이 돋보인다.

### 5. 공간적 체험을 완성하는 '사색적 동선'

칠리다의 조각물은 특정한 '진입로'와 '머무름의 자리'를 명확하게 설정하지 않는다. 관람자는 자유롭게 접근하여 조형물 사이를 오가며 각기 다른 시점에서 지평선과 바다를 경험하게 된다.

이는 건축적으로 '순례적 동선(Perambulatory Circulation)', 혹은 '비계획적 체험 동선'으로 해석된다. 공간의 주도권을 사용자에게 넘기고 장소와 인간, 자연의 대화를 유도하는 설계 방식이다. 이런 접근법은 현대 박물관 건축에서도 자주 활용된다. 정해진 순서대로 관람하는 것이 아니라 관람자 스스로 동선을 선택하며 개인적인 경험을 구성해 나가도록 하는 것이다.

〔 건축가의 시선 11 〕

# 라보랄 시우다드
# – 권위에서 문화로의 전환

### 권위주의 건축의 문화적 전환 사례

라보랄 시우다드는 20세기 중반 권위주의 건축이 21세기 문화 공간으로 재탄생한 대표적 사례다.

## 건축적 특징과 시대적 의미

### 1. '권위적 건축'의 상징성과 그 재해석

라보랄은 1948년 스페인 프랑코 정권 시기에 착공되어 1956년에 완공되었다. 당시 국가주의적 위엄을 드러내기 위해 거대하고 웅장한 건축 스케일로 설계되었다. 중심 광장과 아치형 회랑, 130미터 높이의 탑 등은 모두 고전주의적 질서를 기반으로 권위를 시각적으로 표현한 장치들이다.

그러나 현재는 이러한 권위적 요소가 '문화 공간'이라는 열린 프로그램 속에서 사회적 포용성과 공공성으로 재해석되고 있다. 건축적으로는 '권위의 공간'을 '시민의 문화 광장'으로 전환하는 리모델링의 성공적 사례로 평가된다.

랜드마크로 해석되고 있는 라보랄 시우다드

### 2. 고전주의 조형 언어를 통한 대칭성과 반복의 리듬

라보랄의 건축은 고대 로마 건축에서 영감을 받은 대칭성과 반복의 리듬을 강조한다. 회랑(Cloister)을 따라 배치된 아치와 기둥은 사용자에게 리드미컬한 보행 경험을 제공하고 있다.

이는 공간을 지배하는 리듬감을 통해 '기억에 남는 공간 체험'을 유도하는 고전적 전략이라 하겠다. 라보랄에서는 반복적 공간구조가 사용자에게 대형 스케일을 체감하도록 돕고 이동 동선을 따라 공간적 긴장과 해소가 연속적으로 발생한다.

## 3. 탑(La Torre)과 수직성
### - 도시의 상징물로서의 전략

라보랄의 탑은 130미터 높이로 히혼시에서 가장 높은 건축물이다. 이 수직성은 도시 스카이라인과 지형적 요소를 고려한 조망점 역할을 하며 권위적 상징성을 넘어서 히혼 시민들이 도시에 대해 새롭게 인식할 수 있는 '높이의 경험'을 제공한다.

이는 조망권(View Right)과 도시적 본질을 건축물 스스로 만들어가는 사례로 해석된다. 수직 구조물이 '기념비'에서 '공공 조망 플랫폼'으로 기능적 전환을 이루는 것이다.

기념비적 상징성을 강조하는 탑

## 4. 중앙 광장(Plaza Central)의 포용성과 사회적 극장(Social Theater) 개념

라보랄 중앙 광장은 이 건축물의 핵심 공간이다. 150m x 50m의 대규모 광장은 원래 의도와 달리 현재는 시민의 문화 행사, 퍼포먼스, 집회 등의 '사회적 극장(Social Theater)'으로 활용된다. 이러한 점에서 라보랄은 '기념비 건축의 전복'이다. 고전주의적 대칭성과 반복의 리듬은 유지하되, 프로그래밍(용도)을 완전히 바꾸어 '사회적 극장'으로 재탄생했다. 탑의 수직성은 이제 권위가 아니라 조망의 자유를 상징한다.

'권위의 공간'에서 '커뮤니티의 장'으로 탈바꿈한 상징적 장소

## 5. 재료와 디테일에서 느껴지는 '지방성(Locality)의 흔적'

하지만 이 건물이 진짜 특별한 이유는 재료 선택에 있었다. 라보랄은 외장 마감재로 아스투리아스 지방산 사암(沙岩, Sandstone)을 사용했다. 이는 단순한 비용 절감이 아니라 지역 건축 전통을 의식한 깊이 있는 선택이었다.

### 지방 재료가 주는 정체성

아스투리아스 지방의 사암은 독특한 특징을 가지고 있다. 철분이 많이 섞여 있어서 따뜻한 황토색을 띠며, 표면에 자연스러운 결 무늬가 새겨져 있다. 이 돌로 마감된 건물 외벽은 시간대에 따라 다른 표정을 보여준다.

아침 햇살을 받으면 금빛으로 빛나고, 오후 늦은 시간에는 붉은 기운을 머금는다. 비가 오면 색깔이 더욱 짙어지면서 돌의 질감이 살아난다. 이런 미묘한 변화들이 거대한 건축물에 생명력을 불어넣는다. 이는 '재료의 생태적 지속성(Material Ecology)'을 실천한 초기 사례로 평가된다. 지역 재료의 감각적 온도는 건축의 인문학적 차원을 완성한다.

### 권위와 친근함의 균형

건축물의 거대한 규모와 대칭성에도 불구하고, 지방산 사암이 지닌 자연스러운 질감과 표면의 세밀한 조각들은 건축물에 '지방성'이라는 고유한 정체성을 부여한다. 이 공간이 단순히 추상적인 기념물이 아니라 히혼이라는 구체적 장소의 일부임을 느끼게 만든다.

건축물 외관

특히 인상적인 것은 기단부와 출입구 주변의 디테일이었다. 조각가들이 정성스럽게 새긴 부조들과 장식 요소들이 사암의 따뜻한 질감과 어우러져 독특한 아름다움을 만들어낸다.

이는 권위적 대형 스케일 안에서도 '장소성(Genius Loci)'을 보존하려는 재료적 전략으로 읽힌다. 지역의 돌이 주는 따뜻한 색감과 표면 질감은, 건축물의 위엄 속에서도 인간적 친근감을 유지하게 한다.

### 내부 공간의 놀라운 스케일

외부의 장엄함에 비해 내부는 의외로 친근했다. 복도와 계단, 교실과 기숙사. 모든 공간이 실제 사용자를 고려해서 설계되어 있었다.

특히 중앙 홀의 경험은 잊을 수 없다. 높이 60미터의 돔 아래 서 있으면 마치 성당에 들어온 것 같은 숭고함을 느낀다. 하지만 동시에 이곳이 교육 공간이라는 것을 상기시키는 요소들 – 계단의 손잡이, 바닥의 패턴, 벽면의 장식 – 이 절묘하게 배치되어 있다.

### 현재의 라보랄 – 문화 공간으로의 변신

현재 라보랄 대학교는 일부는 여전히 교육 기관으로 사용되고 있지만, 공간 대부분이 문화예술센터로 변모했다. 거대한 전시장들과 공연장, 레지던시 프로그램까지. 21세기의 새로운 용도에 맞춰 재탄생한 것이다.

이런 용도 변화 과정에서도 원래 건축의 품격은 전혀 손상되지 않았다. 오히려 새로운 기능들이 기존 공간의 잠재력을 더욱 부각하고 있었다.

### 지방성에 대한 성찰

히혼에서의 하루는 건축가로서 많은 것을 생각하게 했다. 특히 라보랄 대학교

앞에서 오랫동안 서 있으면서 '지방성'이라는 개념에 대해 깊이 고민했다.

세계화 시대에 지방성이란 무엇인가? 단순히 지역 재료를 사용하는 것으로 충분한가? 아니면 더 본질적인 무언가가 있는 것일까?

라보랄 대학교의 답은 명확했다. 지방성이란 지역의 재료와 기법을 사용하는 것을 넘어서, 그 장소만의 고유한 정체성과 기억을 건축에 스며들게 하는 것이다. 아스투리아스 사암이 주는 따뜻함은 단순한 미적 효과가 아니라, 이 건물이 히혼이라는 구체적 장소에 뿌리내리고 있다는 증거였다.

〔 순례자의 단상 〕

### 조용히 스며드는 감동

히혼은 '웅장한 감동'보다는 조용히 스며드는 도시였다. 그 감동은 공장의 굴뚝과 녹슨 철문, 오래된 콘크리트, 해변의 모래와 바닷바람 속의 소금기까지도 모두 이 도시의 역사와 인간의 노동을 품고 있었다.

### 기억과 함께 살아가는 법

우리는 이 도시에서 변화의 본질은 기억을 지우는 것이 아니라, 기억과 함께 살아가는 법을 배우는 데 있다는 걸 느꼈다. 라보랄 대학교가 바로 그런 예이다. 프랑코 시대의 권위주의적 건축물이지만, 현재는 민주적이고 개방적인 문화 공간으로 사용되고 있다. 과거를 부정하지 않으면서도 새로운 의미를 부여한 것이다. 히혼 곳곳에서 이런 사례들을 발견할 수 있었다. 옛 공장이 문화센터가 되고, 항구의 창고가 전시장이 되고, 광산 시설이 공원이 되는. 과거의 흔적을 지우는 대신 새로운 이야기를 덧입히는 방식으로 말이다.

우리는 이곳에서 기억과 노동의 존엄을 배웠다. 라보랄 대학교의 사암 벽에 손을 얹으면, 돌 속에서 수많은 노동자의 숨결이 느껴졌다. 그들의 손끝이 만든 건축은 권력의 상징이 아니라 인간의 노력과 인내의 흔적이었다.

### 시간의 층위가 만드는 풍경

히혼은 거대한 타임캡슐 같았다. 해안가 언덕에는 고대 로마의 목욕탕 유적이 남아 있고, 그 옆에는 중세의 산 페드로 교회가 서 있다. 조금 더 걸으면 19세기 산업혁명 시대의 공장 굴뚝들이 보이고, 해안 끝자락에는 에두아르도 치야다의 현대 조각 '수평선 찬가'가 미래를 향해 시선을 던진다.

로마의 온기가 저절로 느껴지는 로마 목욕장 유적

이 모든 것들이 충돌하지 않고 하나의 도시 풍경을 이루고 있다는 것이 놀라웠다. 각 시대의 흔적들이 서로를 부정하지 않으면서 공존하고 있었다. 오래된 바위 위에서는 로마의 온기가 느껴지고, 몇 걸음 뒤에는 유리와 강철의 미래가 불쑥 눈앞에 나타났다.

### 산업 도시의 새로운 정체성

히혼은 원래 석탄과 철강의 도시였다. 스페인 산업혁명의 중심지 중 하나였고, 20세기 내내 '노동자의 도시'라는 이미지가 강했다. 하지만 산업 구조가 변화하면서 도시도 새로운 정체성을 찾아야 했다. 산업 유산들은 그대로 보존하면서 새로운 용도로 활용하고 있다. 이런 접근 방식이 히혼만의 독특한 매력을 만들어낸다.

### 과거를 끌어안고 새롭게 말하는 법

이 도시는 과거를 버리는 대신, 그것을 끌어안고 새롭게 말하는 법을 알고 있다. 알베르 카뮈는 『시지프 신화』에서 말했다.

"시지프는 행복해야 한다. 그가 자신의 운명을 받아들일 때, 그는 자신을 초월한다."

히혼의 도시가 바로 그러했다. 과거의 무게를 부정하지 않고, 그 위에 새로운 의미를 쌓아 올리는 행위. 그것은 시지프의 반항처럼, 창조적 인간의 긍정이었다.

히혼의 파도는 종종 거칠다. 그러나 그 거친 파도 속에서 도시는 자신을 새롭게 다듬는다. 변화의 본질은 파괴가 아니라 기억과의 공존임을, 이곳 히혼이 우리에게 가르쳐주었다.

35일간의 순례길에서 우리는 주로 작은 마을들을 지나왔다. 그런 곳에서는 변화가 천천히, 거의 감지되지 않을 정도로 일어난다. 하지만 히혼 같은 중간 규모의 도시에서는 변화와 지속이 더 역동적으로 만난다.

이런 도시에서 우리는 '어떻게 변할 것인가'보다 '무엇을 지킬 것인가'가 더 중요한 질문이라는 것을 배웠다. 공간은 스스로 말을 하지 않는다. 우리가 그 안에서 노동하고 기억하며 살아갈 때, 공간은 히혼처럼 비로소 재생의 이야기가 된다. 우리는 그 이야기를 품고, 다시 길 위로 나선다.

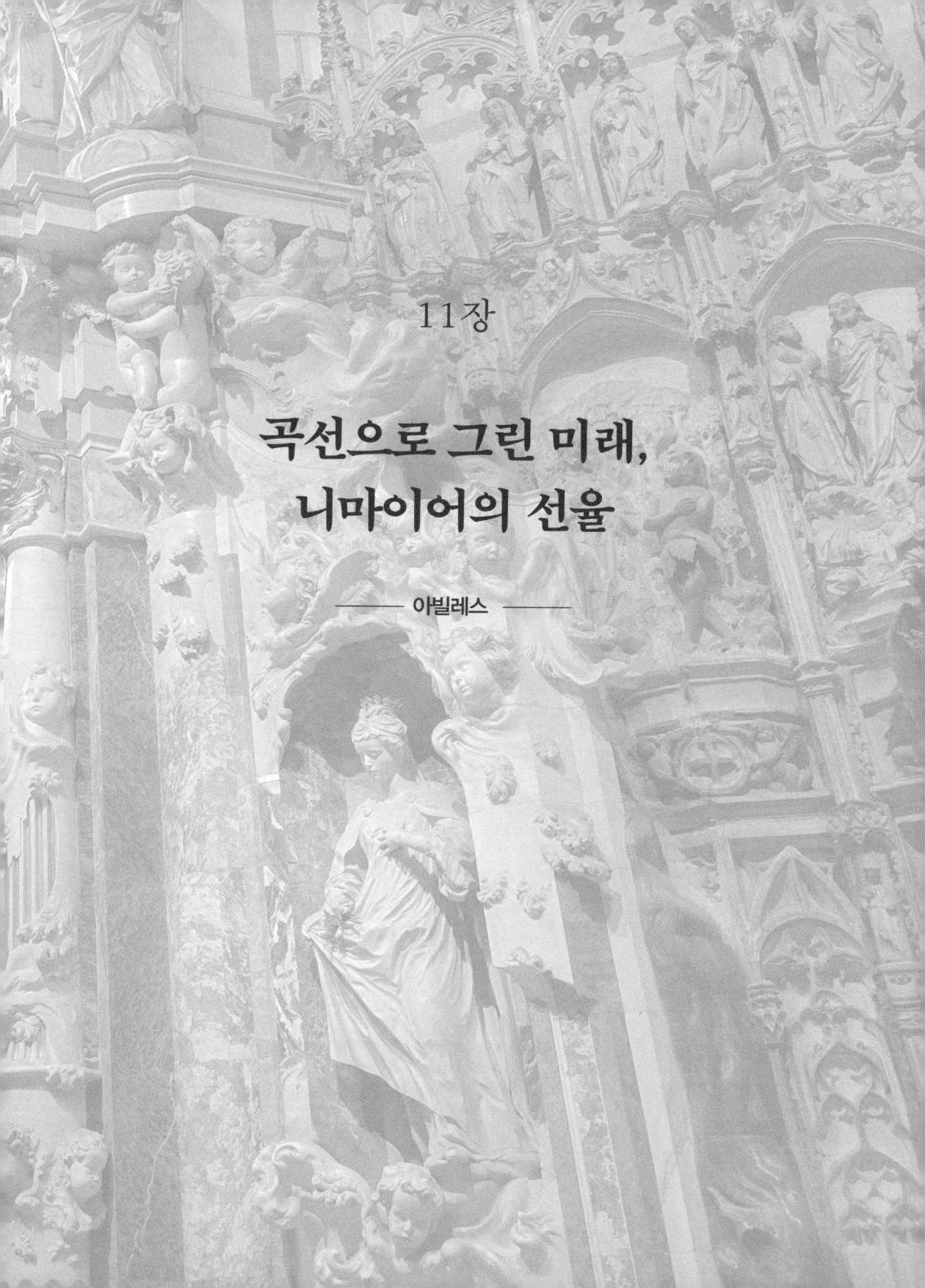

# 11장

# 곡선으로 그린 미래, 니마이어의 선율

— 아빌레스 —

# 1
## 순례자의 동선에 등장한 이질적인 곡선

**회색 도시의 첫인상**

히혼에서 서쪽으로 조금 더 걷자, 하늘과 땅이 한 톤의 회색으로 번진 도시가 나타났다. 굴뚝과 창고, 항만의 크레인이 서 있는 항구―이곳이 아빌레스(Avilés)다. 아빌레스는 20세기 내내 아스투리아스 지방의 대표적인 중공업 도시 중 하나였다. 알코아(Alcoa) 알루미늄 제련소(1954년 설립), 엔사(Ensa) 철강공장 등 거대한 산업 시설이 이 도시의 정체성을 규정해 왔다. 1960년대부터 80년대까지는 스페인 경제 발전의 핵심 동력 중 하나였지만 90년대 이후 탈산업화 과정에서 많은 어려움을 겪었다.

주변의 항구 및 산업 시설들과 어우러져 독특한 경관을 만들어내는 니마이어

### 갑작스럽게 나타난 하얀 기적

이 회색 속에서, 불현듯 하얀 선이 피어올랐다. 직선의 도시 위에 부드럽게 휘어진 곡선이었다.

"이건, 니마이어다."

아빌레스 강변에 선 센트로 니마이어(Centro Niemeyer, Oscar Niemeyer International Cultural Centre). 브라질리아의 건축가 오스카 니마이어(Oscar Niemeyer)가 설계한 그의 유럽 최후 대형작 중 하나(2008년 착공, 2011년 개관)였다. 산업의 도시가 문화의 도시로 나아가기 위해 불러온, 가장 부드럽고 인간적인 언어였다.

아빌레스는 이 프로젝트를 통해 '탄소 도시'에서 '문화 도시'로의 전환을 꾀했다. 스페인 빌바오의 구겐하임 박물관이 보여준 '빌바오 효과'를 아빌레스에서도 재현해 보려는 전략적 시도였다.

## 2
## 미래는 선이 아니라 곡선으로 온다

### 조형적 문장들의 앙상블

Centro Niemeyer는 돔, 탑, 전시장, 공연장, 그리고 거대한 백색 광장. 하나의 건물이 아니라 '조형 문장'들이 느슨하게 합주한다. 낮고 넓은 돔은 땅에서 솟은 언덕 같고 외부에 드러난 나선계단의 원형 탑은 수평의 도시 위에 강한 수직 리듬을 세운다. 새의 부리처럼 뻗은 공연장의 지붕선은 긴장과 경쾌함을 더한다.

### 니마이어의 곡선 철학

"곡선은 자연과 자유를 닮았어. 니마이어는 늘 곡선으로 말했지."

니마이어는 생전에 "나는 직각을 좋아하지 않는다. 직선은 딱딱하고 융통성이 없다. 나는 자유롭고 관능적인 곡선을 사랑한다."라고 말한 바 있다. 그의 말처럼 이 건축은 이성의 선이 아니라 감성의 곡선으로 세워졌다. 도시의 직선 위에 덧입힌 하나의 자유 선언문이었다. 같은 곡선이라도 브라질리아에서 '창건의 낙관'을 노래했다면 아빌레스에선 '재생의 의지'를 말한다. 맥락이 언어를 바꾼 셈이다.

광장 중앙에는 나선형 계단을 따라 오르는 원형의 탑 — 조망의 평등을 구현한 니마이어의 공공 철학

### 브라질에서 스페인으로 이어진 건축 언어

니마이어의 건축 언어가 브라질리아에서 아빌레스로 이어진 것은 단순한 형태의 반복이 아니었다. 브라질의 뜨거운 태양과 열대의 생명력이 스페인 북부의 차가운 바다와 산업의 기억과 만나면서 새로운 의미를 창조하고 있었다.

같은 곡선이지만 그것이 놓인 맥락에 따라 완전히 다른 이야기를 하고 있었다. 브라질리아에서는 새로운 국가의 미래에 대한 희망을, 아빌레스에서는 쇠락한 산업도시의 재생에 대한 의지를 표현하고 있었다.

---

## 3
## 과거의 도시 위에 새겨진 리듬

---

### 산업과 문화의 공존

니마이어 센터는 도시의 공장지대와 바로 인접해 있다. 아직 가동 중인 철강공장과 창고들, 강변의 하역장들과 어깨를 맞대고 서 있다. 불협화음일 것 같은 조합이 오히려 도시의 개성을 만든다. 과거를 지우지 않고 위에 다른 박자를 얹는 방식—레이어드 시티(Layered City)의 미학이다.

여러 악기가 한데 어우러져 만들어내는 교향곡과 같은 건축물

### 레이어드 시티의 미학

도시는 과거를 버리지 않았다. 공장의 흔적과 산업의 기억이 여전히 살아 있었지만 그 위에 새롭게 곡선의 선율이 겹쳐 흐르고 있었다. 이런 접근법은 현대 도시계획에서 말하는 '레이어드 시티(Layered City)' 개념의 실현이다. 과거의 도시 구조를 완전히 지우고 새로 시작하는 것이 아니라 기존의 레이어 위에 새로운 레이어를 겹쳐 나가는 방식이다. 굴뚝, 크레인, 저장 탱크가 여전히 남아 있는 풍경 위로 하얀 곡선이 바람처럼 스며든다.

가우디는 "직선은 인간의 것이요, 곡선은 신의 것이다."라는 취지의 말을 했다고 전해진다. 그의 말은 니마이어의 손끝에서 현실이 되었다. 산업의 직선이 상처였다면, 그 위의 곡선은 치유의 손길이었다.

### 산업 유산의 재해석

아빌레스 주변의 산업 시설들도 이제는 단순한 생산 기지가 아니라 도시의 독특한 정체성을 형성하는 중요한 요소가 되고 있었다. 거대한 크레인, 저장 탱크, 굴뚝들이 니마이어의 곡선과 함께 하나의 거대한 조각 정원을 이루고 있는 것 같았다.

니마이어의 백색 구조물은 산업 유산을 덮지 않고, 그 위에 시간의 화음을 얹었다. 과거와 미래가 동시에 울리는 건축적 교향곡이다. 이는 한때 세계 최대 규모였던 탄광 및 코크스 공장을 보존하고, 박물관, 디자인 센터, 문화 공간으로 전환하여 루르 지방 산업 유산의 상징으로 자리매김한 독일 루르 지방의 졸페라인 탄광 단지나 템스강 변의 거대한 뱅크사이드 화력발전소 건물을 보존하고 내부를 현대 미술관으로 재활용한 영국의 테이트 모던처럼 산업 유산을 문화 자원으로 재해석하는 전 세계적 트렌드와 맥을 같이 한다. 이들은 기능의 쇠퇴를 정체성의 자산으로 번역한 사례다.

산업 유산 위에 시간의 화음을 더한 센트로 니마이어

---

4

백색 위의 사람들, 일상의 극장
공간이 무대가 되는 순간

---

니마이어는 건축을 '모두의 공간'이라 불렀다. 이곳의 광장은 그 철학의 구현이었다. 건축은 그 자체로는 공간일 뿐이지만 그 공간이 사람과 맞닿는 순간 살아 있는 극장이 된다. 광장 위에서 아이는 자전거를, 노인은 그늘을, 청년은 계단을 점유한다. 특별한 공연이 없어도 백색의 바닥은 매일 다른 무대를 만든다.

### 현재진행형 미래

"미래는 이미 여기 있어. 그냥 조용히 앉아 있기만 해도 느껴지네."

바로 그곳에서 우리는 깨달았다. 이 건축은 미래를 예언하거나 거창하게 기념하는 공간이 아니었다. 오히려 지금 이 자리에서 이미 가능한 미래의 일상을 보여주는 살아 있는 장치였다.

### 사회적 통합의 플랫폼

니마이어 센터는 단순한 문화시설을 넘어서 사회적 통합의 역할을 하고 있었다. 다양한 계층과 연령대의 사람들이 자연스럽게 모이고 서로 다른 문화적 배경을 가진 이들이 함께 공간을 공유하는 플랫폼이 되는 것이다. 이는 니마이어가 브라질에서 추구했던 '민주적 건축'의 연장선에 있다. 건축이 특정 계층만을 위한 것이 아니라 모든 시민이 향유 할 수 있는 공공의 자산이 되어야 한다는 철학의 구현이었다.

공간은 건축가의 손을 떠나 사람의 손으로 완성된다. 이곳의 백색 광장은 민주적 미학의 실험실이었다. 빛과 바람, 그림자와 몸짓이 하나의 연극처럼 이어진다. 건축은 더 이상 '보는 대상'이 아니라 삶의 현장이 된다.

건축물의 웅장함 속에 인간의 평범하고도 소중한 삶이 어우러져 '일상의 극장'이 된다.

5
       아빌레스 효과
       - 조용한 변화의 시작

**조용한 변화의 신호들**

센트로 니마이어가 개관한 2011년 이후 아빌레스는 확실히 달라지기 시작했다. 문화 관광객이 늘어났고 젊은 예술가들이 하나둘 모여들기 시작했으며 구시가지에도 새로운 활력이 생겨나고 있었다. 물론 빌바오 구겐하임만큼 극적인 변화는 아니었지만, 분명한 변화의 조짐들이 감지되고 있었다. 지역 언론에서는 이를 '아빌레스 효과'라고 부르기 시작했다.

**지속가능한 발전 모델**

중요한 것은 아빌레스가 산업 도시의 정체성을 완전히 버린 것이 아니라는 점이다. 여전히 제조업과 항만업은 계속되고 있고 그것이 도시의 중요한 경제적 기반을 이루고 있다.

대신 기존의 산업 기반 위에 문화라는 새로운 가치를 더함으로써 더욱 다양하고 지속가능한 도시로 발전해 나가고 있다. 이는 급진적 변화보다는 점진적 전환을 통한 도시 재생의 모범 사례라고 할 수 있다.

〔건축가의 시선 12〕

# 센트로 니마이어(Centro Niemeyer)
## – 곡선으로 노래하는 미래

### 라틴 아메리카 모더니즘의 유럽적 적용

센트로 니마이어는 브라질 모더니즘의 거장 니마이어가 유럽 땅에 구현한 건축적 실험의 결과물이다.

### 건축적 특징과 공간 전략

**1. 곡선과 구(球)의 조형성을 통한 도시적 조형 언어**

오스카 니마이어는 브라질 건축에서 발전시킨 둥근 형상과 열린곡선의 건축 언어를 이곳에도 충실히 구현했다.

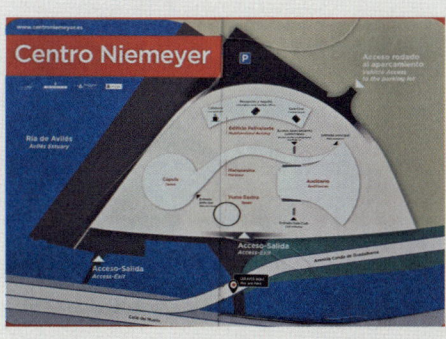
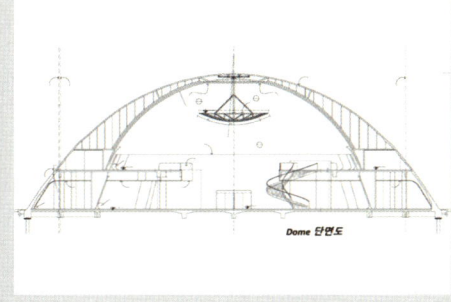

넓은 광장과 구의 형태를 지닌 건물들은 사람들에게 개방감을 제공한다.(좌측: 배치도, 우측: 단면도)
*도면(단면도) 출처: https://arquitecturaviva.com/

지름 약 55m, 높이 18m의 둥근 박물관 돔은 마치 하늘을 품는 정원처럼 설계되었다. 이 돔은 콘크리트 구조 위에 PVC 압력막을 씌운 복합 구조로, 하중을 고르게 분산시키는 공간적 압력 곡면(Form-active surface) 개념이 적용되었다. 이는 구조체가 곡선 자체로 힘을 전달하는 니마이어 특유의 "자율형 구조(Auto-structural Form)"로, 조형미와 동시에 내부 공간의 유기적 체험성을 제공한다. 이와 동일한 구조 공법은 니테로이 미술관(1996)에서도 사용되었다.

### 2. 공간 흐름을 엮는 커뮤니케이션 캔버스 – 지붕 캐노피

박물관과 공연장은 물결 모양의 콘크리트 캐노피로 연결된다. 이 캐노피 지붕은 방문객이 주요 건물들을 자연스럽게 이동하며 도시와 해안을 잇는 '공공 통로' 역할을 수행하고 있다. 건축은 단일 건물이 아닌 도심과 해안, 문화와 일상을 잇는 조형적 동선 구조체로 자리 잡는다. 즉, 이 지붕은 건축물 간의 이동을 단순한 통로가 아닌 '연결의 경험'으로 전환시킨다. 이는 니마이어가 추구한 '건축의 연속성' 개념을 잘 보여준다.

### 3. 탑의 조망성과 수직성

복합단지 내 20m 높이의 원형 탑은 내부 계단과 엘리베이터를 통해 오를 수 있으며 탑 상부에서는 아빌레스 강, 구시가지, 복합광장을 한눈에 조망할 수 있도록 설계되었다. 도시 건축에서 '상징성을 위한 수직 구조'가 사람들에게 시각적 랜드마크로 인식되도록 하는 전통적 전략의 현대적 해석이다. 탑은 권력의 상징이 아니라 '조망의 평등'이다. 누구나 같은 하늘을 본다–이것이 니마이어의 공공 철학이다.

나선형 계단을 통해 방문객이 자연스럽게 상승하며 주변을 경험하게 되는 탑

## 4. 공공 광장과 건축의 관계 설정 – 정형화하지 않은 '자유 평면광장'

네 개의 곡면 볼륨들은 광장을 육각형이나 대칭 구조가 아닌 유연한 패턴으로 조성한다. 공연장 앞에는 최대 10,000명을 수용할 수 있는 개방형 무대를 위한 대형 개폐식 문이 설치되어 있다.

수많은 사람을 수용할 수 있도록 정형화하지 않은 자유 평면광장

이것은 열린 도시 공간을 위한 건축적 전략이며 건축물보다는 장소를 디자인한 접근 방법이다. 니마이어는 "건축은 사람들이 만나고 소통하는

플랫폼이어야 한다."라고 강조했는데 이런 철학이 잘 구현된 공간이다.

### 5. 색채와 재료의 콘트라스트

기존 니마이어 건축들이 주로 흰색 위주였다면 Centro Niemeyer는 빨강·노랑 포인트 컬러와 함께 테라조(Terrazzo, 대리석 조각을 시멘트에 섞어 만든 바닥재), 유리, 콘크리트의 조합으로 바스크 해안 도시의 활력과 예술적 정체성을 시각적으로 표현한다. 특히 공연장 외벽의 기하학적 페인팅은 여성의 곡선에서 영감을 받았다는 니마이어의 미학관과 일치한다.

백색의 유기적인 곡선과 강렬한 원색(붉은색, 노란색)이 대비를 이룬다.

〔 순례자의 단상 〕

### 미래로 열리는 문

아빌레스는 순례자의 길 위에서 잠시 미래로 열리는 문 같았다. 그 문은 녹슨 철문이 아니라 부드러운 곡선으로 천천히 자연스럽게 열리고 있었다. 그러나 아빌레스의 곡선은 단순한 형태가 아니었다. 그것은 시간과 인간을 화해시키는 선율이었다. 과거의 직선은 노동의 흔적이었고, 현재의 곡선은 그 노동을 품은 자유의 언어였다.

가스통 바슐라르는 『공간의 시학』에서 다음과 같이 말했다.

"공간은 단순히 우리가 머무는 곳이 아니라, 우리가 꿈꾸는 곳이다."

바슐라르의 말처럼 니마이어의 공간은 바로 그런 '꿈의 거주지'였다. 우리는 과거 산업의 흔적을 지나 백색의 곡선 안에서 한참을 앉아 있었다. 그 시간 동안 순례길이 단순히

아빌레스를 찾는 사람들에게 꿈과 희망을 주는 센트로 니마이어

'과거를 찾아 걷는 길'이 아니라는 것을 깨달았다. 우리는 그 백색 광장 위에서, 과거와 미래가 서로 악수하는 장면을 목격했다.

### 과거와 미래의 대화

중세의 교회, 로마네스크의 돌담, 산업혁명의 굴뚝, 그리고 21세기의 곡선이 모두 한 공간에서 자연스럽게 공존하고 있었다. 아빌레스는 그 속에서 한 번쯤 미래를 상상할 수 있는 소중한 자리였다.

순례의 여정에서 깨달은 것은 이것이었다. 미래는 건설되는 것이 아니라, 회복되는 것이다. 그 회복의 언어가 바로 곡선이었다. 그 선이 바다와 하늘을 잇듯, 인간과 시간도 그렇게 이어져 있었다. 아빌레스의 곡선은 철의 시대를 지나온 인류에게, 여전히 자유와 상상력의 가능성을 속삭인다.

### 곡선의 연주가 계속되는 곳

아빌레스는 니마이어라는 이름을 통해 도시가 예술을 품고 공간이 사람을 감동하게 하는 새로운 가능성을 증명했다. 이 장대한 곡선의 연주는 지금도 바닷가 하늘 아래에서 조용히 울려 퍼지고 있다. 그리고 그 선율은 이 도시를 찾는 모든 이들에게 변화와 희망의 이야기를 들려주고 있다.

### 건축가로서의 성찰

100세를 넘긴 노장 건축가가 젊은 시절과 다름없는 열정으로 만들어낸 이 곡선들이 침체한 산업 도시에 새로운 생명력을 불어넣고 있는 모습은 깊은 감동을 주었다. 건축이 단순히 기능적 필요를 충족하는 것을 넘어서 사람들에게 꿈과 희망을 줄 수 있다는 것을 다시 한번 확인했다. 그리고 그런 건축이야말로 진정으로 가치 있는 것이라는 생각이 들었다. 공간은 스스로 말을 하지 않는다. 우리가 그 안에서 꿈꾸고 희망하며 살아갈 때, 공간은 아빌레스처럼 비로소 미래의 이야기가 된다. 우리는 그 이야기를 품고, 다시 길 위로 나선다.

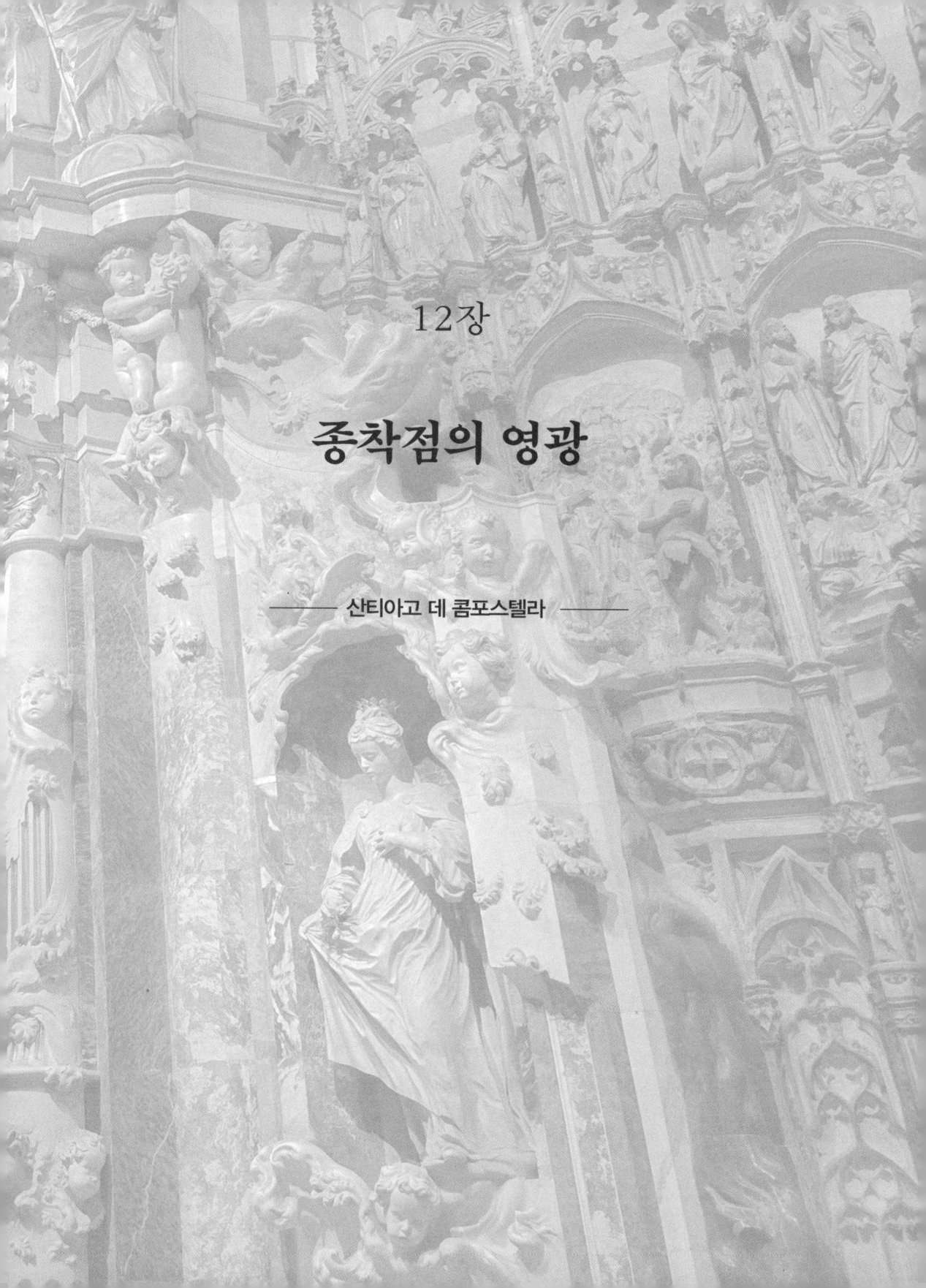

# 12장

# 종착점의 영광

─── 산티아고 데 콤포스텔라 ───

## 1
## 울음보다 조용한 환희

광장에 도착한 순례자들은 벅찬 감정으로 인해 눈물을 흘린다.

**천 년을 걸어온 길의 끝**

　수많은 길이 한 점으로 모였다. 북부의 비와 바람, 돌길과 이끼, 그 모든 풍경이 이 광장에서 하나의 호흡이 되었다. 누군가는 울었고, 누군가는 눈을 감았다. 그 울음은 슬픔이 아니라 시간이 멈춘 기쁨이었다. 광장 위로 종소리가 울리고, 빛은 여행자들의 어깨 위에 내려앉았다.

　북부 순례길의 모든 선들이 한 점으로 모인다. 산티아고 데 콤포스텔라(Santiago de Compostela)—이곳은 단순한 도착지가 아니라 믿음과 시간, 건축이 겹겹이 퇴적된 성소였다.

　이 길을 걸으며 우리는 수없이 상상했다. 산티아고 데 콤포스텔라에 도착하는 순간 우리가 어떤 표정을 짓게 될지 무엇을 말하고 어떤 자세로 그 광장을 밟게 될지를. 막상 광장에 들어섰을 때 아무 말도 하지 않았다. 큰 환호 대신 깊은 침묵만이 흘렀다. 고단해서가 아니라 더는 언어가 필요 없는 순간이라서.

## 순례자 증명서(콤포스텔라나) 수령

828킬로미터를 걸어온 우리는 순례자 사무소에서 공식적인 순례 완주 증명서인 '콤포스텔라나(Compostela)'를 받았다. 라틴어로 작성된 이 증명서는 중세 시대부터 이어진 전통으로 도보로 최소 100킬로미터, 자전거로 200킬로미터 이상을 완주한 순례자에게만 발급된다. 크레덴시알(순례자 여권)에 찍힌 도장들을 확인하는 직원의 표정에서 이것이 단순한 관광이 아닌 진정한 영적 여정임을 인정받는 순간임을 느꼈다. 특히 북부 카미노는 프랑스길보다 험난하여 완주율이 낮지만, 우리는 해냈다.

완주를 하면 공식적인 증명서(上)와 여권의 앞과 뒤에 도장을 받는다(下)

## 2
## 대성당의 응시
### - 바로크의 정점

### 도시 같은 성당

산티아고 대성당(Catedral de Santiago de Compostela)은 단순한 성당이 아니다. 세기를 쌓아 올린 신앙의 건축이었다. 그것은 그 자체로 하나의 도시 같았고 수 세기 동안 쌓여 온 신앙과 예술, 권력과 기억의 총체였다.

"이건 벽이 아니라, 파도처럼 몰려오는 조각이야."

순례자들은 대성당을 올려다보며 순례길의 힘든 여정을 마무리한다.

### 바로크 양식의 시각적 교향곡

바로크 양식의 정면은 빛과 그림자, 선과 곡선이 소용돌이치는 듯한 시각적 리듬을 만들어냈다. 세심한 디테일의 조각과 그 속에 숨겨진 기독교적 상징들, 그리고 모든 선이 향하고 있는 하나의 중심점—바로 성 야고보(산티아고)의 무덤이었다.

이 파사드는 1738년에 완공된 페르난도 데 카사스 이 노보아(Fernando de Casas y Novoa)의 작품으로 스페인 바로크 건축의 절정을 보여준다.

중앙의 산티아고 상은 순례자들을 맞이하는 상징적 의미를 담고 있다.

우리는 마치 오래된 의식의 한 장면처럼 그 앞에 서서 한동안 아무 말 없이 움직이지 않았다.

## 3
## 내부 공간
### - 천상의 구조와 인간의 발걸음

**시간의 층위가 만든 건축**

성당 내부에 들어서면 첫 번째로 다가오는 것은 무게감이 아닌 부유감이다. 로마네스크의 단단한 벽, 고딕의 상승하는 리듬, 그리고 바로크의 황금빛 곡선이 하나의 신체처럼 연결되어 있다. "변치 않은 것이 아니라 모든 시간을 받아들인 건축"이라는 말이 실감이 났다. 메를로 퐁티가 『지각의 현상학』에서 말했듯,

"몸은 세계와의 관계 속에서 의미를 만든다."

산티아고의 성당은 눈으로 보는 공간이 아니라, 몸으로 느끼는 공간이었다. 향, 돌의 냉기, 발자국의 울림까지 모두가 신의 언어였다.

**성인의 무덤과 황금 제단**

우리는 성인의 무덤 아래에서 기도했고 백은으로 만든 제단을 바라보며 그곳을 지나간 무수한 사람들의 발걸음을 떠올렸다. 813~814년경에 발견되었다는 성 야고보의 유해는 지하 성당에 안치되어 있고 순례자들은 성인의 등 뒤로 돌아가 포

대성당의 내부는 순례길의 최종 목적지답게 압도적인 규모와 화려함으로 방문객을 맞이한다.

옹하는 전통을 따른다.

천장의 돔과 아치, 웅장한 파이프 오르간, 그리고 그 아래의 작은 창. 모든 것이 이 공간을 하늘과 인간이 만나는 거룩한 장소로 만들고 있었다.

### 마에스트로 마테오의 영광의 문

특히 주목할 만한 것은 서쪽 입구에 있는 '영광의 문(Pórtico de la Gloria)'이다. 그 앞에 서면 돌이 말하기 시작한다. 천 년 전의 장인이 새긴 손끝의 진동이 지금도 남아 있었다. 이것은 12세기 로마네스크 조각의 걸작으로 마에스트로 마테오(Maestro Mateo)가 제작했다.

천사와 사도, 성인과 짐승이 뒤엉켜 빛과 어둠의 경계를 이루며 인간의 영혼을 비춘다. 그 문은 신을 향한 관문이 아니라, 불완전한 인간을 품은 신의 자리였다. 그 문턱을 넘어서는 순간, 우리는 신에게 다가간 것이 아니라 자기 안의 신비에 귀를 기울이게 된다.

마에스트로 마테오(Maestro Mateo)가 제작한 영광의 문

---

## 4
## 오브라도이로 광장(Praza do Obradoiro)
### - 만남의 광장

---

### 순례의 완성을 체험하는 무대

성당 앞의 오브라도이로 광장은 세상의 모든 순례가 만나 서로의 얼굴을 확인하는 장소였다. 이곳은 단순한 광장이 아닌 도시 전체의 상징적 무대이자 순례의 완성을 체험하는 공간으로서 산티아고에서 가장 강력한 기억을 만들어주는 장소다.

### 감정의 조각들이 모이는 공간

아무것도 하지 않아도 된다. 그저 앉아서 새로 도착한 이들을 바라보면 된다. 여기에는 더 이상 신의 그림자가 없었다. 대신 서로의 눈빛이 있었다. 레비나스는 『전체성과 무한』에서 말했다.

"신은 타자의 얼굴에서 빛난다."

오브라도이로 광장에 도착한 순례자들은 배낭을 내려놓고 앉거나 누워 휴식을 취하기도 한다.

그 말이 이 광장에서 실감이 났다. 누군가는 땅에 주저앉고 누군가는 무릎을 꿇고 기도하며 누군가는 깃발을 흔들며 울고 있었다. 이곳의 건축은 신의 집이 아니라, 인간이 서로를 알아보는 집이었다. 거기에는 '도착'이라는 행위가 만들어낸 무수한 감정의 조각들이 있었다. 누군가는 축복을 주었고, 누군가는 모르는 이를 끌어안았다. 그 순간, 신은 하늘이 아니라 인간 사이의 관계 속에서 드러났다. 순례는 신에게 다가가는 길이 아니라, 타자를 이해함으로써 자기 자신에게 돌아오는 길이었다.

"어쩌면 이 광장이야말로 순례길의 진짜 건축일지도 몰라. 사람마다 저마다의 건축을, 저마다의 이야기를 이곳에 세우니까."

그 말은 오래도록 마음에 남았다. 광장은 거대한 건축물이 아니었다. 그저 열린 하늘과 빛, 그리고 사람들의 호흡이 있을 뿐이었다. 그러나 그 단순한 공간이 순례자 개개인의 내면적 성취와 신과 인간, 인간과 인간이 만나는 감동의 장소가 되고 있었다.

**광장을 둘러싼 역사적 건축물들**

오브라도이로 광장을 둘러싸고 있는 건축물들도 각각의 의미가 있다. 동쪽의 대성당, 북쪽의 산 헤로니모 대학, 남쪽의 산 마르틴 피나리오 수도원, 서쪽의 라호이 궁전(현 시청)이 광장을 에워싸며 종교적, 학문적, 정치적 권위의 상징들이 조화를 이루고 있다.

---

## 5
## 종착은 끝이 아니라 문이 된다

---

**순환하는 순례의 구조**

산티아고는 우리의 종착지였다. 하지만 며칠 머무는 동안 우리는 점점 깨닫기 시작했다. 이곳은 끝이 아니라 다시 걸음을 시작하게 하는 장소라는 것을. 성당의 뒷길을 따라 펼쳐진 순례자 사무소, 여전히 줄을 선 사람들, 새롭게 길을 떠나는 얼굴들….

"이 길은 선형이 아니고 원이었구나. 끝과 시작이 같은 점에서 만나는."

**피니스테레로의 연장 순례**

많은 순례자가 산티아고에서 멈추지 않고 서쪽 끝 피니스테레(Finisterre)까지 걸어간다. '세상의 끝'이라는 뜻의 이곳에서 순례자들은 신발이나 옷을 태우며 상징적인 재탄생 의식을 치른다. 도시는 여전히 그 자리에 있지만 그 속에서 방향을

바꾼 건 우리였다. 그 순간 산티아고는 끝이자 시작, 종착이자 출발이 되었다.

종착역의 끝에 서면 고통스러웠던 여정의 끝이 고요한 안식과 새로운 시작으로 이어지는 순간을 상징적으로 보여준다.

오브라도이로 광장에는 밤이 되어도 순례자들이 모여들어 순례의 완성을 체험한다.

〔 건축가의 시선 13 〕

## 산티아고 데 콤포스텔라 대성당
## – 천년의 순례가 만든 건축

산티아고 대성당은 천년에 걸친 순례 문화가 만들어낸 건축적 집대성이다.

### 건축적 특징과 공간 전략

**1. 평면 구성 – 순례자를 위한 길잡이**

성당은 십자가 모양(라틴 크로스, Latin Cross) 평면—긴 세로축과 짧은 가로축이 교차하는 형태—으로 구성되어 있는데 이는 단순히 종교적 상징을 넘어서 사람의 동선을 체계적으로 안내하는 설계다.

순례자는 서쪽 정문에서 들어와 곧장 중앙 신랑(nave)을 따라 걸어가면서 시선이 자연스럽게 제단과 성 야고보의 무덤으로 향하게 된다. 길게 뻗은 통로와 높은 천장은 발걸음을 느리게 하고 마음을 차분하게 만드는 심리적 효과가 있다. 이는 순례 건축학에서 말하는 '순례적 동선(Pilgrimage Circulation)'의 완벽한 구현이다.

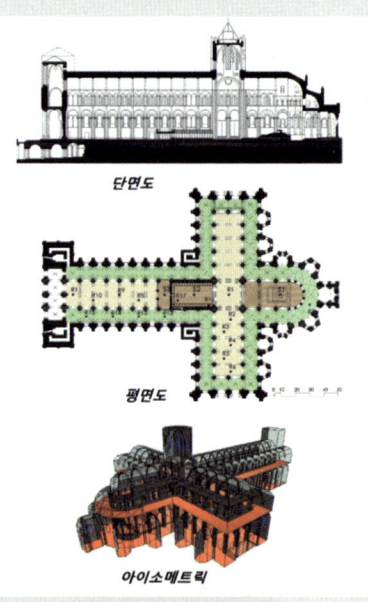

산티아고 데 콤포스텔라 대성당의 평면도, 단면도, 아이소메트릭
*도면출처: Wikimedia Commons (https://commons.wikimedia.org/)

## 2. 수직성 – 하늘을 향한 시선

내부의 아치와 기둥은 위로 뻗어 올라가면서 마치 하늘과 직접 연결되는 듯한 느낌을 준다. 건축사적으로는 로마네스크 양식에서 고딕 양식으로 넘어가는 과도기의 특징이 잘 드러나 있다. 쉽게 말하면 단단하고 안정적인 하부 구조(로마네스크)에 위로 솟아오르는 가벼운 구조(고딕적 요소)가 결합된 것이다.

바로크 양식 파사드는 순례자들을 따뜻하게 맞이하는 환영의 문 역할을 한다.

## 3. 파사드 – 환영과 장엄함의 이중성

대성당의 서쪽 파사드(오브라도이로 광장 쪽)는 화려한 바로크 양식으로 마치 순례자를 두 팔 벌려 맞이하는 듯한 인상을 준다. 바깥에서 보면 "이제 드디어 도착했다!"라는 감동을 극대화하는 연출이지만 안에 들어가면 오히려 차분하고 절제된 공간이 기다리고 있어 극적인 대비를 이룬다.

## 4. 빛의 연출 – 시간의 건축적 구현

성당의 창은 크지 않지만, 그 위치와 방향이 치밀하게 계산되어 있다. 아침과 저녁, 계절에 따라 빛이 들어오는 각도가 달라지는데 제단과 기둥, 아치 위에 떨어지는 빛의

대성당의 높은 창문을 통해 들어오는 자연광은 천장과 벽을 비추고 내부의 웅장한 공간감을 극대화한다.

움직임은 마치 건축이 시간과 함께 살아 움직이는 것처럼 보인다. 이것이 산티아고 대성당이 '살아 있는 건축'으로 불리는 이유다.

### 5. 상징적 장치 – 문, 계단, 회랑

문은 단순한 출입구가 아니라 '속세에서 성스러운 공간으로 들어가는 경계'의 의미가 있다. 계단은 올라갈수록 시야가 넓어지며 순례자가 걸어온 길을 돌아보게 하는 장치다. 회랑(중정 주위의 복도)은 고요한 사색의 공간으로 순례 여정의 마지막 숨 고르기 역할을 한다.

건축물이 빛의 움직임에 따라 살아 있는 듯한 내부 모습

### 6. 순례자의 눈물이 마르는 곳 – 오브라도이로 광장

'오브라도이로(Obradoiro)'라는 이름은 과거 이곳에서 석공들이 작업을 했던 데서 유래하며 광장은 대성당의 파사드를 최대한 효과적으로 감상할 수 있도록 약간 경사진 형태로 조성되었다. 광장의 포장 패턴은 중앙을 향해 시선을 모으는 방사형 석조 모자이크로 구성되어 있으며 이러한 포장 방식은 순례자들이 도달했음을 실감이 나게 연출하는 상징적 장치로 기능한다.

광장은 순례자들이 고단함을 털어내고 평화를 느끼는 공간이 된다.

특히 광장은 단순히 종교적 의식의 공간을 넘어 축제와 공연, 시민들의 집회와 휴식의 공간으로도 확장되며 종교성과 공공성,

문은 순례길의 끝에서 순례자를 맞이하는 환영의 상징적인 역할을 한다.

과거와 현재가 교차하는 열린 무대가 된다. 대성당의 바로크 입면이 조형적으로 시선을 압도한다면 광장은 그 감동을 확산시키고 공유하게 만드는 도시적 장치라 할 수 있다.

### 7. 보타푸메이로(Botafumeiro) - 황금의 향연

세계 최대 규모의 은제 향로(본체 높이 1.6m, 무게 약 80kg, 은 92% 합금)가 여덟 명의 사제에 의해 흔들리며 성당 안을 향기로 가득 채운다. 보타푸메이로의 거대한 향로는 공간을 가로지르는 신앙의 진자다. 그 움직임은 순례의 리듬을 시각화하고, 건축 전체를 하나의 거대한 심장으로 만든다.

17세기 당시에는 향료 무게만 40kg이었고 중세에는 순례자의 체취와 전염병을 차단하기 위한 실용적 목적으로 사용되었다고 한다. 성수기에는 하루 2,000명 이상의 순례자가 대성당을 찾았기 때문이다. 은빛 향로가 시속 68km로 회전(회전 시 끝부분은 시속 90km/h)하며 뿜어낸 유향 연기가 성당 천장의 "최후의 심판" 프레스코화를 감쌌다.

"저건 마치 하늘로 열리는 거대한 굴뚝 같아. 흔들리는 향로는 끝을 알리는 게 아니라, 새로운 시작을 부르는 것 같아."

향로는 거대한 끈에 매달려 대성당의 높은 천장을 가로지른다. 거의 천장 높이에서 흔들리는 향로에서 뿜어져 나오는 연기는 신비롭고 성스러운 분위기를 조성한다.

[ 순례자의 단상 ]

### 시간의 증명서

성당 안의 향로가 흔들릴 때, 그 연기는 하늘로 올라가며 말한다. "끝이 아니라, 새로운 호흡이 시작된다."

산티아고에서 우리가 받은 것은 야고보의 유골이나 신비한 체험이 아니라 걸어온 시간의 증명서였다. 우리는 이 도시에서 눈으로 건축을 보았고 몸으로 공간을 걸었으며 마음으로 이 길이 왜 천년 동안 존재해 왔는지를 이해했다.

하이데거는 『짓기, 거주하기, 사유하기』에서 말했다.

"인간은 존재를 건축하며, 그 건축 속에서 자신을 거주하게 한다."

그 말이 산티아고의 공기 속에서 실감이 났다. 이곳의 건축은 신의 집이 아니라, 인간이 자신을 발견하는 집이었다.

### 지속되는 리듬으로서의 순례

순례는 끝나지 않았다. 걸음은 멈췄지만, 그 리듬은 이제 우리의 일상에서 계속될 것이다. 산티아고에서의 도착은 끝이 아니라 변화의 시작이었다. 828킬로미터를 걸으며 몸에 밴 리듬과 사색의 습관, 그리고 느린 걸음으로 세상을 바라보는 시각을 일상에서도 유지하려는 의지가 진정한 순례의 완성이었다.

### 공간이 사라져도 남는 것

　로마네스크에서 고딕으로, 고딕에서 바로크가 공존하는 산티아고 대성당처럼, 처음엔 저 멀리 대성당이라는 물리적 목표를 향해 걷지만, 매일 걷고 고통받고 성찰하면서 자신의 내면에 또 다른 성당이 지어진다. 대성당에 모여드는 순례자들의 걸음, 신앙, 감정이 내면의 건축이 되었다면, 건물이 무너진다고 해도 그 경험은 영혼의 건축이 된다. 이렇듯 건축은 벽이나 돔의 존재가 아니라, 인간의 삶과 기억 속에서 이어지는 시간의 예술이다. 산티아고에서의 순례는 끝났지만, 그 여정에서 느낀 시간은 여전히 내 안에 남아 있을 것이다. 그러므로, 나는 말한다. "공간이 사라져도, 시간은 건축으로 남는다"라고.

　건축의 본질적 가치는 물리적 공간 그 자체가 아니라, 그것이 품고 있는 시간의 축적에 있다. 공간은 스스로 말을 하지 않는다. 우리가 그 안에서 걷고 기도하고 울며 살아갈 때, 공간은 산티아고처럼 비로소 천년의 순례 이야기가 된다. 우리는 그 이야기를 품고, 새로운 길을 향해 다시 걷는다.

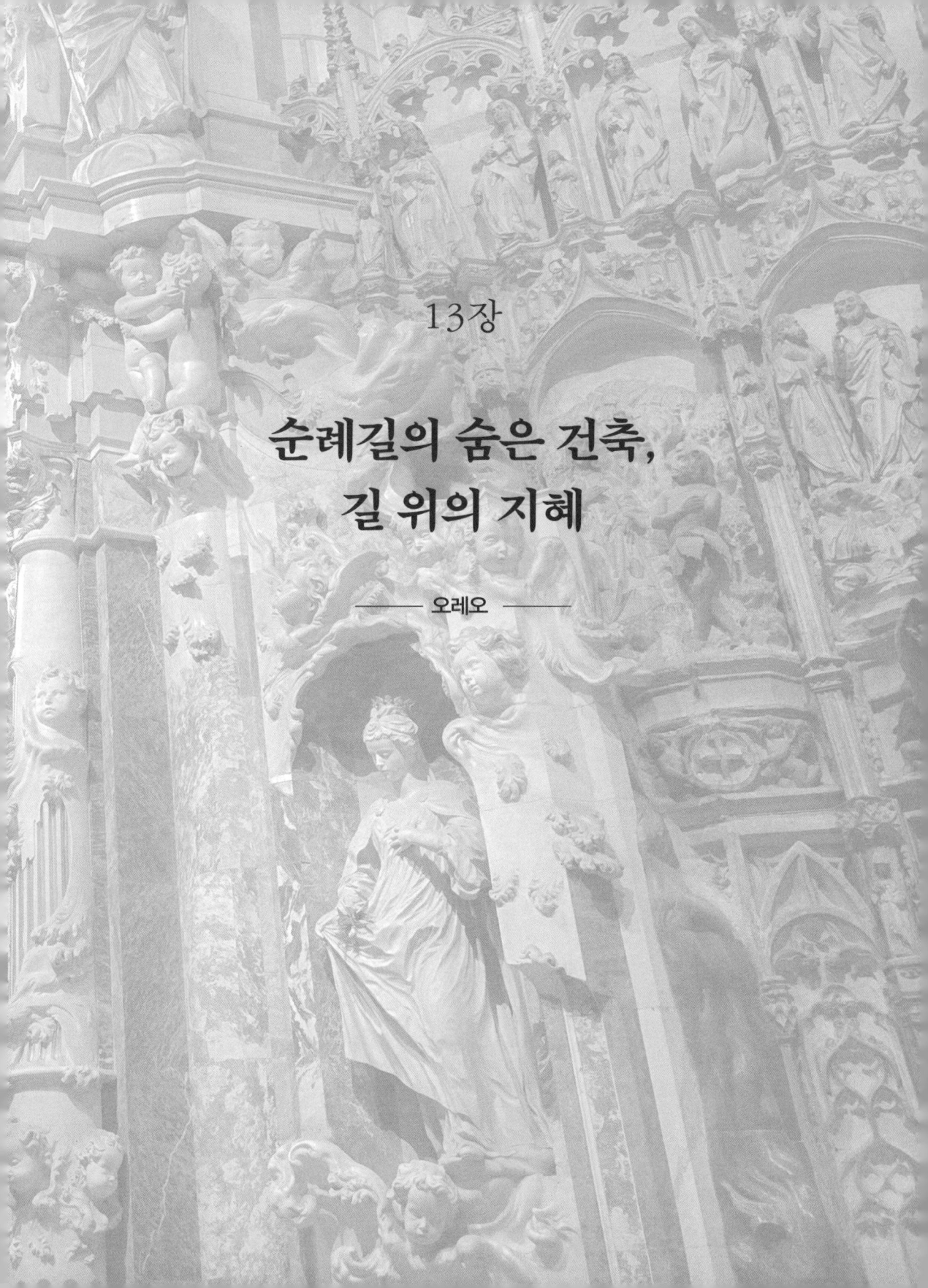

# 13장

## 순례길의 숨은 건축, 길 위의 지혜

— 오레오 —

# 1
## 길옆의 작은 성소

순례길에서 만날 수 있는 다양한 오레오

### 길 위의 작은 발견

순례길을 걷다 보면 어느 순간 시선이 길옆 작은 건축물에 멈춘다. 마치 하늘로 조금 떠오른 집 같기도 하고 동화 속 장난감 창고 같기도 한 이 신기한 구조물을 현지인들은 "오레오(Hórreo)"라 부른다. 기둥 위에 올려진 작은 창고, 지붕에는 십자가, 바람은 그 아래를 자유롭게 지난다.

### 순례길과 오레오

순례자들에게 오레오는 단순한 풍경이 아니었다. 오레오가 보인다는 것은 마을이 가깝다는 신호였고, 그곳에서 곡식을 얻어 빵을 구울 수 있다는 희망의 표지였다. 오레오는 길 위의 이정표이자 생명의 보장이었던 것이다.

### 농민 지혜의 결정체

옥수수와 곡물을 저장하기 위한 지혜의 산물이다. 땅에서 띄운 구조 덕분에 습기와 쥐로부터 안전하게 곡식을 보관할 수 있다. 대부분 마을 어귀나 교회 근처에 서 있어 순례자라면 누구든 자연스레 눈길을 주게 된다.

처음 이 구조물을 보고 "작은 성당이 아니라 농부의 보물 창고구나." 하고 웃음이 났다. 하지만 자세히 관찰할수록 이 작은 건축물이 담고 있는 건축적 지혜와 문화적 의미가 깊다는 것을 알게 되었다. 오레오는 곡식을 지키는 농부의 집이자, 신에게 바치는 감사의 공간이다.

### 기능주의 건축의 원형

오레오는 현대 건축의 핵심 원칙인 '기능주의'의 완벽한 사례다. 장식을 위한 장식은 없고 모든 요소가 곡식 저장이라는 명확한 기능을 위해 존재한다. 그러나 처음에 단순한 창고로 보였던 이것이 가까이 다가가면 그 구조 속에 인간의 지혜, 노동의 기억, 그리고 시간과 싸워온 건축의 근원적 사유가 스며 있다는 것을 알 수 있다.

르 코르뷔지에는 『건축을 향하여』에서 말했다. "건축은 빛 아래 정확하고 장엄하게 조화된 형태의 유희"라고. 하지만 오레오는 더 근원적인 질문을 던진다. "건축은 인간의 필요 아래 어떻게 존재할 수 있는가?"라고.

오레오의 형태는 단순하다. 땅에서 띄워 곡식을 보호하고, 공기의 흐름으로 습기와 해충을 막는다. 이 단순함이야말로 '필요에서 나온 미학'이다. 장식 없이도 아름답고, 의도 없이도 완벽하다. 모든 선과 비례, 모든 공간은 오직 기능의 명료함을 향한다.

## 2
## 지역별 오레오 특징 비교

**세 지역, 세 가지 표정**

순례길에서 걷다 보면 지역이 바뀔 때마다 오레오의 얼굴도 조금씩 달라진다. 마치 같은 언어를 서로 다른 억양으로 말하는 것처럼.

- 갈리시아(Galicia)의 오레오는 주로 화강암과 목재를 결합하여 길고 직사각형의 형태를 띠며 옆면에 여러 개의 통풍구가 있는 것이 특징이다. 돌과 나무로 된 기둥과 슬레이트 지붕에 십자가 장식이 결합되어 마치 성스러움이 곡식 위에 얹힌 듯한 느낌을 준다.
- 아스투리아스(Asturias)의 오레오는 정사각형에 가까운 형태가 많으며 나무를 주재료로 사용하고 지붕은 뾰족한 모양으로 만들어져 빗물을 효율적으로

흘려보낸다. 나무로 지은 장식성 높은 창고로 주택 곁의 작은 보물 상자 같은 느낌이다.
- 칸타브리아(Cantabria)의 오레오는 아스투리아스의 오레오와 비슷한 구조를 보이지만 좀 더 넓고 개방적인 형태를 띠기도 한다. 돌과 나무의 결합, 기둥에 해충을 막는 돌판이 있어 실용의 미학을 보여준다.

순례길에서 만나는 다양한 오레오
갈리시아(왼쪽), 아스투리아스(가운데), 칸타브리아(오른쪽)

## 3
### 건축적 특징
– 눈여겨볼 부분

### 아스투리아스의 정감 어린 오레오

아스투리아스의 오레오는 작은 전원주택처럼 귀엽고 아늑하다. 농가 옆에 붙어 있으면서도 그 자체로 하나의 독립된 집 같다. 바닥 밑은 가축을 위한 그늘 쉼터가 되고 위는 식량의 금고가 된다.

## 갈리시아의 의젓한 오레오

반대로 갈리시아의 오레오는 길쭉하고 단단하다. 화강암으로 지어져 묵직하면서도 양 끝 십자가 장식이 "이것은 곡식만이 아니라 믿음을 지키는 공간이다."라고 말하는 듯하다.

이런 오레오 앞에 앉아 빵을 먹으며 이 길이 단순히 종교적 여정이 아니라 생활과 신앙이 맞닿아 있던 실제 삶의 길임을 실감했다.

스페인 북부 아스투리아스(Asturias) 지방의 전통 곡물 창고 건축인 오레오(hórreo)와 파네라(panera)를 설명하는 안내판

페고요(쥐막이 돌판) 디테일 — 기능적 지혜의 결정체

## 지역성과 보편성의 조화

두 유형 모두 농업 중심 사회의 저장 기술을 바탕으로 만들어졌지만, 지역적 재료와 기후, 문화에 따라 다양한 형태와 의미로 발전해 왔다. 현대 건축가에게는 이 전통 저장소가 기능성과 조형성, 지역성의 완벽한 결합체로서 중요한 영감을 주는 구조물로 평가된다.

## 구조적 디테일

오레오의 기둥 상부에는 '페고요(pegollo)'라 불리는 넓은 돌판이 있다. 이것은 쥐가 기둥을 타고 올라가는 것을 막는 천재적 장치다. 현대 건축에서 말하는 "디테일이 신이다(God is in the details)."를 수백 년 전에 이미 구현한 것이다.

## 4
## 주목할 만한 오레오 명소 5곳

**순례길의 살아 있는 박물관들**

**오 세브레이로(O Cebreiro)**

프랑스길의 마지막 구간의 상징 같은 오레오 군락지다. 갈리시아 진입 직후 만나게 되는 이곳의 오레오들은 순례자들에게 "이제 진짜 끝이 가까워졌다."라는 신호를 보내는 이정표 역할을 한다. 팔로사(Palloza)—원형 또는 타원형 평면의 전통 가옥—라 불리는 전통 가옥들과 함께 중세 마을의 모습을 고스란히 간직하고 있다.

**리뇬(Liñón)**

민속 조각이 살아 있는 목조 오레오로 유명하다. 16세기부터 이어진 전통 목공 기법이 고스란히 보존되어 있어 건축사적 가치가 높다. 특히 지붕 처마의 정교한 조각과 기둥 상부의 장식적 요소들이 인상적이다.

**빌리야카리도(Villacarriedo)**

보기 드문 2층짜리 돌 오레오로 칸타브리아 지방의 독특한 건축 양식을 보여준다. 1층은 농기구 보관소, 2층은 곡물 저장소로 사용되는 복합 기능적 구조다.

**시루에냐(Cirueña)**

프랑스 길 초입에서 순례자를 맞는 첫 오레오로 리오하 지방의 포도 저장용으로 사용된 독특한 사례다. 일반적인 곡물 저장용과는 다른 내부 구조로 되어 있다.

**콤바로(Combarro)**
갈리시아 리아스 바이샤스 지역의 해안가 오레오로 바닷가의 염분과 습기를 견디기 위한 특수한 구조적 해결책들을 볼 수 있다.

이 오레오들은 단순한 곡식 창고를 넘어 마치 길 위의 작은 박물관처럼 순례자의 발걸음을 멈추게 한다. 이 다양한 변주 속에서도 그 근원은 하나로 보였다. "삶을 지키기 위한 최소한의 건축." 그것은 지역의 언어이자 인류의 보편 언어다.

## 5
## 현대적 변용과 재해석

**과거에서 현재로 이어지는 생명력**

순례길을 걸으며 놀라운 것 중 하나는 오레오가 여전히 '살아 있는 건축'이라는 점이었다. 어느 마을에서는 오레오가 작은 카페로 개조되어 순례자들에게 휴식을 제공하고 또 다른 곳에서는 지역 민속품 전시관으로 활용되고 있었다. 때로는 순례자의 임시 휴게소가 되기도 하고 관광안내소로 쓰이기도 한다. 심지어 길 표지판에 오레오 모양이 새겨져 있는 것

현대적으로 재활용된 오레오 — 카페로 변신한 모습

도 있다.

### 건축적 영감의 원천

건축가의 눈으로 보면, 오레오는 수백 년 전 이미 현대 건축의 본질을 선취했다.

- 적정 기술의 미학: 오레오는 가장 단순한 기술로 최대의 효과를 얻는 '적정 기술'의 완벽한 사례다. 복잡한 기계장치나 첨단 재료 없이도 수백 년간 그 기능을 유지하고 있다.
- 인간적 스케일: 오레오의 크기는 사람이 직접 관리할 수 있는 적정 규모다. 너무 크지도 작지도 않은 이 규모야말로 지속 가능한 건축의 핵심이다.
- 지역성과 보편성: 각 지역의 기후와 재료에 맞춰 변화하면서도 곡물 저장이라는 보편적 기능을 유지하는 유연성을 보여준다.
- 시간의 미학: 오레오는 새것일 때보다 세월이 지나며 주변 환경과 어우러졌을 때 더 아름답다. 시간과 함께 성숙해 가는 건축의 진정한 가치를 보여준다.

이렇듯 오레오는 현대 건축에서 추구하는 '지속가능성'의 모든 요소를 갖추고 있다. 지역 재료 사용, 에너지 절약적 구조, 자연환경과의 조화, 오랜 내구성. 오늘날 에너지 절감과 '지속 가능한 건축'이 추구하는 원칙은 이미 작은 건축에 내재해 있었다.

# 6
## 한국의 잃어버린 풍경

**고향 마을이 떠올랐다**

오레오 앞에 서서 한참을 바라보다가 문득 고향이 떠올랐다. 어린 시절 시골집 마당 한쪽에 높이 세워진 '시렁', 곡식을 저장하던 나무 '뒤주', 본채와 떨어져 서 있던 '광'. 습기를 피하고 동물로부터 저장물을 보호하던 그 구조물들이 오레오와 얼마나 닮아 있었던가.

오레오와 유사한 저장 시설 – 장독대(왼쪽 위), 고상식 창고(오른쪽 위), 뒤주(왼쪽 아래), 광(오른쪽 아래)

하지만 지금 그 마을에 가면 흔적을 찾기 어렵다. 슬레이트 지붕의 철제 창고가 그 자리를 차지하고 있다. 근대화라는 이름으로 우리는 너무 많은 것을 '낡은 것'으로 치부하며 지워버렸다.

한국에도 오레오와 유사한 저장 시설들이 있었다. 통풍과 습기 조절을 위한 정교한 구조의 뒤주, 한옥의 부속 건물이었던 광, 제주도와 강원도 산간의 고상식 창고, 땅의 온도를 이용한 움. 모두 자연과 조화를 이루며 저장의 지혜를 담은 건축이었다.

### 왜 보존하지 못했는가

1960~70년대 급격한 근대화 과정에서 이 모든 것은 '낙후된 것'이 되었다. 생존이 급했고 문화유산을 논할 여유가 없었다. 문화재 정책은 궁궐과 사찰 중심이었고, 민가의 일상적 구조물은 보호 대상이 아니었다. 스페인처럼 순례길과 연결해 체계적으로 보존할 전략도 부족했다.

안동 하회마을에 일부 광과 뒤주가 남아 있지만 대부분 뒤늦게 복원한 것들이다. 제주 민속촌의 '통시'는 박물관 속 유물이 되었고, 강원도 산간의 옛 창고들은 철거 위기에 처해 있다.

### 아직 늦지 않았다

오레오 앞에 앉아 생각했다. 우리도 늦었지만, 지금이라도 남아 있는 전통 저장 시설을 조사하고 보존할 수 있지 않을까. 올레길이나 둘레길에 이런 구조물들을 연결하면 '길 위의 작은 박물관'이 될 수 있지 않을까.

스페인은 오레오를 단순히 보존만 하지 않았다. 카페가 되고, 전시관이 되고, 여전히 저장고로 사용되며 '살아 있는 문화'로 남아 있다. 과거를 박제하지 않고 현재와 연결한 것이다. 우리 건축가들도 반성해야 한다. 새것을 짓는 데만 급급했지 있는 것을 지키는 데는 소홀했다. 오레오는 나에게 묻고 있었다. "당신은 무엇을 지키고 있는가?"

다행히 최근 변화의 조짐이 보인다. 젊은 건축가들의 한옥 재해석, 지자체의 전통 마을 보존, 문화재청의 '생활 문화유산' 개념 도입. 하지만 갈 길은 멀다. 오레오가 800년을 지켜온 것처럼, 우리도 남은 전통 구조물을 다음 세대에 물려줄 책임이 있다.

순례길을 걸으며 오레오를 볼 때마다 고향의 사라진 풍경이 떠올랐다. 돌아가면 우리의 전통 저장 시설들을 찾아다니며 기록하고, 보존의 필요성을 알려야겠다고 다짐했다. 오레오는 나에게 단순한 이국의 풍경이 아니었다. 그것은 우리가 잃어버린 것에 대한 그리움이자, 아직 늦지 않았다는 희망의 메시지였다.

〔 순례자의 단상 〕

### 길 위의 성소
걷다가 배가 고플 때, 오레오 아래 앉았다. 바람이 통과하고, 그림자가 쉼을 주었다. 그럴 때 오레오를 보면 문득 이런 생각이 들었다.
"옛 순례자들도 여기 저장된 곡식으로 빵을 구워 먹고 다시 길을 이어갔겠지."
우리의 순례는 사실 그들의 지혜와 땀 위에 놓여 있는 셈이다. 오레오는 단순한 곡물 창고가 아니라 길 위의 또 하나의 성소였다.

### 건축가가 배우는 겸손
화려한 대성당이나 웅장한 궁전에서 감탄하는 것도 좋지만 이 작은 오레오들에서 배우는 건축의 본질이 더욱 깊이 있게 다가왔다. 건축이 거창한 선언이나 과시가 아니라 사람들의 실제 필요에서 출발해야 한다는 것. 그리고 그런 순수한 기능에서 진정한 아름다움이 나온다는 것을 오레오는 조용히 가르쳐주고 있었다.

### 순례길의 숨은 보석
오레오는 순례길이 단순히 종교적 여정이 아니라 수백 년간 이어온 사람들의 일상과 지혜가 스며 있는 살아 있는 문화유산임을 증명해 주는 소중한 증거물이다.
순례의 길에서 가장 큰 감동은 웅장한 성당이 아니라 오레오와 같은 작은 건축에서 찾아온다. 오레오는 신을 위해서가 아니라 인간을 위해 세워진 건축이다. 그 안에는 생존의 지혜, 일상의 성스러움, 그리고 겸손한 아름다움이 있다.

철학자 파스칼은 『팡세』에서 말했다.

"인간은 하나의 가장 약한 갈대이지만, 생각하는 갈대다."

그 말처럼 오레오는 작지만 생각하는 건축이었다. 자연과 인간의 균형 속에서 '필요'가 '형태'를 낳고, '형태'가 다시 '의미'를 품는다. 길 위의 오레오는 단순한 저장소가 아니라 삶의 본질을 기억하게 하는 작은 성소였다.

### 미래로 이어지는 전통

현대에 와서 이 오레오들이 다양한 용도로 재활용되는 모습을 보며 진정한 전통이란 박제가 아니라 변화하며 살아가는 것임을 깨달았다. 좋은 건축은 시간이 지나도 새로운 용도와 의미를 찾아가며 계속 사람들에게 사랑받는 것이다. 오레오가 바로 그런 건축의 모범을 보여주고 있었다. 공간은 스스로 말을 하지 않는다. 우리가 그 안에 곡식을 저장하고, 그 아래서 쉬고, 그 형태에서 지혜를 배울 때, 공간은 오레오처럼 비로소 삶의 필수적 이야기가 된다. 우리는 이 작은 건축이 가르쳐준 겸손을 품고, 다시 길 위로 나선다.

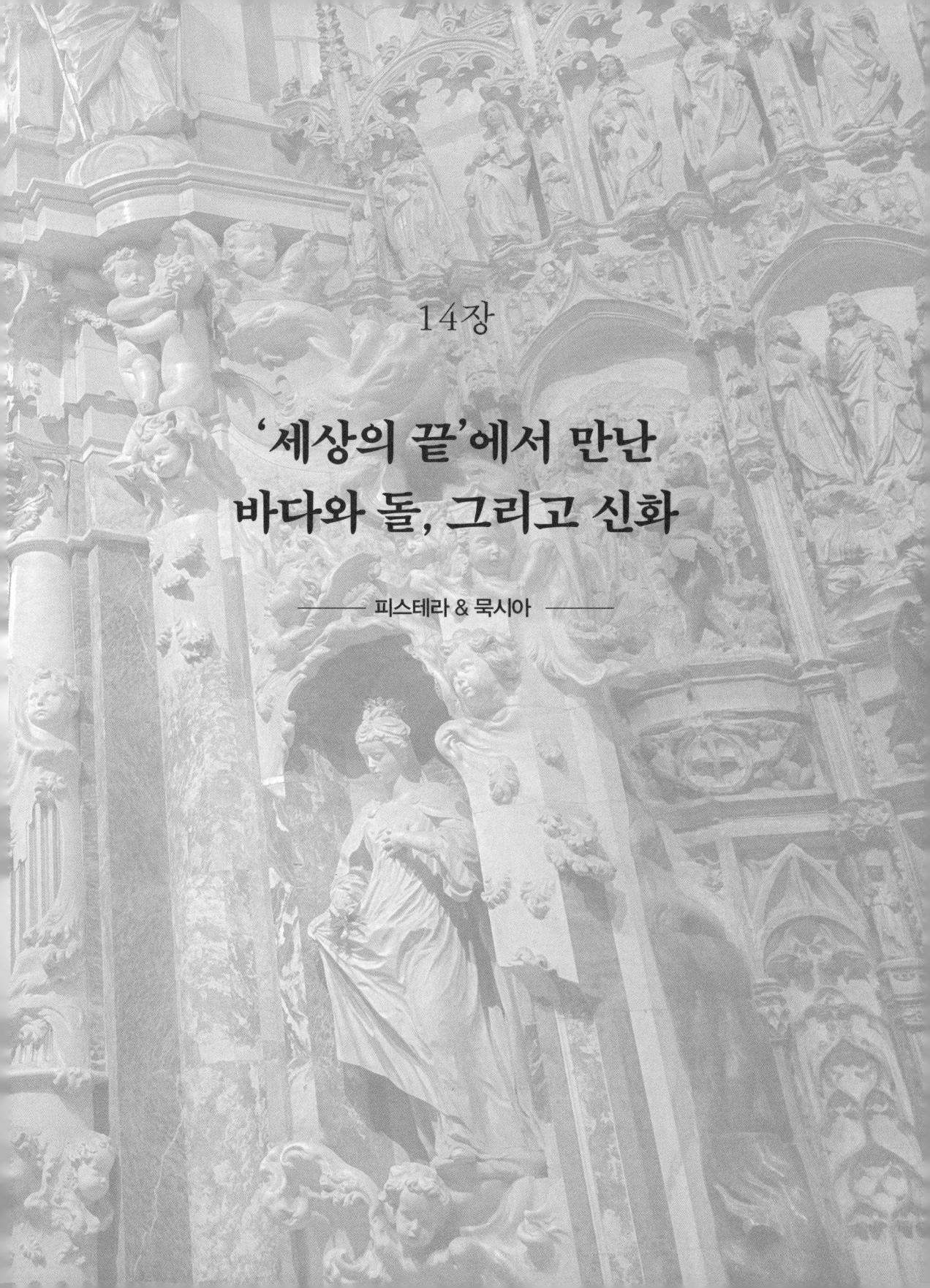

# 14장

# '세상의 끝'에서 만난 바다와 돌, 그리고 신화

— 피스테라 & 묵시아 —

산티아고 대성당 앞 광장에서 배낭을 내려놓고 마침내 도착했다는 안도감에 젖어 있을 때 어떤 순례자 한 분이 다가와 말했다.

"진짜 끝은 바다야. 그 파도 앞에서 우리는 다시 순례자가 되지."

그제야 알게 되었다. 산티아고 대성당 앞에서 여장을 풀었지만 우리의 발걸음은 그곳에서 멈추지 않는다는 것을. 중세 순례자들도 그랬다. 성인의 무덤에 참배한 후 그들은 서쪽으로 더 걸었다. 더 이상 갈 곳이 없는 곳까지. 태양이 잠드는 자리, 피니스테레(Finis Terrae) – '땅의 끝'이라는 이름을 가진 곳으로.

---
## 1
## 피스테라(Fisterra)와 묵시아(Muxía)
---

이 두 마을의 이름을 처음 들었을 때만 해도 그저 순례길의 덤 정도로 생각했다. 하지만 실제로 이곳에 와보니 전혀 달랐다. 이곳은 스페인 갈리시아 지방의 최서단에 자리한 작은 어촌들이지만 순례자들에게는 특별한 의미를 지닌다.

왜 중세의 순례자들은 성인의 무덤에 도착한 후에도 계속 걸었을까? 답은 바로 이곳 '피니스테레', 즉 '땅의 끝'이라는 라틴어에서 찾을 수 있다. 로마 시대부터 이베리아 반도의 최서단인 이곳은 문자 그대로 '알려진 세계의 끝'이었다. 해가 바닷속으로 사라지는 곳, 죽음과 부활이 매일 반복되는 신비로운 경계선이었다.

그래서 직접 가서 경험해 보기로 했다. 태양이 지는 서쪽으로 이어진 길, 카미노 피니스테르레(Camino Finisterre). 산티아고에서 서쪽으로 90km. 그 끝에 피스테라가 있었고 거기서 북쪽으로 조금 더 가면 신화와 전설이 겹친 묵시아가 기다리고 있었다.

이 등대는 단순히 항로 표지 시설이 아니다. 순례자들에게는 대륙의 마지막 좌표이자 내면 여행의 종착점을 알리는 상징적 건축물이다.

산티아고 이후의 길은 단순한 연장이 아니다. 종교학자들은 이를 '성소적 풍경(landscape of sanctity)'이라고 부른다. 중세 순례의 기록을 살펴보면 '바다까지 가는 여정'이 자주 언급된다. 대륙의 끝에 닿는 경험과 무한한 수평선과 마주하는 체험은 단순히 풍경적 감동을 넘어 '순례의 완결'을 상징했다.

이 등대는 1853년에 세워져 '세상의 끝'을 밝히는 빛 역할을 해 왔다.

이는 기독교 이전부터 내려온 켈트족의 전통과도 맞닿아 있다. 켈트족은 서쪽 바다 너머에 '저승의 문'이 있다고 믿었다. 해가 지는 곳, 즉 죽음의 땅이자 동시에 재생의 출발점이라고 여겼다. 기독교가 이베리아반도에 전파된 후에도 이런 원시 신앙의 흔적은 완전히 사라지지 않았다. 오히려 기독교적 순례 문화와 융합되어 독특한 영성의 지형을 만들어냈다.

## 2
## 피스테라(Finisterre)
### – 절벽과 수평선이 만드는 프레임

길은 점점 바다 냄새로 물들어갔고 소나무 숲 사이로 대서양의 짠바람이 스며들었다. 마침내 피스테라 마을에 도착했을 때 우리를 맞이한 것은 조용한 어촌의 일상이었다. 어부들이 그물을 손질하고 갈매기들이 항구 위를 선회하고 있었다. 하지만 정작 압도적인 순간은 등대가 있는 절벽 끝에 다다랐을 때였다. 그 아래로 펼쳐진 건 끝없는 수평선. 더는 육지가 없다는 확신이 드는 곳이었다. 이곳이 과거의 사람들에게 죽음과 부활, 이승과 저승의 경계로 여겨졌다는 것이 몸으로 이해되기 시작했다.

그곳에서 나는 오르페우스의 신화를 떠올렸다. 그는 사랑하는 에우리디케를 잃고 저승으로 내려갔지만, 금기를 이기지 못하고 뒤를 돌아보았기에, 영원히 에우리디케를 잃는 비극을 맞이했다. 피스테라의 수평선은 오르페우스가 되돌아본 그 마지막 순간 같았다. 끝을 보면서도 여전히 붙잡고 싶은 것, 그것이 인간의 본성이라는 듯이.

### '0.00km' 표지판

바람은 거칠었고, 등대의 불빛은 고요했다. 피스테라 등대 근처에는 유명한 '0.00km' 표지판이 서 있다. 이 표지판을 처음 보는 순례자들은 대부분 감격에 겨워 사진을 찍는다. 하지만 이 표지석이 단순한 안내물이라고 생각한다면 오산이다. 이는 '도달감(sense of arrival)'을 시각화한 기념비적 장치다.

건축학적으로 보면 등대와 절벽, 수평선이 만들어내는 이 경관은 건축적 개입이 최소화된 상황에서도 강렬한 의미를 생성하는 대표적 사례다. 여기서는 인공 구조물(등대)이 풍경의 주인공이 아니라 무한한 자연을 프레임하는 장치 역할을 한다. 이것이 바로 건축이 풍경을 '설계'하는 방식이다.

"세상의 끝에 서면, 오히려 안쪽을 보게 돼."

실제로 그랬다. 무한한 바다를 바라보고 있으면서도 시선은 자꾸만 내면을 향했다. 이제껏 걸어온 길들이 파노라마처럼 스쳐 지나갔고 출발점에서 품었던 질문들이 하나씩 다시 떠올랐다.

'0.00km 표지판'은 길고 힘들었던 여정이 마침내 끝났음을 알려주는 중요한 역할을 한다.

### 순례 신발의 상징성

나는 신발을 벗었다. 35일간 함께한 신발을 바라보며 한참을 고민했다. 발가락 부분이 다 헤어져 있고 밑창은 거의 매끄러워진 이 신발에는 북부 스페인 828km의 기억이 고스란히 새겨져 있었다. 아스팔트 도로의 거친 감촉과 자갈길에서 느꼈던 아릿함, 비에 젖어 무거워진 무게감까지.

중세 순례 문헌을 보면 '낡은 신발을 태우는 행위'는 단순한 실용적 처리가 아니라 상징적 의미를 지녔다. 불은 단지 소멸이 아니라 정화였다. 신발은 순례길의 고통과 노고를 함축하는 동시에 그 모든 어려움을 극복해 낸 증거물이기도 하다. 신발을 태우는 것은 과거의 자신과 작별하며 새로운 삶으로 나아가겠다는 의지의 표명이다.

그 순간, 태양이 바닷속으로 사라지며 붉은빛을 흘렸다. 죽음이 곧 재생임을, 이곳의 바다가 조용히 가르쳐주고 있었다.

낡은 신발은 순례길의 고통과 노고를 상징한다.

## 3
### 묵시아(Muxía)
― 바위 위의 성소, 바다와 신화의 교차점

피스테라에서 다시 북쪽으로 이동하면 묵시아에 도착할 수 있다. 약 30km 거리지만 바다를 따라 이어진 이 길은 이전까지의 순례길과는 완전히 다른 분위기였다. 고요했고 길과 파도가 나란히 걷는 느낌이었다.

묵시아는 피스테라보다도 더 작은 어촌이다. 하지만 여기에는 또 다른 차원의 전설이 서려 있다. 스페인어로 '묵시아(Muxía)'라고 쓰지만 갈리시아어로는 '무시아(Muxía)'다. 이 지명 자체가 이미 신비로움을 품고 있다.

전해지는 이야기에 따르면, 사도 야고보가 이베리아반도에서 선교 활동을 하던

묵시아는 순례길의 끝에서 순례자들이 바다를 바라보며 새로운 삶을 다짐하는 장소다.

어느 날, 성모 마리아가 돌로 만든 배를 타고 바다를 건너와 그를 위로했다고 한다. 그 배가 바위로 굳어 지금의 성소 앞에 남아 있다는 것이다.

물론 이는 전설이다. 그렇다면 왜 이런 이야기가 이곳에서 생겨났을까? 묵시아의 지형을 보면 이 질문에 답할 수 있다. 바다로 돌출한 반도 끝자락에 기묘한 형태의 바위들이 성당 주변에 흩어져 있다. 이런 풍경 자체가 이미 신화적이다.

우리는 그 바위들 사이에 앉아 바람과 파도 소리를 들으며 한참 동안 머물렀다. 시간이 멈춘 것 같았다. 아니, 시간의 흐름 자체가 다른 차원으로 이동한 듯했다. 35일간의 걸음이 주는 피로감도 내일에 대한 계획도 모두 잠시 멈췄다.

묵시아 성당 주변에는 특별한 이름을 가진 바위들이 있다. '흔들바위(Pedra de Abalar)'는 손으로 밀면 실제로 흔들린다고 해서 붙여진 이름이다. '엉덩이바위(Pedra dos Cadrís)'는 산모가 이 바위에 앉으면 순산한다는 믿음 때문에 생긴 명칭이다.

이런 바위들은 기독교 전래 이전부터 켈트족이 신성하게 여겨온 자연물이다. 이곳의 신화는 켈트의 바다신 마나난(Mananán) 신앙의 흔적이었다. 그는 죽음과 재생의 경계에서 영혼을 다음 세상으로 이끄는 신이었다. 묵시아의 바다는 바로 그 신의 호흡이었다. 죽음은 끝이 아니라 새로운 순례를 향한 환승이었음을, 그 바위들은 조용히 증언하고 있었다.

거대한 화강암 덩어리들이 빙하기 이후 자연적으로 형성된 것이지만 사람들은 여기서 초자연적 힘을 느꼈다. 기독교가 들어온 후에도 이런 토착 신앙은 완전히

묵시아의 성당. 바닷가 바위 위에 세워진 작은 성당으로 '배의 성모'에게 봉헌되었다.

사라지지 않았다. 대신 성모 마리아나 야고보 성인의 이적과 연결되어 새로운 의미를 얻었다.

---
4

바다 · 바위 · 성당
- 최소 개입의 최대 효과
---

묵시아의 성당(Santuario da Virxe da Barca, 배의 성모 성당)은 단순한 종교 건축물이 아니다. 흔들바위, 엉덩이바위 등의 거대한 암반과 교회 건물 그리고 바

다 풍경이 하나의 '성소적 복합체(sacred complex)'를 형성한다.

여기서 건축은 배경이자 프레임이며 오히려 풍경이 성당의 성스러움을 증폭시키는 역할을 한다. 이는 일반적인 교회 건축과는 정반대의 논리다. 보통의 성당은 건물 자체의 웅장함이나 화려함으로 신성함을 표현한다. 하지만 묵시아에서는 건축과 자연, 전설이 서로의 경계를 허물고 하나의 거대한 의례적 무대를 이룬다.

"이건 설명하는 건축이 아니라 그냥 '존재하는 건축'이야."

묵시아의 성당은 화려하지 않았다. 오히려 바다를 마주한 무거운 벽체와 단단한 형태 그리고 이질감 없이 자연에 깃든 외관이 그 자체로 이곳의 정체성을 말해주고 있었다. 그곳에서 건축은 더 이상 인간의 창조물이 아니었다. 자연과 신화, 인간의 기도가 한 몸이 된 생명체였다. 성당은 스스로를 드러내지 않고 그저 존재했다. 그저 바다와 바위, 하늘과 함께 호흡하고 있었다. 성당 앞 광장은 바다로 열린 데크처럼 구성되어 있었고 성소 안에서는 말없이 촛불만 타오르고 있었다.

순례자들이 켜놓은 수많은 촛불은 성당의 어두운 내부를 밝히며 조용하고 평화로운 분위기를 더하게 된다.

순례자들의 기도 공간 내부에 들어서면 분위기가 확 바뀐다. 외부의 거친 바다와 달리 내부는 조용하고 차분하다. 순례자들이 켜놓은 수많은 촛불이 성당의 어두운 내부를 은은하게 밝히고 있다. 여기서는 기능이나 형식보다 중요한 것이 감정의 진동이었다.

내가 들은 파도 소리는 성가 같았고, 촛불의 흔들림은 시간의 맥박 같았다. 그때 문득 생각했다. 건축은 벽과 지붕의 집합이 아니라, 인간의 감정이 머무는 그릇이라는 것을.

이것이 바로 묵시아가 주는 특별한 경험이다. 인공적인 음향 효과나 화려한 장식 없이도 자연 그 자체가 거대한 오르간이 되어 신성한 음악을 연주한다.

## 5
### 끝이라는 이름의 또 다른 시작

피스테라와 묵시아에서의 시간은 산티아고에서 느꼈던 환희와는 달랐다. 산티아고는 '도착'이었다면 여긴 '내려놓음'이었다. 대서양을 바라보며 말없이 앉아 있는 순간 어떤 계획도 설계도 필요 없었다. 우리는 서쪽 끝에서 동쪽의 빛을 보고 있다는 것을, 끝과 시작이 이렇게 맞닿아 있다는 것을 깨달았다.

"이제 끝났구나."

아니다. 이제부터 시작이었다. 길은 끝난 것이 아니라 삶 속으로 흘러들고 있었다.

〔건축가의 시선 14〕

# 배의 성모 성당
# (Santuario da Virxe da Barca)

## 1. 자리 잡기 – 사이트 스페시픽의 극치

묵시아의 성모 마리아 성당은 갈리시아 해안의 바위 절벽(Punta da Barca) 위에 자리 잡고 있다. 이 위치 선정은 우연이 아니다. 성당은 바다·지형·하늘의 삼위일체적 드라마를 정면으로 받아내는 전략적 지점에 서 있다. 자연이 설계도인 셈이다.

건축학적으로 분석하면 이는 '사이트 스페시픽(site-specific) 건축'의 전형적 사례다. 건물이 땅에 세워진 것이 아니라 땅과 하늘, 바다가 교차하는 지점에 '깃든' 것이었다. 성당의 주축(main axis)이 정동—정서를 향하고 있는 것도 의미심장하다. 제대에서 바라보는 시선이 대서양의 무한한 수평선과 일치한다.

## 2. 역사와 층위 – 파괴와 재건의 시간

이 성당의 역사는 복합적 층위를 지닌다. 원래 이곳은 전(前)기독교적 켈트 신앙의 장소였다는 전설이 남아 있으며 12세기경 소규모 예배당으로 시작해 시간이 흐르며 여러 차례 증·개축을 거쳤다.

현재 보이는 석조 건물은 주로 17~18세기 양식이 강하게 반영되어 있다. 특히 1890년 큰 화재로 내부가 전소된 후 재건 과정에서 바로크적 요소들이 추가되었다. 이런 '파괴와 재건의 역사'는 오히려 이 건물에 시간적 깊이를 더해준다.

건축사적으로 볼 때 묵시아 성당은 '지방적 건축 언어(vernacular architecture)'

순례길의 끝에서 순례자들이 바다를 보며 명상하고 새로운 삶을 다짐하는 중요한 장소이다.

의 우수한 사례다. 중앙 정부나 교회 본부에서 내려온 표준화된 설계가 아니라 지역의 재료와 기법 그리고 무엇보다 지형적 조건에 맞춰 진화해 온 건축이다.

### 3. 평면·방향 – 의례와 풍경의 결합

평면 구성을 보면 전형적인 라틴 크로스(십자형) 형태를 따르고 있다. 하지만 규모는 비교적 작고 단순한 축 구조를 지닌다. 여기서 핵심은 제대(주요 예배 공간)가 바다 쪽을 향하도록 배치되어 있다는 점이다.

일반적인 가톨릭 성당은 제대가 동쪽(예루살렘 방향)을 향한다. 하지만 묵시아에서는 이 원칙이 지형적 조건에 의해 수정되었다. 제대에서 바라보는 시선이 대서양과 일치하도록 설계된 것이다. 이는 '외부 풍경을 제의(ritual)와 결합'시키는 혁신적 공간 구성이다.

내부 공간은 18세기 계열의 바로크적 제대 장식이 중심을 이루고 있다. 특히 미겔 데 로마이(Miguel de Romay)의 작품으로 추정되는 제대화는 지역 바로크 예술의 수작으로 평가받는다. 외형은 견고한 석조 매스로 구성되어 있으며 쌍탑을 가진 전면 파사드는 마을과 바다 양쪽에서 모두 눈에 띄는 랜드마크 역할을 한다. 탑의 높이가 과도하지 않은 것도 특징이다. 이는 바닷바람에 대한 구조적 고려이자 동시에 주변 지형과의 조화를 위한 설계적 판단으로 보인다.

이 성당은 '배의 성모'라는 뜻을 가지고 있으며, 성모 마리아가 석선(돌로 만든 배)을 타고 왔다는 전설과 관련이 있다.

### 4. 재료·구조·디테일 – 해안에 최적화된 물성

주 구조재는 현지에서 채취한 화강암이다. 갈리시아 지방은 화강암의 보고로 유명하며 이 성당 역시 지역 석재의 특성을 충분히 활용했다. 화강암은 염분과 습기에 강해 해안 환경에 최적화된 재료다. 벽체의 두께가 상당히 두꺼운 것도 눈에 띈다. 이는 구조적 안정성뿐만 아니라 단열 성능을 고려한 것으로 보인다. 갈리시아 지방은 겨울철 강한 서풍과 폭우에 시달리는 지역이기 때문이다.

지붕은 전통적인 슬레이트 기와로 마감되어 있다. 슬레이트는 이 지방의 전통 재료로 내구성이 뛰어나고 빗물 배수에도 유리하다. 처마의 높이가 비교적 낮은 것은 강풍에 대한 저항력을 높이기 위한 설계적 배려다. 창호는 최소한으로 제한되어 있다. 이는 구조적 안정성과 함께 내부 공간의 신성함을 유지하기 위한 의도로 해석된다. 제한된 채광은 오히려 촛불의 효과를 극대화해 더욱 경건한 분위기를 연출한다.

## 5. 왜 강력한가 – 세 가지 이유

### 첫째, 경관적 연극의 무대설계

이 성당은 암반 위에 바로 지어진 구조로, 바다–바위–하늘의 '무대' 위에 올려져 있다. 건축 자체가 경관적 연극의 소품이자 무대장치 역할을 한다. 여기서는 건물이 주인공이 아니라 자연과 인간 그리고 신성이 만나는 매개체 역할을 한다.

### 둘째, 순례자의 심리적 여정에 대한 공간적 해석

평면과 입면이 순례자의 심리적 도달감(도착→성찰→마침)을 설계적으로 지원한다. 외부의 역동적 자연환경에서 내부의 고요한 명상 공간으로의 전이가 자연스럽게 이루어진다. 이는 단순히 기능적 공간 배치를 넘어서 '영적 경험의 건축적 번역'이라 할 수 있다.

### 셋째, 시간에 견디는 건축의 미덕

거친 해안 환경을 견딜 수 있는 견고한 석재와 단순한 매스는 '시간에 견디는 건축'의 미덕을 보여준다. 유행을 좇지 않는 보편적 형태, 지역 재료의 충실한 활용,

기후에 최적화된 설계는 현대 지속가능건축이 추구하는 가치들을 이미 500년 전에 구현하고 있다.

  이 성당은 '건축이 어떻게 장소를 만드는가'에 대한 교과서적 사례다. 건축가 크리스찬 노르베르그 슐츠(Christian Norberg-Schulz)가 말한 '장소의 정신(genius loci)'이 무엇인지를 몸소 보여주는 건축이기도 하다. 특히 주목할 점은 이 성당이 보여주는 '최소 개입의 최대 효과'다. 과도한 장식은 거의 없다. 하지만 파도와 바람이 만드는 음악이 성당을 살아 있는 건축으로 만든다. 이것이 현대 건축이 추구하는 '컨텍스추얼 디자인(contextual design)'의 원형이다.

〔 순례자의 단상 〕

### 길 위에서 배운 것들

피스테라와 묵시아는 길의 끝이 아니라 감정의 끝에서 만나는 공간이었다. 그동안 걸으면서 우리는 수많은 성당과 교회를 보았다. 몬도녜도 대성당의 압도적 웅장함, 산 세바스티안 대성당의 환상적인 스테인드글라스, 코미야스의 가우디 건축까지 각각 나름의 아름다움과 의미를 지니고 있었다. 하지만 묵시아에서 느낀 감동은 그것들과는 차원이 달랐다. 여기서는 건축이 자신을 내세우지 않았다. 대신 바다와 바람 그리고 순례자의 마음이 만드는 교향곡의 무대가 되어주었다.

### 끝의 신화, 다시 길 위의 인간

바다 앞에 앉아 있으면 문득 프로메테우스의 신화가 떠오른다. 신의 불을 훔쳐 인간에게 건넨 죄로 영원히 고통받던 그 불의 사도. 그러나 그 고통은 인류가 '빛'을 알게 된 대가였다. 순례 역시 그런 것이다. 우리는 끝없는 길에서 빛을 조금씩 훔쳐 오는 존재들이다. 그 빛은 지식이자 사랑이고, 고통 속에서 피어난 이해다.

피스테라의 붉은 노을 속에서, 묵시아의 돌 위에서, 나는 깨달았다. 바다와 바위, 불꽃과 침묵이 교차하는 그 자리에서 우리는 마침내 길이 곧 삶이라는 사실을 이해했다. 세상의 끝은 끝이 아니다. 세상의 끝에는 다른 세계를 여는 문이 있다. 그래서 나는 다시 배낭을 들었다. 그리고 새로운 삶으로 향하는 출발선에 섰다. 이번에는 목적지가 따로 없다. 길 위의 모든 순간이 이미 하나의 도착지이기 때문이다.

우리가 걸어온 828km는 지구 전체로 보면 점 하나에 불과하지만, 그 작은 점 안에 무한한 우주가 들어 있다. 그래서 피스테라와 묵시아는 '끝'이 아니라 '시작'이다. 35일간 걸으며 단련된 다리는 이제 일상의 길을 걸을 것이고 순례길에서 넓어진 마음은 평범한 하루하루를 특별하게 만들어갈 것이다.

3부

# 끝나지 않는 여정

마드리드 · 톨레도 · 발렌시아 · 바르셀로나

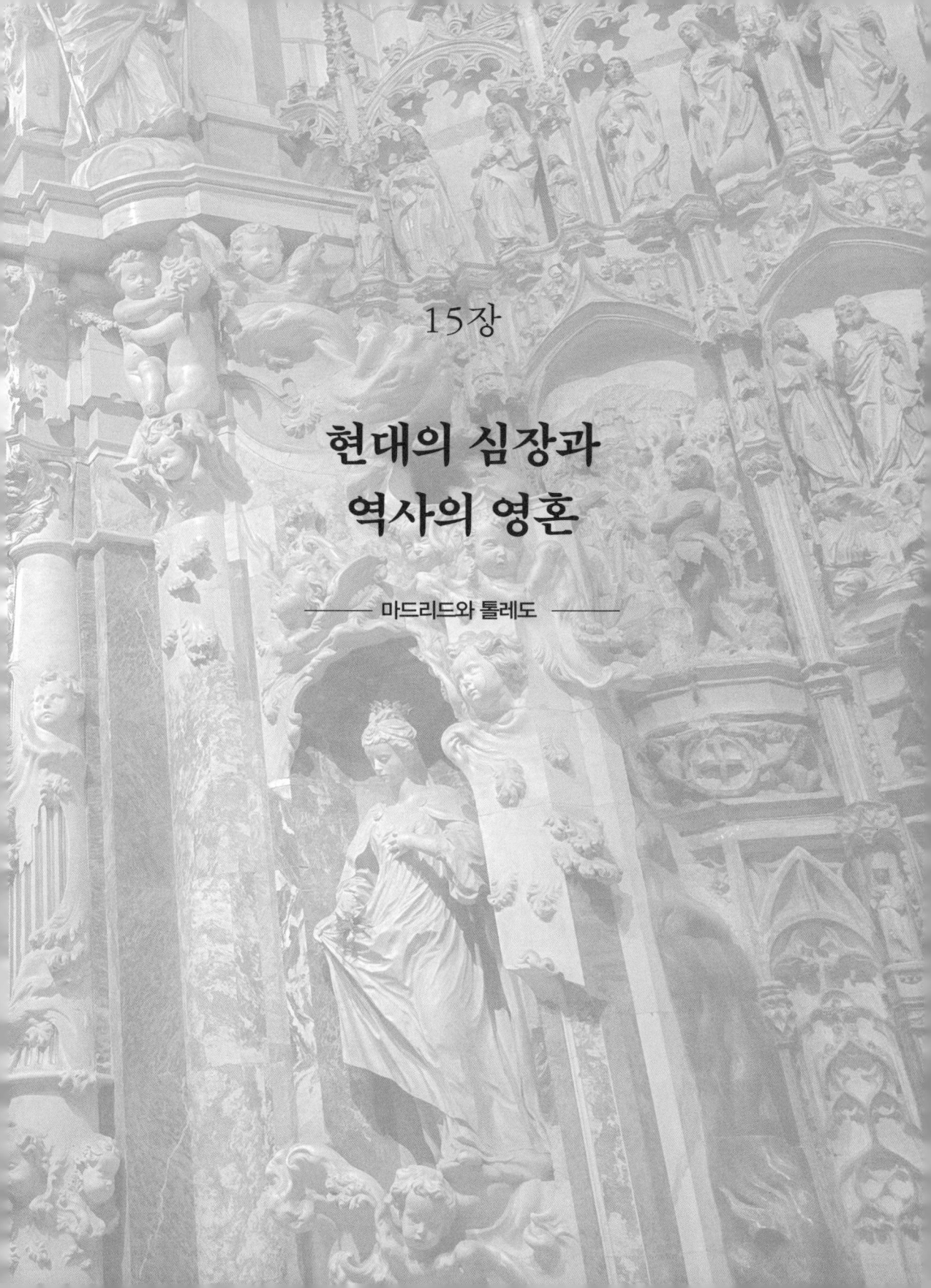

# 15장

# 현대의 심장과
# 역사의 영혼

— 마드리드와 톨레도 —

### 순례 이후, 도시를 다시 보다

35일간의 순례길이 끝난 후 우리는 잠시 더 머물기로 했다.

"순례길을 걸었으면 이제 도시도 다르게 보일 거야. 같은 스페인이지만 완전히 다른 스페인을 만나게 될 테니까."

마드리드에서의 3일, 발렌시아에서의 2일, 바르셀로나에서의 5일. 총 10일간의 짧지 않은 시간은 단순한 여행이라기보다는 또 다른 차원의 순례였다.

발걸음을 멈췄지만 시선은 여전히 공간을 통해 삶을 읽고 있었다. 순례길이 내면을 비추는 수직적 여정이었다면 이 도시들에서의 시간은 외부 세계 속에서 삶의 다양성과 건축이 주는 의미를 수평적으로 발견하게 해주었다.

무엇보다 놀라웠던 것은 도시를 보는 눈이 완전히 달라져 있다는 사실이었다. 35일 전에는 그냥 지나쳤을 건물들이 이제는 이야기를 걸어왔다. 광장에서는 사람들의 움직임이 하나의 안무처럼 보였고 골목길에서는 역사의 숨소리가 들렸다.

## part 1
## 마드리드
### 현대의 숨결, 속도와 질서의 공간

---
### 1
### 도착, 그리고 첫 번째 충격
---

산티아고에서 마드리드행 기차에 몸을 맡겼을 때의 기분은 묘했다. 35일 동안 하루 30km씩 천천히 이동하다가 갑자기 시속 100km 이상 달리니 세상이 너무 빠르게 지나가는 것 같았다. 창밖으로 스쳐 지나가는 풍경들은 더 이상 발로 닿을 수 있는 현실이 아니라 영화 속 장면 같았다.

마드리드의 첫인상은 소리였다. 자동차 경적, 지하철 소리, 사람들의 웅성거림. 순례길 동안 새소리와 바람 소리와 발걸음 소리에 익숙해진 귀에는 모든 것이 너무 크고 거칠게 들렸다. 그 소음이 처음에는 낯설었지만, 동시에 이상하게 그리웠다. 이것이 우리가 떠나왔던 현실의 언어였다.

**마드리드의 첫인상**

아토차역에서 나와 그란 비아로 향하는 지하철 안에서 우리는 서로를 바라보며 웃었다. 순례를 떠나기 전 바르셀로나 공항에 도착했을 때와는 완전히 다른 사람이 되어 있었다. 몸은 3kg쯤 빠져서 홀쭉해졌고 얼굴은 햇볕에 그을려 건강해 보였다. 하지만 가장 큰 변화는 표정이었다. 뭔가 더 여유롭고 차분해졌다.

## 2
### 레티로 공원
### - 도심 속 녹색 성당

　마드리드의 중심부에 있으면서도 완전히 다른 세계를 품고 있는 공간, 그것이 바로 레티로 공원(Parque del Retiro)이다. 정교하게 다듬어진 도심 한복판에서도 '쉼'의 공간은 존재했다. 이제는 걷는 대신 응시하고 머무는 시간이 필요했다.
　공원 입구에서부터 느껴지는 것은 시간의 변화였다. 도시의 분주한 리듬에서 자연의 느긋한 호흡으로 바뀌는 순간 몸과 마음이 함께 이완되는 것을 느꼈다. 그

레티로 공원은 마드리드의 소음과 혼잡함 속에서 평화로운 오아시스 역할을 한다.

동안 긴장된 근육들이 비로소 풀리는 기분이었다.

레티로 공원은 원래 17세기 스페인 왕실의 별궁 정원이었다. '레티로(Retiro)'라는 이름 자체가 '은거, 휴양'을 의미한다. 왕들이 궁정의 복잡한 정치에서 벗어나 휴식을 취하던 곳이 이제는 마드리드 시민들의 일상적 휴식처가 된 것이다. "공간은 권력이 아니라, 평화로 완성된다."라는 생각이 들었다. 이 공간의 역사적 전환 자체가 이미 하나의 이야기였다.

---

## 3
## 레티로 공원의 크리스탈 궁전(Palacio de Cristal)
### - 투명한 건축

---

뜨겁고 번화한 수도 한복판에서도 우리는 조용한 평화를 만났다. 나무 사이를 걷는 순간 다른 세계로 옮겨간 것 같았다. 빛과 그림자가 춤을 추는 사이로 나타난 것은 크리스탈 궁전(Palacio de Cristal)이었다.

1887년에 지어진 이 유리 온실은 원래 필리핀 박람회를 위해 만들어졌다. 철골과 유리로만 이루어진 투명한 건축물. 그 안에서는 햇빛과 그림자, 사람과 자연이 함께 들어왔다. 벽이 없는 것 같으면서도 완벽하게 내부와 외부를 구분하는 공간.

"이건 건축이 아니라, 숨 쉬는 구조야."

크리스탈 궁전은 건물이라기보다는 하나의 거대한 조각품 같았다. 빛이 만드는 패턴이 시간에 따라 바뀌고 유리면에 비치는 나무들의 그림자가 살아 있는 그림을 그렸다.

## 4
## 산 미겔 시장
### - 오감으로 느끼는 마드리드

레티로에서의 평화를 뒤로하고 찾아간 곳은 산 미겔 시장(Mercado de San Miguel)이었다. 1916년에 지어진 이 시장은 마드리드에서 유일하게 남아 있는 철골 구조의 전통 시장이다. 하지만 전통적인 재래시장과는 완전히 달랐다.

시장 안으로 들어서는 순간 감각들이 깨어나기 시작했다. 하몽(Jamón)의 짭짤한 향기, 갓 구운 빵의 고소한 냄새, 올리브의 싱그러운 향. 단조로운 순례자 음식에 익숙해진 입에는 모든 것이 새로웠다.

시장 내부는 다양한 음식의 향, 다채로운 색상, 활기찬 사람들의 소리가 어우러져 방문객들에게 오감을 만족시키는 경험을 선사한다.

### 미식의 사회학

시장에서 가장 인상적이었던 것은 음식을 매개로 사람과 사람이 자연스럽게 연결되는 구조였다. 작은 테이블들이 통로 사이사이에 배치되어 있고 사람들은 서서 먹으면서 대화를 나눴다. 수직이 아니라 수평적으로 펼쳐지는 다채로운 삶의 장면들이 인상 깊었다.

"걷는다는 건 단순해 보이지만 가장 복잡한 일이야. 몸만 걷는 게 아니라 마음도 영혼도 함께 걷거든."

## 5
## 마요르 광장
### - 역사가 새겨진 무대

시장에서 나와 도보로 5분 거리에 있는 마요르 광장(Plaza Mayor)을 찾았다. 1619년에 완공된 이 광장은 스페인 황금시대의 권력과 영광을 상징하는 공간이다.

**광장의 건축적 의미**

가로세로 129m x 94m의 직사각형 공간을 둘러싼 237개의 발코니가 있는 3층 건물들. 조화를 이루는 붉은 빛 입면의 반복과 중앙을 향해 열린 구성은 도시가 과거의 기억을 어떻게 공간으로 새기는지를 말해 주었다. 지금의 마요르 광장은 과거의 권위적인 분위기를 벗어나 시민들을 위한 소통과 교류의 장소로 변화했다. 광장 한복판에서는 거리 예술가들이 공연하고 있었고, 카페테라스에서는 사람들이 여유롭게 커피를 마시고 있었다.

광장을 오가는 사람들을 보면서 흥미로운 발견을 했다. 관광객들은 대부분 중앙으로 모여들어 사진을 찍었고 현지인들은 주로 가장자리의 아케이드를 따라 걸었다. 같은 공간이지만 사용하는 방식이 완전히 달랐다.

이곳에서 질서란 삶의 틀이 되기도 하지만, 때론 사유의 경직을 부른다는 말이 떠올랐다. 그래서 나는 다시 남쪽으로 향했다. 속도의 끝에서 기억이 시작되는 곳으로.

마요르 광장은 과거의 권위적인 분위기를 벗어나 시민들을 위한 소통과 교류의 장소로 변화했다.

### 시간을 거슬러 올라가는 여정

마드리드가 현재의 숨결이라면, 톨레도는 과거의 심장박동이었다. 다음 날 아침, 우리는 마드리드 남쪽 터미널에서 톨레도행 버스에 올랐다. 거리로는 불과 70km, 시간으로는 한 시간 남짓. 하지만 우리가 향하는 곳은 단순한 지리적 이동이 아니라 시간의 깊이를 거슬러 올라가는 여정이었다.

창밖으로 마드리드의 현대적 건물들이 점점 사라지고 카스티야 평원의 황량한 풍경이 펼쳐졌다. 그리고 멀리, 언덕 위에 옹기종기 모여 있는 붉은 지붕들이 보이기 시작했다. 톨레도였다.

## part 2
# 톨레도
### 과거의 심장, 기억과 신앙이 쌓인 시간

### 1
### 중세로의 시간 여행

다음 날 우리는 마드리드에서 버스로 한 시간, 세상이 조용히 뒤로 감기기 시작했다. 타구스 강(Río Tajo)이 U자형으로 감싸안은 협곡 위 언덕에 자리 잡은 톨레도(Toledo), 고대 로마 시대부터 시작해서 서고트족, 이슬람, 유대인, 기독교의 흔적이 켜켜이 쌓인 도시. '세 문화의 도시(Ciudad de las Tres Culturas)'라고 불리는 이곳은 유네스코 세계문화유산으로 지정되어 있다.

버스에서 내려 구시가지로 향하는 순간부터 시간이 거꾸로 흐르는 기분이었다. 좁은 돌길, 예측 불가능한 골목의 곡선, 언덕 위에 솟은 대성당의 첨탑들. 도시는 하나의 거대한 미로였고 우리는 그 안에서 시간을 걷는 법을 배웠다.

이런 지형이 도시의 성격을 결정했다. 외부의 침입으로부터는 안전하지만, 내부에서는 공간이 제한되어 있어 건물들이 위로 자라날 수밖에 없었고 길들은 자연스럽게 구불구불해졌다.

순례길에서 걸었던 직선적인 길과는 완전히 달랐다. 여기서는 목적지를 향해 일직선으로 갈 수 없다. 골목을 돌고 돌아서 때로는 막다른 길에 부딪히기도 하면서 천천히 목표에 접근해야 한다.

"건축은 시선의 길이야. 여긴 매 순간 시선이 꺾이면서 새로운 이야기가 시작돼."

톨레도에서는 50m 앞을 내다볼 수 없다. 항상 다음 모퉁이 너머에 뭔가 새로운 것이 기다리고 있다.

타구스 강 상부에 위치하여 천연의 요새 같은 톨레도 시가지

## 2
## 헤르메스의 도시
### - 경계 위의 공존

톨레도는 유럽의 '헤르메스' 같은 도시였다. 그리스 신화 속 헤르메스는 신과 인간, 생과 사, 하늘과 지하 세계를 잇는 전달자였다. 그는 언제나 경계 위에 있었고, 서로 다른 세계를 연결하는 존재였다.

톨레도 또한 그랬다. 이슬람 모스크가 교회가 되고, 유대인 회당이 성소가 되었다. 세 종교의 언어가 한 도시 안에서 섞이며 파괴가 아니라 번역으로 남았다. 대성당을 찾아가는 길에 우연히 마주친 산 로만 교회의 무데하르 양식 종탑, 골목길에서 갑자기 나타난 시나고가(유대 회당), 아랍식 목욕탕의 흔적들. 이슬람 장인이 만들고, 유대인이 기도하며, 기독교인이 지켜온 공간. 각각의 건축물들이 서로 다른 시대 서로 다른 문화를 대변하고 있지만 이상하게 조화를 이루고 있었다. 이것이 바로 톨레도만의 특별함이었다.

**산토 토메 교회와 엘 그레코**

우연히 들어간 산토 토메 교회에서 엘 그레코(El Greco)의 걸작 〈오르가스 백작의 매장〉을 만났다. 이 그림 앞에 서면 그의 영혼이 아직도 빛과 그림자 사이를 헤매고 있는 것 같았다. 톨레도라는 도시가 왜 수많은 예술가에게 영감을 주었는지 이해할 수 있었다.

그림 속 하늘과 땅, 성인들과 귀족들, 영적인 것과 세속적인 것이 한 화면 안에 공존하고 있었다. 이 도시 자체가 그림 속의 세계였다.

## 3
### 톨레도 대성당
### - 숨겨진 장엄함

톨레도에서 빠뜨릴 수 없는 곳이 바로 대성당(Catedral de Santa María de Toledo)이다. 1226년부터 1493년까지 267년에 걸쳐 건설된 이 대성당은 스페인 고딕 건축의 걸작으로 평가받는다.

흥미로운 것은 이 거대한 건축물을 시내 어디서도 한눈에 볼 수 없다는 점이다. 좁은 골목들 사이에 숨어 있어서 가까이 가야만 그 전모를 드러낸다. 이는 의도적인 설계였을까 아니면 도시 발달 과정에서 자연스럽게 생긴 결과였을까?

어느 쪽이든 이런 '숨겨진 장엄함'이야말로 톨레도 대성당만의 특징이었다. 성당 내부에 들어서는 순간 외부의 은밀함과는 대조적인 장엄함에 압도되었다. 높이 44m에 달하는 천장, 750개가 넘는 스테인드글라스 창문들, 그리고 무엇보다 황금으로 장식된 거대한 제대화(Retablo Mayor).

하지만 가장 인상적이었던 것은 '엘 트란

톨레도의 좁은 골목길은 대성당의 웅장함을 더욱 부각하는 역할을 한다.

스파렌테(El Transparente)'라는 18세기 바로크 작품이었다. 건축가 나르시소 토메(Narciso Tomé)가 천장에 구멍을 뚫어 자연광이 쏟아져 들어오도록 만든 채광창이다. 그곳으로 들어오는 한 줄기 빛이 제단 위의 조각상들을 감싸면, 신과 인간의 경계가 녹아내리는 듯했다. 이는 단순한 빛이 아니라, 시간이 건네는 언어였다.

---
## 4
## 세 문화의 공존
---

톨레도는 한때 '세 문화의 수도'라 불렸다. 이슬람, 유대, 기독교가 충돌하지 않고 공존하던 도시. 톨레도는 순례길에서 보았던 교회나 수도원과는 달랐다. 이 도시는 함께 살기 위한 공간이자 서로를 품은 모습이었다. 그러나 그 공존은 평화로운 이상이 아니라, 긴 시간의 상처와 화해가 남긴 결과였다. 서로 다른 신앙, 다른 언어, 다른 얼굴들이 이 도시 안에서 함께 살았다. 그리고 그 차이의 틈새에서 인간은 자신을 새롭게 배웠다.

산타 마리아 라 블랑카 시나고가. 12세기에 지어진 이 시나고가는 놀

천장에 구멍을 뚫어 자연광이 쏟아져 들어오도록 만든 엘 트란스파렌테

랍게도 이슬람 건축 양식으로 만들어졌다. 유대인들이 이슬람 건축가들에게 의뢰해서 지은 것이다. 말발굽 모양의 아치들, 기하학적 장식들. 종교는 달랐지만 아름다움을 향한 감각은 하나였다. 나중에는 기독교 교회로 개조되었다가 지금은 박물관으로 사용되고 있다. 하나의 건물이 세 종교를 거쳐 가면서도 그 아름다움을 잃지 않고 있다는 것이 신기했다. 우리는 건축이 화해할 수 있음을 알게 되었다.

---

5

## 알카사르에서 내려다본 두 개의 시간

---

톨레도 구경의 마지막은 알카사르(Alcázar)였다. 언덕 가장 높은 곳에 있는 이 요새에서는 톨레도 시내가 한눈에 내려다보였다. 붉은 지붕들이 만들어내는 물결이 일렁이고, 그 사이를 타구스 강이 도시를 감싸안고 흐른다. 그 광경은 말로 설명할 수 없는 평화였다. 이곳은 시간이 흐르는 것이 아니라 포개어져 머물고 있는 듯했다.

우리는 그곳에 서서 지난 이틀을 되돌아봤다. 마드리드의 투명한 유리 궁전과 톨레도의 켜켜이 쌓인 돌들. 레티로 공원의 열린 수평선과 톨레도 골목의 좁은 수직선. 산 미겔 시장의 현재진행형 삶과 대성당의 과거 완료형 신앙.

마드리드가 근대적 행정 수도라면 톨레도는 영적 수도였다. 역사적 심장부였다. 마드리드의 현대적 질서와 속도, 톨레도의 기억과 신앙의 시간. 이 두 개의 시간 축이 하나의 나라 안에 공존하고 있었다.

"공간이 달라지면, 우리의 시선도 달라지는구나."

그렇다. 순례길이 우리에게 걷는 법을 가르쳐주었다면, 마드리드와 톨레도는 우리에게 보는 법을 가르쳐주었다. 같은 눈으로도 다르게 볼 수 있다는 것을. 공간이 바뀌면 사유도 바뀐다는 것을.

나는 마드리드에서 속도의 질서를 배웠고, 톨레도에서 기억의 균형을 배웠다. 한쪽이 미래로 향한 직선이라면, 다른 한쪽은 과거로 돌아가는 곡선이었다. 건축은 그 두 선을 잇는 언어였다.

마드리드는 근대적 계획도시로서 직선적 공간 구성과 시간의 효율성을 중심에 두고 있었고, 톨레도는 역사적 축적의 도시로서 지형에 순응한 곡선적 조직과 시간의 깊이를 보존하고 있었다. 두 도시는 각각 질서와 기억, 속도와 축적, 계획과 적응이라는 상반된 도시 원리를 보여준다.

알카사르에서 본 톨레도 전경

〔 건축가의 시선 15 〕

# 톨레도 대성당
## – 시간의 층위가 만든 걸작

### 1. 도시적 맥락에서의 대성당

톨레도 대성당을 이해하기 위해서는 먼저 이 도시의 특수한 지형적 조건을 알아야 한다. 타구스 강이 만든 U자형 협곡 위의 언덕 도시, 그 중심부에 자리 잡은 대성당은 단순히 종교 건축물이 아니라 도시 전체의 구심점 역할을 한다.

흥미로운 것은 이 거대한 건축물을 시내 어디서도 한눈에 볼 수 없다는 점이다. 좁은 중세 골목들 사이에 숨어 있어서 가까이 가야만 그 전모를 드러낸다. 이는 현대적 개념의 '랜드마크'와는 정반대의 접근 방식이다.

좁은 골목을 돌고 돌아서 갑자기 대성당 광장에 나서는 순간의 충격('서프라이즈')은 계획된 것이었을까? 중세 도시계획에서 이런 '감춰진 장엄함'은 의도적인 설계 기법이었다. 순례자나 방문자로 하여금 점진적으로 신성함에 접근하게 만드는 공간적 서사 구조라 할 수 있다.

### 2. 평면 구성과 공간의 위계

톨레도 대성당은 전형적인 라틴 크로스(Latin Cross) 형태의 평면을 가지고 있다. 하지만 267년에 걸친 긴 건축 기간 동안 여러 차례 설계 변경이 있었고 그 결과 복잡하고 풍부한 공간 구성을 갖게 되었다.

주요 공간들의 특성을 보면
- 중앙 통로(Nave)는 길이 120m, 폭 59m의 웅장한 공간

- 주 제단(Altar Mayor)은 화려한 금박 조각으로 장식된 거대한 레타블로
- 성가대석(Coro)은 16세기 조각가들의 걸작으로 평가받는 나무 조각들
- 성물실(Sacristía)은 엘 그레코, 고야 등의 명화가 소장된 미술관 기능 수행
- 총 22개의 각종 예배당이 본당을 둘러싸고 있음

이런 복합적 공간 구성은 단순히 종교적 기능만이 아니라 교육, 문화, 예술의 중심지 역할을 했음을 보여준다.

### 3. 구조 시스템의 진화

톨레도 대성당은 스페인 고딕 건축의 완성형으로 평가받는다. 높이 44m에 달하는 천장을 지탱하는 리브 볼트(rib vault) 구조, 측면의 버트레스(buttress)를 통한 하중 분산, 플라잉 버트레스를 통한 측압 처리 등 고딕 건축의 구조적 혁신

구조 아치 시스템

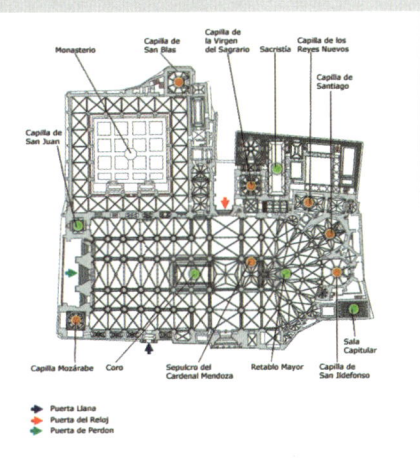

대성당의 내부는 복잡한 미로처럼 보이지만 평면도를 통해 각 공간이 명확하게 구분되고 유기적으로 연결되어 있음을 알 수 있다.
*도면출처 : Wikimedia Commons – "Category: Floor plans of the cathedral of Toledo"

이 모두 적용되어 있다.

주요 구조재는 인근에서 채취한 석회암이다. 이 지역 특유의 따뜻한 색감을 가진 석재가 건물 전체에 일체감을 부여한다. 또한 이 석재는 조각하기가 용이해서 정교한 장식 작업이 가능했다.

### 4. 빛의 건축학 – '엘 트란스파렌테'

톨레도 대성당에서 가장 혁신적인 부분은 18세기에 추가된 '엘 트란스파렌테(El Transparente)'다. 건축가 나르시소 토메가 고딕 건축의 어둠을 극복하기 위해 천장과 벽에 구멍을 뚫어 자연광을 도입한 바로크적 개입이다.

정오쯤 되면 천장의 구멍을 통해 들어온 햇빛이 제단 뒤쪽의 조각상들을 극적으로 비춘다. 이는 단순한 채광이 아니라 '빛의 연극'이라 할 수 있다. 고딕의 수직성과 바로크의 연극성이 만나서 창조한 독특한 공간 경험이다.

단순한 채광이 아니라 '빛의 연극'이라 할 수 있는 엘 트란스파렌테

### 5. 시간의 층위 – 양식의 중첩

톨레도 대성당의 가장 큰 매력은 다양한 시대의 양식이 조화롭게 공존한다는 점이다.

- 13~15세기: 고딕 양식의 기본 구조
- 15~16세기: 르네상스적 장식 요소들
- 17~18세기: 바로크적 개입들
- 19~20세기: 네오고딕 복원과 현대적 보존 기법

이런 시간의 층위는 건물을 박물관처럼 만들지 않고 살아 있는 건축으로 만든다. 각 시대가 자신의 언어로 이 건물에 이바지했고 그 결과 풍부하고 복합적인 건축적 텍스트가 완성되었다.

## 6. 건축가의 결론 – 왜 톨레도 대성당이 중요한가?

**첫째, 도시와의 유기적 결합**

이 성당은 도시와 분리된 모뉴먼트가 아니라 도시 조직과 유기적으로 결합한 건축이다. 주변 골목들과의 관계, 다른 건축물들과의 대화, 도시 전체의 스카이라인에서 차지하는 역할 등이 모두 세심하게 고려되어 있다.

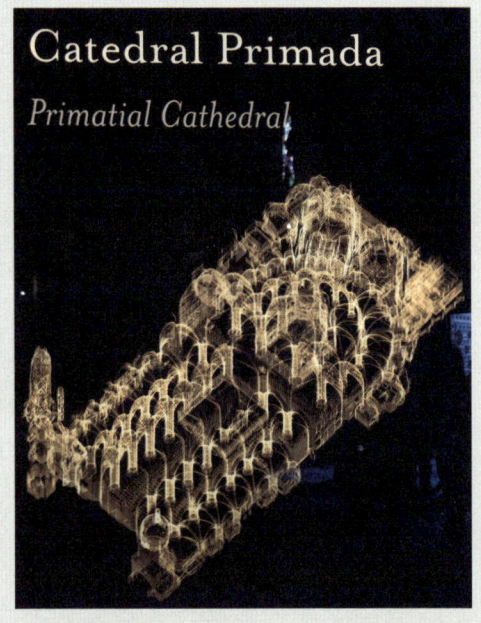

톨레도 대성당의 구조 시스템

**둘째, 다문화적 정체성의 건축적 구현**

기독교 건축이지만 이슬람과 유대 문화의 흔적도 곳곳에서 발견된다. 무데하르 양식의 장식들, 이슬람 기하학적 패턴들, 유대교 전통과 연결된 공간들. 이는 톨레도라는 도시의 다문화적 정체성을 건축적으로 구현한 것이다.

**셋째, 시간에 열린 건축**

267년에 걸친 건설 과정, 그리고 그 후에도 계속된 개·보수와 추가 작업들. 이 성당은 '완성된' 건축이 아니라 '완성되어 가는' 건축이다. 각 시대가 자신만의 방식으로 기여할 수 있는 열린 구조를 가지고 있다.

이런 특성들이 톨레도 대성당을 단순한 관광 명소가 아니라 건축사적 의미가 있는 중요한 작품으로 만든다. 현대 건축가들이 배울 수 있는 것은 기법이 아니라 태도다. 장소에 대한 존중, 시간에 대한 겸손, 문화에 대한 포용. 이런 가치들이야말로 시대를 초월하는 건축의 핵심이다.

〔 순례자의 단상 〕

### 두 도시가 가르쳐준 것

파울로 코엘료의 책 『연금술사』에 보면 이런 구절이 나온다.

"사막은 광대하지만, 그 속을 걷는 사람은 단 하나의 발자국으로 길을 만든다."

마드리드에서 톨레도로 향하던 날, 나는 그 문장을 떠올렸다. 주인공 산티아고는 처음엔 '보물'을 찾아 떠났지만, 결국 그 보물이 언제나 자기 안에 있었다는 사실을 깨닫는다. 그의 순례는 지도 위의 여행이 아니라, '속도에서 깊이로', '거리에서 내면으로' 향하는 여정이었다.

마드리드는 목표를 향해 달려가는 세계였다. 효율적인 직선, 빠른 속도, 예측 가능한 풍경. 그러나 톨레도에서는 매 순간 길이 꺾였고, 그 꺾임마다 새로운 사유가 피어났다.

"사막의 모래가 바람에 흔들릴 때마다 신은 우리에게 징표를 보내신다."
— 『연금술사』

그 징표는 내게는 '빛의 방향'이었다. 톨레도 대성당의 천장에 뚫린 작은 창, 그곳에서 흘러내리는 빛이 제단 위에 닿을 때, 도시는 하나의 거대한 나침반이 되어 내 마음의 중심을 가리켰다. 순례의 끝에서 마드리드의 직선이 톨레도의 곡선으로 변했듯, 인간의 삶도 결국은 직선의 성공에서 곡선의 성찰로 향한다. 산티아고가 "길을 잃을 때마다 진짜 길에 가까워졌다."라고 말했듯, 나 역시 방향을 잃어야 비로소 '나의 시간'을 되찾았다.

"진짜 순례는 멀리 가는 것이 아니라, 자기 안으로 깊이 들어가는 일이다."
– 『연금술사』

마드리드의 속도 속에서 나는 세상의 질서를 보았고, 톨레도의 기억 속에서 나는 내 안의 질서를 만났다. 도시는 두 개였지만, 순례는 하나였다. 그 길 위에서 나는 깨달았다. 건축은 인간이 쌓은 벽이 아니라, 시간이 인간에게 들려주는 가장 오래된 이야기라는 것을.

### 길 위의 인연, 마드리드의 밤

순례길을 걷다 보면 발걸음만큼이나 많은 인연이 스쳐 간다. 국적도, 언어도 다르지만, 같은 길을 걷는다는 사실 하나만으로 우리는 금세 대화를 나누게 된다. 그중에서도 마드리드에서 온 한 남성과 건축가인 여성 순례자와 나눈 대화가 오래 기억에 남는다. 그들은 도시의 구조와 빛에 대해, 그리고 길 위에서 건축이 어떻게 사람의 마음을 품을 수 있는지 이야기했다. 순례길이 단순한 여정이 아니라 '사람을 짓는 시간'이라는 생각이 그때 처음 들었다.

길 위에서는 또 다른 인연들도 이어졌다. 순례자는 아니었지만, 예전에 코미야스의 엘 카프리초 건물 인근에서 만났던 마드리드의 두 여성—이베리아 항공 승무원인 이레네와 마달리나—가 생각났다. 그들이 "마드리드에 오면 꼭 보자."라고 했던 약속이 떠올라 연락했다.

마드리드에 도착한 그날 밤 우리는 마드리드의 바르에서 다시 마주 앉았다. 와인잔 사이로 한국 이야기와 BTS 등 K-POP에 대한 대화가 이어졌다. 그들의 눈빛 속에는 음악과 문화가 만든 공감이 있었다.

늦은 밤, 거리의 불빛이 바르의 창문에 번지고, 웃음소리가 흩어졌다. 그날 마드리드의 밤은 낯선 도시의 풍경이 아니라, 서로의 이야기가 얽히며 만들어낸 따뜻한 기억의 공간이었다.

순례길에서 함께 걸었던 인연들이 산티아고 대성당 앞에서 다시 모였다. 길의 끝에서 우리는 한잔의 맥주로 여정의 기억을 나누며, 서로의 완주를 축하했다.

코미야스에서 우연히 만났던 마드리드의 두 여성과 다시 마주한 날. 길 위의 인연이 도시에 닿아, 따뜻한 저녁 한 끼로 이어졌다.

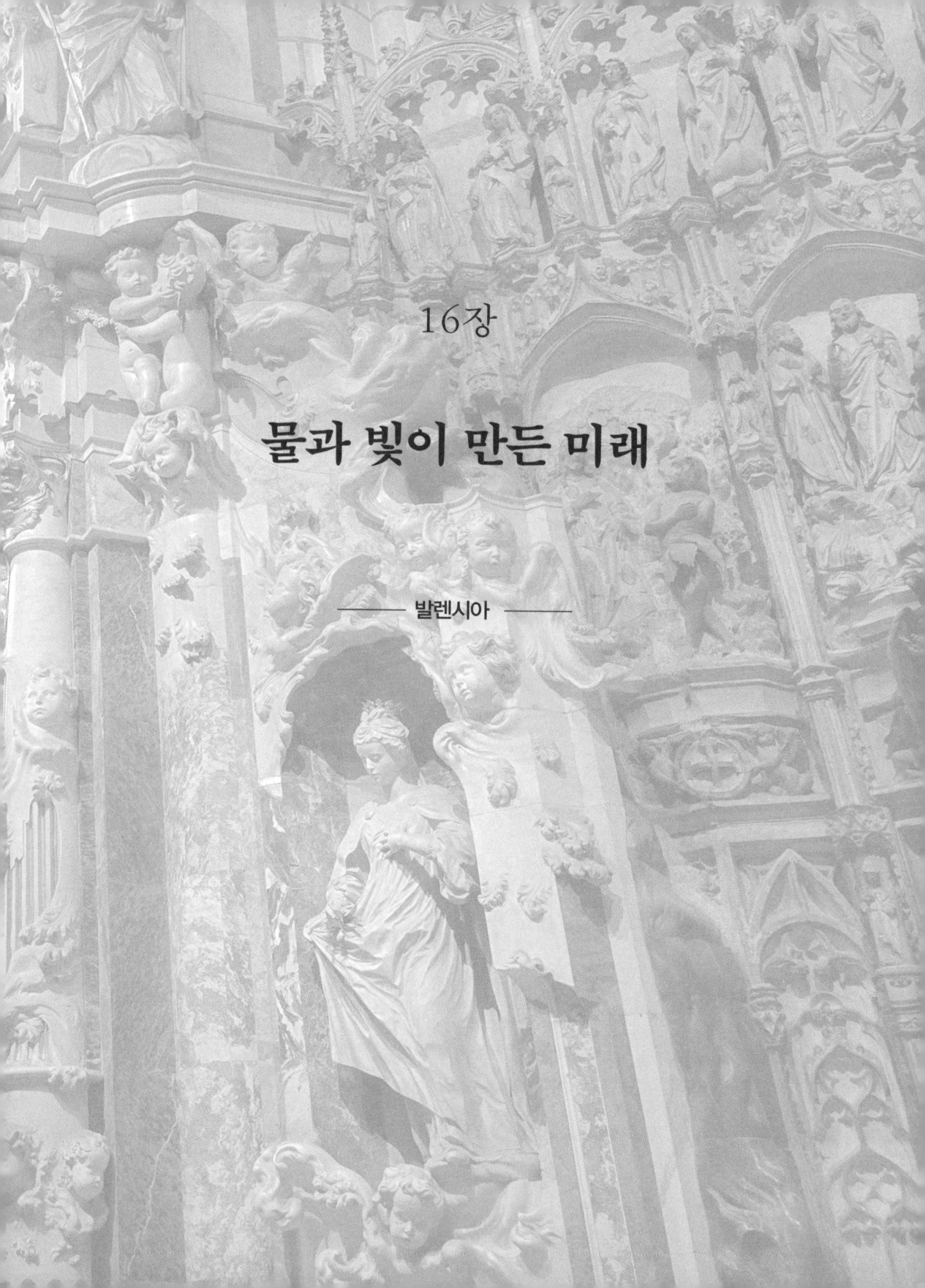

# 16장

# 물과 빛이 만든 미래

― 발렌시아 ―

# 1
## 새로운 차원의 도시 경험

고속철도 AVE가 라만차의 평원을 가르며 남하할 때, 창밖으로 스쳐 지나가는 풍차의 실루엣이 순례의 속도를 떠올리게 했다. 발렌시아(Valencia)는 스페인 제3의 도시이자 지중해 연안의 대표적인 항구도시다. 하지만 우리가 경험한 발렌시아는 단순히 '큰 도시'가 아니었다. 이곳에서의 하루는 짧았지만 선명했다.

이 도시는 예술과 생태, 도시와 자연, 과거와 미래의 경계가 느슨했다. 마드리드가 전통적인 유럽 대도시의 품격을 보여준다면 발렌시아는 21세기형 지중해 도시의 새로운 가능성을 제시하고 있었다.

# 2
## 투리아 정원
### - 강이 공원이 된 기적

발렌시아에서 가장 먼저 찾아간 곳은 투리아 정원(Jardín del Turia)이었다. 투리아 강(Río Turia)은 한때 발렌시아를 관통하며 흐르던 강이다. 하지만 1957년 대홍수로 도시가 잠기자, 사람들은 강줄기를 남쪽으로 돌리고 그 자리를 거대한 선형 공원으로 바꾸었다. 이것이 투리아 정원이다.

이는 20세기 도시 계획사에서 매우 혁신적인 사례였다. 보통은 강을 복개하고 그 위에 도로나 건물을 짓는데 발렌시아는 9km에 달하는 거대한 공원을 만들었다. 이 공원은 도시를 동서로 가르는 것이 아니라 오히려 연결하는 역할을 한다. 강의 상처를 숨기지 않고, 그대로 도시의 심장으로 되살린 공간이었다.

우리는 서쪽 끝에서 동쪽 끝까지 길게 이어진 9km의 공원을 걸었다. 하지만 이 공원을 걷는 것은 순례길을 걷는 것과는 완전히 달랐다. 순례길에서는 앞으로만 가면 되었다. 목표가 명확했고 길도 분명했다. 하지만 투리아 정원에서는 수시로 옆길로 빠져서 다양한 공간들을 탐험할 수 있었다. 어린이 놀이터, 운동시설, 야외 극장, 박물관. 흙 냄새와 오렌지 향이 섞인 공기 속에서, 도시는 기술보다 사람의 리듬으로 호흡하고 있었다.

투리아 정원은 9km에 걸쳐 다양한 문화·여가 시설이 조성된 선형 공원이다.
*출처 : 발렌시아 시 관광청 웹사이트 "Ruta del Jardín del Turia"

이곳은 사람과 사람, 사람과 도시가 공존하는 방식이 '설계'가 아니라 '배려'에서 출발한 듯했다. 이런 공간을 만들기 위해서는 단순히 나무를 심고 벤치를 놓는 것만으로는 안 된다. 사람들이 어떻게 살고 있는지 무엇을 필요로 하는지를 세심하게 관찰하고 이해해야 한다.

서울의 청계천이 '도심 재생'을 보여준다면, 발렌시아의 투리아 정원은 '상처의 치유'였다. 자연과 인간, 시간과 상처가 하나의 흐름으로 이어지는 도시라고 할까.

## 3
## 과학예술도시
### - 미래에서 온 조각들

투리아 정원의 동쪽 끝에 도달했을 때 갑자기 다른 행성에 온 것 같은 기분이 들었다. 거기에는 과학예술도시(Ciutat de les Arts i les Ciències)가 있었다. 산티아고 칼라트라바(Santiago Calatrava)와 펠릭스 칸델라(Félix Candela)가 설계한 곡선형 건축물들이 거대한 인공 호수 위에 떠 있었다.

순례길에서 본 것은 주로 중세 건축물들이었다. 로마네스크, 고딕 성당들, 수도원들, 전통적인 마을들. 모두 돌과 나무, 벽돌 같은 전통적인 재료로 만들어진 시간의 무게를 느낄 수 있는 건축들이었다.

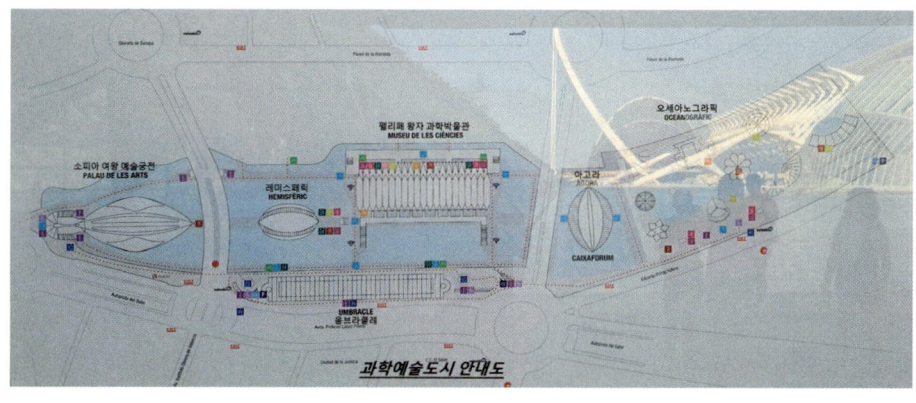

과학예술도시는 예술궁전, 레미스페릭, 과학박물관, 아고라, 오세아노그라픽 등으로 구성된 복합 문화단지다.

반면 여기서는 완전히 다른 세계를 만났다. 하얀 콘크리트와 철골, 유리로 만들어진 유기적인 형태들이 마치 미래에서 온 조각처럼 도시 위에 떠 있었다. 처음에는 당황스러웠다. 너무 인위적이고 너무 미래적이어서 현실감이 없었다. 하지만 시간이 지나면서 이 건축물들이 가진 나름의 논리와 아름다움이 보이기 시작했다.

산티아고 칼라트라바가 설계한 이 복합단지는 마치 도시가 꿈꾸던 미래를 현실로 꺼내놓은 듯했다. 레미스페릭(L'Hemisfèric)은 거대한 눈을 닮았고, 펠리페 왕자 과학박물관은 고래의 뼈대를 닮았으며, 소피아 여왕 예술궁전은 조개껍질처럼 바다의 빛을 머금고 있었다. 건축이 자연을 모방한 것이 아니라, 자연의 원리를 건축의 언어로 번역한 순간이었다.

자연의 형태에서 영감을 받은 발렌시아 과학예술도시는, 빛과 물, 구조가 하나의 생명처럼 호흡한다.

석양빛이 건축물의 곡선을 따라 퍼지며, 물 위로 금빛 반사광이 번진다. 산티아고 칼라트라바의 역동적인 구조미가 따뜻한 저녁 햇살과 어우러져 도시 전체가 하나의 예술 작품처럼 빛난다.

"자연과 기술, 역사와 상상. 도시도 이제 이 모든 걸 동시에 말할 수 있어야 하지 않을까?"

순례길에서 본 중세 건축과 여기서 본 현대 건축이 전혀 다른 언어로 이야기하고 있지만 결국 추구하는 것은 같을지도 모른다는 생각이 들었다. 인간의 영혼을 움직이고 더 나은 삶을 상상하게 만드는 것.

해가 질 무렵 과학예술도시는 건축물들이 거대한 인공 호수에 비쳐서 마치 두 배로 늘어난 것 같았다. 그리고 석양이 비쳐 지면서 환상적인 분위기가 연출되었다.

〔건축가의 시선 16〕

# 과학예술도시
# – 물과 빛의 도시 무대

## 1. 구조가 곧 표현 – 칼라트라바의 건축 철학

산티아고 칼라트라바는 건축가이면서 동시에 구조엔지니어 그리고 조각가다. 이런 다면적 정체성이 과학예술도시의 독특한 캐릭터를 만들어냈다.

일반적인 건축에서는 구조를 숨기고 마감재로 덮는다. 하지만 칼라트라바는 구조 자체를 건축의 주인공으로 내세운다. 장력과 압축, 리브와 케이블이 표피가 된다. "마감으로 가리는 건축"의 반대편에서 구조미학이 도시의 아이덴티티를 만든다.

이는 서울의 DDP(동대문디자인플라자), 부산의 영화의 전당에서도 느낄 수 있는 흐름이다. 두 공간 모두 '형태'보다 '구조'로 감동을 만든다. 하지만 칼라트라바의 건축은 한 발 더 나아가 있다. 그는 구조를 숨기지 않고, 도시의 얼굴로 내세운다.

특히 19세기 말 에펠탑에서 시작된 '구조 표현주의'의 21세기적 진화라고 할 수 있다.

기능적 구조가 곧 조형이 되는 이 형태는 산티아고 칼라트라바가 추구한 '엔지니어링의 예술화'를 보여준다. 힘의 흐름이 곧 미학이 되고, 구조가 바로 건축의 언어가 된다.

하지만 에펠탑이 철골 구조의 기능적 아름다움을 보여주었다면 칼라트라바는 구조가 조각적 예술성과 만날 수 있음을 증명하고 있다.

## 2. 자연에서 영감을 받은 유기적 형태

칼라트라바의 건축물들이 미래적이면서도 친근하게 느껴지는 이유는 자연의 형태에서 영감을 받았기 때문이다.

- 레미스페릭: 인간의 눈 → '보는 행위'의 건축적 은유(눈꺼풀 같은 쉘)
- 펠리페 왕자 과학박물관: 고래의 뼈대 → 반복과 간격의 리듬
- 소피아 여왕 예술궁전: 조개껍데기/투구 → 보호·포용의 캐노피, 음향과 형상의 일치

이런 생체모방(biomimetic) 접근은 단순한 형태 차용이 아니라 자연의 구조적 효율성과 아름다움을 건축적으로 번역한 것이다. 현대 건축에서 생체모방학은 중요한 설계 방법론으로 자리 잡고 있다. 자연의 수억 년간 진화 과정에서 검증된 구조적 해법들을 건축에 적용하면 효율성과 지속가능성을 동시에 확보할 수 있기 때문이다.

## 3. 물과 빛의 건축학

해 질 녘, 과학예술도시의 물 위로 석양이 번졌다. 건축물들이 거울처럼 반사되어 도시는 마치 두 겹으로 겹쳐진 듯 빛났다. 빛이 움직이고, 물이 춤을 추고 있었다.

과학예술도시 전체를 관통하는 디자인 철학은 '물과 빛'이다. 거대한 인공 호수는 단

유리와 콘크리트 위로 햇빛이 부서지고, 수면은 그 빛을 다시 건축으로 반사한다. 물과 빛이 만나며 공간은 경계를 잃고, 하나의 유려한 장면이 된다.

순한 장식적 요소가 아니라 건축물들과 유기적으로 결합된 핵심 요소다.

**물의 효과**
- 건축물들이 물에 반사되어 시각적 볼륨이 두 배로 증가
- 바람에 의해 수면이 움직이면서 건축물의 반영도 살아 있게 변화
- 물의 증발로 인한 미세한 습도 조절 효과

**빛의 연출**
- 낮에는 태양광이 흰색 건축물에서 반사되어 눈부신 효과
- 밤에는 인공조명이 물과 건축물을 동시에 비춰 환상적 분위기 연출
- 계절과 시간에 따라 변하는 빛의 각도가 건축물의 표정을 바꿈

이는 르 코르뷔지에가 "건축은 빛 아래에서의 매스의 현명하고 올바르고 장엄한 유희"라 정의한 것을 21세기적으로 재해석한 것이다.

### 4. 기능과 상징의 이중주

교육(과학박물관), 예술(오페라 하우스), 오락(IMAX 영화관), 집회(아고라)가 다층적인 프로그램을 구성한다. 각각은 확실한 기능을 수행하면서 동시에 지식·관람·포용 같은 상징을 건다. 그래서 단지는 '건물들의 모음'이 아니라 도시적 장치가 된다.

해를 마주한 거대한 눈동자처럼, 레미스페릭은 도시의 시선을 담아낸다. 빛과 곡선이 만들어낸 이 공간은 과학과 예술, 그리고 자연이 만나는 지점이다.

레미스페릭(IMAX 영화관)
- 기능: 시청각 교육 시설
- 상징: 지식을 보는 눈, 미래를 내다보는 시선

과학박물관
- 기능: 체험형 과학 전시관
- 상징: 지식의 뼈대, 학습의 구조

거대한 생명체의 뼈대를 닮은 구조 속에 과학의 질서가 숨 쉰다. 펠리페 왕자 과학박물관은 자연의 논리를 건축으로 번역한 발렌시아의 상징이다.

오페라 하우스
- 기능: 공연 예술 공간
- 상징: 예술을 품는 조개, 소리를 증폭시키는 구조

이런 기능과 상징의 이중성이 각 건축물을 단순한 기능적 컨테이너가 아니라 의미를 가진 조형물로 만든다.

유려한 곡선이 하늘을 가르며 솟아오른다. 소피아 여왕 예술궁전은 음악과 예술, 그리고 건축이 한 몸처럼 어우러진 거대한 조각이다.

## 5. 도시 스케일에서의 역할

과학예술도시는 단일 건축물이 아니라 도시적 스케일의 복합 단지다. 이는 현대 도시에서 대규모 문화시설이 어떤 역할을 해야 하는지에 대한 하나의 답안이기도 하다.

이 프로젝트는 발렌시아 동쪽 지역을 완전히 바꿔놓았다. 원래는 공업지역이었던 곳이 문화·관광·교육의 중심지로 탈바꿈했다. 이는 건축이 단순히 공간을 만드는 것이 아니라 도시의 미래를 설계할 수 있음을 보여준다. 이런 '랜드마크 효과'는 프랭크 게리의 빌바오 구겐하임과 함께 21세기 도시 재생의 대표적 모델이 되고 있다.

## 6. 균형 있는 평가

발렌시아 과학예술도시는 21세기 건축기술의 잠재력을 과감하게 실험한 대표적 사례로 평가된다. 구조공학, 재료, 디자인의 경계를 넘나들며 예술과 과학, 문화와 교육을 통합하는 새로운 도시 프로그램을 제시했다는 점에서 높은 혁신성을 지닌다. 또한 홍수 피해로 버려졌던 강변을 문화공간으로 재생시켜, 도시 재생의 성공 모델로 자리매김했다.

빛과 그림자가 교차하는 그늘의 정원, 움브라클레. 식물과 구조가 함께 호흡하며, 자연과 도시가 잠시 숨을 고르는 공간이다.

날카로운 선과 휘어진 면이 맞물리며 하늘로 치솟는다. 아고라는 예술과 스포츠, 그리고 도시의 에너지가 교차하는 현대적 광장이다.

그러나 그 화려한 성취 뒤에는 몇 가지 한계도 존재한다. 우선, 초대형 구조물의 설계와 시공 과정에서 막대한 건설비와 유지관리비가 소요되었으며, 이는 지속가능성 측면에서 논란이 되고 있다. 또한, 형태적 실험에 치중한 나머지 발렌시아 지역의 전통적 건축 맥락과 연속성이 약하다는 지적이 있다. 더불어, 공간의 활용이 주로 관광객 중심으로 이루어지면서 젠트리피케이션과 지역 공동체의 소외가 우려된다.

이 프로젝트의 핵심은 '형태의 지속이 아니라, 운영의 지속'에 있다. 즉, 조형적 과시보다 중요한 것은 콘텐츠와 프로그램, 그리고 일상적 운영이 형태를 살아 있는 장치로 유지시키는 전략이다. 건축이 단순한 상징적 기념물로 머무르지 않고, 시민의 일상 속에서 끊임없이 재해석될 때 비로소 이 도시는 미래의 실험실이 아니라 현재의 삶으로 기능하는 지속가능한 공간이 된다.

### 7. 건축사적 의의

발렌시아의 과학예술도시는 포스트모던 이후 건축이 나아갈 새로운 방향을 제시한 21세기 초의 중요한 이정표다.

칼라트라바는 첨단 구조공학과 조형미학을 결합해, 기술과 예술의 융합을 건축 언어로 구현했다. 그의 작업은 과학기술을 단순한 도구가 아닌 미적 표현의 매개체로 확장시킨 점에서 의의가 크다. 또한 이 프로젝트는 과학, 문화, 교육, 오락이 하나의 도시적 연속체로 연결된 복합 프로그램의 혁신을 보여준다. 전통적인 기능 분류를 넘어, 도시 전체를 '체험의 무대'로 확장시킨 것이다.

무엇보다 과학예술도시는 건축이 도시의 배경이 아니라 도시 발전의 주체로 작동할 수 있음을 증명했다. 홍수 피해로 버려졌던 강변이 재생의 중심축이 되었듯, 건축은 도시를 꾸미는 대상이 아니라 도시를 변화시키는 동력이 되었다.

모든 실험이 완벽히 성공한 것은 아니지만 이 프로젝트는 혁신·융합·지속가능성·사회적 기여라는 21세기 건축의 핵심

바다의 파도를 형상화한 유려한 곡선 속으로 햇빛이 스며든다.
오세아노그라픽은 물과 생명의 이야기를 건축으로 풀어낸 거대한 해양의 성전이다.

가치를 구체적으로 탐구한 실험이었다. 따라서 과학예술도시는 기술이 인간의 상상력을 확장할 수 있음을 증명한 건축사적 전환점으로 평가된다.

[ 순례자의 단상 ]

    과학예술 도시의 곡선 아래 서서 나는 무의식적으로 하늘을 올려다봤다. 하얀 철골의 리듬이 구름 사이를 따라 올라가며 하늘과 맞닿아 있었다. 돌로 만든 성당에서 신을 느꼈다면, 이곳에서는 인간의 손끝이 만든 신성함이 느껴졌다. 건축은 더 이상 신을 향한 기도문이 아니라, 인간의 기억과 기술로 쓰는 새로운 언어였다. 도시는 아직 완성되지 않은 성당처럼, 지금, 이 순간에도 조금씩 자라나고 있었다.

# 17장

# 신의 곡선을 완성한 인간, 가우디

— 바르셀로나 —

# 1
## 지중해의 문화 수도에 도착하다

하늘을 향해 솟은 탑과 정교한 석조의 결이 숨을 멈추게 한다. 사그라다 파밀리아, 그 경이로운 첫 만남은 신의 의지와 인간의 손끝이 맞닿은 순간이었다.

발렌시아에서 바르셀로나로 향하는 버스 창밖으로 지중해의 푸른빛이 끝없이 이어졌다. 3시간의 여행을 마치고 바르셀로나 노르드(Bus Terminal Nord)에 도착했을 때 이 도시는 마드리드나 발렌시아와는 또 다른 에너지를 발산하고 있었다.

바르셀로나는 다른 도시들과 달랐다. 마드리드가 스페인의 정치적 수도라면 바르셀로나는 문화적 수도였다. 이곳은 도시 전체가 건축의 실험장이자 예술의 거리였고 그 중심에는 안토니 가우디(Antoni Gaudí, 1852~1926)가 있었다.

터미널에서 시내 중심가로 걸어가면서 가장 먼저 느낀 것은 이 도시만의 독특한 분위기였다. 카탈루냐어로 쓰인 간판들, 거리 곳곳에서 만나는 모더니스모(Modernisme) 건축물들, 그리고 무엇보다 멀리서도 보이는 사그라다 파밀리아의 첨탑들.

## 2
## 사그라다 파밀리아
### - 신의 건축가가 그린 꿈

**첫 만남의 경이로움**

호텔에서 걸어 사그라다 파밀리아(Basílica de la Sagrada Família)로 향했다. 골목을 돌아서는 순간, 그 거대한 실루엣이 시야에 들어왔다. 끝없이 솟아오르는 첨탑들은 하늘을 향해 자라나는 거대한 나무 같았고 정면의 탄생 파사드는 마치 살아 있는 생명체처럼 꿈틀거리는 듯했다. 석재로 만들어졌지만, 돌의 무거움이 전혀 느껴지지 않았다. 오히려 바람에 흔들리는 밀 이삭처럼 유연하고 생동감 넘쳤다.

"이게 정말 교회야?"

안토니 가우디는 "직선은 인간의 것이고 곡선은 신의 것이다."라고 말했다. 그의 말처럼, 곡선은 생명과 닮아 있었다. 사그라다 파밀리아를 보면서 이 말의 의미를 온몸으로 이해할 수 있었다. 건축물 어디에서도 완벽한 직선이나 직각을 찾을 수 없었다. 모든 선은 살아 있는 곡선이었고 모든 면은 숨 쉬는 곡면이었다. 부드럽고 불완전하며, 끊임없이 이어지는 형태. 그의 건축은 완성을 향한 경쟁이 아니라 지속되는 생명의 리듬이었다.

### 탄생 파사드 - 생명의 찬가

우리가 가장 먼저 만난 것은 세 개의 파사드 중 탄생 파사드였다. 가우디가 직접 설계하고 감독한 유일한 완성된 파사드이기도 하다. 예수의 탄생과 어린 시절을 주제로 한 이 파사드는 말 그대로 생명의 축제였다.

돌에 새겨진 포도덩굴, 감람나무, 백합, 장미. 지중해 지역의 토착 식물들이 성서의 이야기와 얽혀 있었다. 새들이 지저귀는 모습, 거북이가 기둥을 받치고 있는 모습, 양들이 평화롭게 누워있는 모습까지. 이는 단순한 장식이 아니라 '신의 창조물들이 모두 함께 예수의 탄생을 축하한다.'라는 가우디의 신학적 메시지였다.

순례길에서 본 로마네스크나 고딕 성당들의 조각은 대부분 상징적이고 추상적이었다. 하지만 가우디의 조각은 사실적이면서도 환상적이었다. 실제 식물을 본뜬 듯 정교하면서도 현실에서는 볼 수 없는 신비로운 아름다움을 지니고 있었다.

### 수난 파사드 - 고통의 기하학

건축물을 돌아 반대편으로 가면 완전히 다른 분위기의 수난 파사드를 만난다. 예수의 고난과 십자가 처형을 주제로 한 이 파사드는 조각가 조제프 마리아 수비라크스(Josep Maria Subirachs)가 1986년부터 작업한 것이다.

탄생 파사드의 곡선적이고 생명력 넘치는 조각들과는 대조적으로 수난 파사드는 직선적이고 각진 형태들로 이루어져 있다. 해골

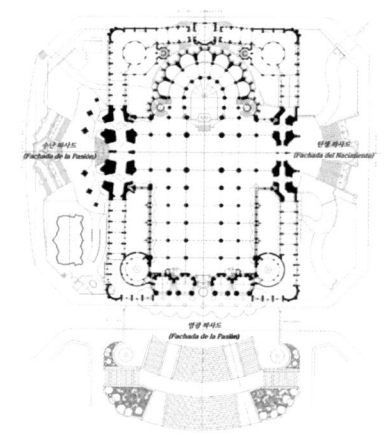

사그라다 파밀리아의 평면은 라틴 십자가형 구조로, 신앙의 상징성과 공간의 질서를 동시에 담고 있다. 세 개의 주요 파사드—탄생 파사드(Fachada del Nacimiento), 수난 파사드(Fachada de la Pasión), 영광 파사드(Fachada de la Gloria)—는 각각 예수의 생애를 이야기하며, 성당 전체를 하나의 신앙 서사로 완성한다.
*도면 출처 : ArchDaily의 "AD Classics: La Sagrada Familia / Antoni Gaudí"

같은 발코니, 뼈처럼 앙상한 기둥들, 그리고 예수의 고난 과정을 담담하게 묘사한 조각들.

수비라크스의 조각 스타일은 가우디의 그것과는 완전히 달랐다. 처음에는 많은 비판을 받았지만, 지금은 나름의 의미를 인정받고 있다. 같은 주제(예수의 생애)를 다루면서도 시대가 다르면 해석도 달라질 수 있다는 것을 보여주는 사례다.

이는 사그라다 파밀리아의 독특한 점이기도 하다. 100년이 넘게 건설하는 동안 여러 건축가와 예술가들이 참여했지만, 전체적으로는 가우디의 큰 틀을 벗어나지 않으면서도 각자의 개성을 발휘했다. 마치 하나의 거대한 교향곡을 여러 지휘자가 연주하는 것 같은 느낌이었다.

### 내부 – 석재로 만든 숲

하지만 진짜 충격은 내부에 들어갔을 때였다. 문을 열고 들어서는 순간 우리는 다른 세계에 들어온 것 같은 기분이 들었다.

"건축은 구조 이전에 시(詩)야."

내부 공간에 들어서는 순간 탄성이 터져 나왔다. 순례길에서 본 수많은 교회 내부와는 완전히 달랐다. 여기는 교회가 아니라 신비로운 숲이었다. 높이 45m에 달하는 기둥들은 거대한 나무처럼 뻗어 올라가 천장 가까이에서는 나뭇가지처럼 갈라져서 복잡한 볼트 구조를 이루고 있었다. 이는 단순한 은유가 아니라 실제로 나무의 구조적 원리를 건축에 적용한 것이었다.

가우디는 자연을 관찰하면서 나무가 어떻게 자신의 무게를 지탱하는지, 어떻게 바람의 힘을 분산시키는지를 연구했다. 그리고 그 원리를 석재 구조에 적용해서 이 놀라운 공간을 만들어낸 것이다. 하지만 이 공간을 정말 특별하게 만드는 것은

거대한 기둥들이 나무처럼 뻗어 올라 천정을 이룬다. 가우디가 꿈꾼 성당의 내부는, 석재로 자라난 숲속에서 빛이 흘러내리는 신성한 공간이다.

빛이었다. 스테인드글라스를 통과해 들어오는 빛은 색을 입고 기둥들 사이로 스며들면서 마치 숲속의 햇살 같은 효과를 만들어냈다.

가우디는 동쪽(탄생 파사드 쪽) 창문에는 차가운 푸른색 계열의 유리를, 서쪽(수난 파사드 쪽) 창문에는 따뜻한 주황색 계열의 유리를 사용했다. 그래서 아침에는 희망의 푸른 빛이 저녁에는 고난의 붉은 빛이 성당 내부를 물들인다. 우리가 방문한 것은 오후 5시경이었는데 서쪽 창문으로 들어오는 따뜻한 빛이 기둥들을 비추며 환상적인 분위기를 연출하고 있었다. 1시간 정도 그 공간에 머물면서 우리는 성스러움과 생명감이 동시에 느껴지는 독특한 경험을 했다.

음향 효과 또한 놀라웠다. 일반적인 고딕 성당에서는 목소리가 길게 울려 퍼지면서 신비로운 분위기를 만든다. 하지만 사그라다 파밀리아에서는 소리가 마치 숲속에서처럼 부드럽게 흡수되고 확산하였다. 이 역시 가우디의 의도된 설계였다. 나무 기둥들의 복잡한 분기 구조가 음향적으로도 숲의 효과를 재현하고 있었다. 여기서는 웅장한 울림보다는 친밀하고 따뜻한 소통이 가능했다.

가우디는 빛으로 성당의 시간을 그렸다. 서쪽은 저녁의 따스함으로, 동쪽은 새벽의 푸름으로 물들어ㅡ 사그라다 파밀리아는 하루의 순환을 유리빛으로 품는다.

### 건설 현장이면서 예술 작품

사그라다 파밀리아의 또 다른 특징은 아직도 건설이 진행 중이라는 점이다. 1882년에 시작되어 140년이 넘게 공사가 계속되고 있고 완공 예정일은 2026년(가우디 사망 100주년)이라고 하는데 뜻하지 않은 코로나 창궐로 공사가 중단되어 아마도 몇 년은 더 걸려야 완성되리라 판단되었다.

살아 있는 건축 건축물 외부에서는 아직도 크레인이 돌아가고 석공들이 작업하는 소리가 들린다. 이런 상황이 어떤 이들에게는 불편할 수도 있다. 하지만 우리에게는 오히려 감동적이었다. 이 건물은 박물관이 아니라 살아있는 건축이었다. 과거의 유물이 아니라 현재진행형의 창조 행위였다.

### 현대 기술과 전통 기법의 만남

흥미로운 것은 건설 과정에서 최신 기술이 적극 활용되고 있다는 점이다. 3D 모델링, 컴퓨터 시뮬레이션, 로봇 절삭기 등이 가우디의 복잡한 곡면들을 정확하게 구현하

끝나지 않은 창조의 현장, 여전히 자라고 있는 성당. 사그라다 파밀리아는 지금도 시간과 인간의 손에 의해 완성되어 가는 '살아 있는 건축'이다.

는 데 사용되고 있다. 가우디 시대에는 불가능했던 정밀도로 그의 설계 의도가 실현되고 있다. 역설적으로 100년 전 가우디의 미래를 향한 상상력이 21세기 기술을 통해서야 완전히 구현되고 있는 셈이다.

---

## 3
## 카사 바트요
### - 용의 집에서 만난 환상

---

사그라다 파밀리아에서 충분히 감동받았다고 생각했는데 다음 날 만난 카사 바

트요(Casa Batlló)는 또 다른 차원의 놀라움을 선사했다. 바르셀로나 중심가 패세이 그 드 그라시아(Passeig de Gràcia) 거리에 있는 이 건축물은 가우디가 1904~1906년에 걸쳐 리모델링한 주택이다.

### 용과 공주의 이야기

멀리서 봤을 때부터 이 건물은 남달랐다. 건물 전체가 마치 용의 등처럼 곡선으로 구성되어 있었고 발코니들은 해골 같은 모양이었다. 기둥들은 뼈를 닮았고 창문들은 가면을 쓴 얼굴 같았다.

### 카탈루냐 전설의 건축적 해석

가우디는 카탈루냐의 수호성인인 성 조르디(Sant Jordi)와 용의 전설에서 영감을 받았다고 한다. 건물의 지붕은 용의 등을, 십자가가 꽃힌 탑은 성 조르디의 창을, 발코니의 철제 난간은 용에게 잡아먹힌 희생자들의 해골을 상징한다는 해석이 있다.

하지만 실제로 건축물을 보면 단순한 선악 구조가 아니라는 것을 알 수 있다. 무서운 용의 이미지와 아름다운 공주의 이미지가 하나의 건축물 안에 공존하고 있다. 이는 삶의 복잡성과 다면성을 표현한 가우디의 철학이라고 할 수 있다.

해 뜰 무렵의 빛이 건물 외벽의 유리와 세라믹 조각 위로 물결친다. 카사 바트요는 자연의 곡선과 색채로 노래하는, 바르셀로나의 가장 시적인 건축이다.

건물 내부에 들어가면 완전히 다른 세계가 펼쳐진다. 천장과 벽면이 모두 물결치는 곡면으로 이루어져 있어서 마치 바닷속 동굴에 들어온 것 같은 기분이 든다.

### 빛의 계산된 연출

가장 인상적인 것은 중앙 계단실이었다. 아래층은 짙은 파란색 타일 위로 올라갈수록 점점 밝은 색의 타일로 마감되어 있다. 이는 바다의 깊이에 따른 빛의 변화를 표현한 것이다. 천창으로 들어오는 자연광이 이 파란색 타일들을 비추면서 정말로 바닷속에 들어온 듯한 신비로운 분위기를 만들어낸다.

### 기능과 미학의 완벽한 결합

놀라운 것은 이 모든 환상적인 형태들이 단순한 장식이 아니라는 점이다. 곡면 천장은 음향 효과를 개선하고 특별한 창문 설계는 채광과 환기를 최적화한다. 손잡이 하나 문고리 하나까지도 인체공학적으로 설계되어 있다.

가우디는 말했다.

"예술가는 아름다움을 추구해야 하지만, 건축가는 아름답고 유용한 것을 만들어야 한다"라고.

카사 바트요는 이 철학의 완벽한 구현체였다.

### 옥상 - 용의 등에서 바라본 바르셀로나

건물 탐방의 절정은 옥상이었다. 색색의 모자이크로 장식된 용의 등 같은 지붕 위에 서면 바르셀로나 시내가 한눈에 내려다보인다. 굴뚝들도 하나하나가 조각 작품 같았다. 깨진 타일과 도자기 조각들을 이용한 모자이크 기법(트렌카디스,

Trencadís)으로 장식된 이 굴뚝들은 기능적 필요에서 출발했지만 예술 작품으로 승화되었다.

### 순환의 철학

가우디는 버려진 재료들을 예술로 재탄생시키는 것을 좋아했다. 깨진 도자기, 폐기된 타일, 사용하지 않는 병들까지도 그의 손을 거치면 아름다운 모자이크가 되었다. 이는 자연의 순환 원리를 건축에 적용한 것이기도 하다. 21세기의 지속 가능한 건축이 추구하는 가치들을 이미 100년 전에 실천하고 있었던 셈이다.

## 4
## 카사 밀라
### - 돌로 만든 파도

카사 바트요에서 몇 블록 떨어진 곳에는 또 다른 가우디의 걸작, 카사 밀라(Casa Milà)가 있다. 일명 '라 페드레라(La Pedrera, 채석장)'라고 불리는 이 건물은 1906~1912년에 건설된 아파트 건물이다.

### 자연을 닮은 건축

카사 밀라를 처음 마주한 순간, 말문이 막혔다. 바르셀로나의 대로 모퉁이에 서 있는 이 건물은 건축물이라기보다 거대한 암석 덩어리 같았다. 직선은 완전히 사라지고 바람이 불어와 돌을 깎아낸 듯한 곡선만이 남아 있었다.

### 파도의 리듬

건물의 파사드는 마치 바다의 파도가 석재로 굳어진 것 같았다. 창문들의 위치와 크기도 일정하지 않았다. 하지만 전체적으로는 완벽한 리듬감을 가지고 있었다. 이는 자연의 질서 – 규칙적이지 않지만 조화로운 – 를 건축에 적용한 결과였다. 발코니마다 설치된 철제 난간도 놀랍다. 덩굴처럼 뒤엉킨 이 난간들은 실제로는 매우 정밀한 계산으로 만들어진 것이다. 구조적 안전성을 확보하면서도 자연스러운 곡선을 유지하는 것은 고도의 기술이 필요한 작업이다.

파도처럼 굽이치는 석조 입면 위로 새벽이 움튼다. 카사 밀라는 자연의 흐름을 건축으로 형상화한, 가우디의 유기적 상상력이 집약된 작품이다.

### 혁신적인 구조 시스템

카사 밀라의 진정한 혁신은 외관보다는 구조에 있었다. 이 건물은 철근콘크리트 구조를 사용한 초기 사례 중 하나다. 기존의 조적식 구조에서 벗어나 골조식 구조를 채택함으로써 자유로운 평면을 구성할 수 있었다.

### 자유로운 평면과 입면

르 코르뷔지에(Le Corbusier)가 '근대건축의 5원칙' 중 하나로 제시한 '자유로운 평면(free plan)'과 '자유로운 입면(free facade)'을 가우디는 이미 1906년에 구현하고 있었다. 각층 마다 평면이 다르고 창문의 위치도 구조와 관계없이 자유롭게 배치되어 있다. 이런 혁신적 구조 시스템 덕분에 가우디는 기존 건축의 한계를 뛰어넘는 자유로운 형태를 구현할 수 있었다.

### 옥상의 조각 정원

카사 밀라 탐방의 하이라이트는 역시 옥상이었다. 굴뚝들과 계단 탑, 환기구들이 모두 초현실주의 조각 같은 형태로 디자인되어 있다. 이 기묘한 형태들은 모두 기능을 가지고 있다. 굴뚝은 연기를 배출하고 환기구는 지하실의 공기를 순환시키며 계단 탑은 옥상으로의 접근을 제공한다. 하지만 가우디는 이런 기능적 요소들을 예술 작품으로 승화시켰다. 어떤 굴뚝은 중세 기사의 투구를 닮았고 어떤 것은 추상 조각 같았다. 멀리서 보면 거대한 조각 정원 같고 가까이서 보면 각각이 독립적인 예술 작품 같았다.

바르셀로나 전망 옥상에서는 바르셀로나 시내가 360도로 펼쳐진다. 멀리 사그라다 파밀리아의 첨탑들도 보이고 지중해도 보인다. 가우디가 이 도시를 얼마나 사랑했는지 이 풍경을 얼마나 잘 이해했는지를 느낄 수 있는 순간이었다.

옥상 위의 굴뚝과 환기탑들은 마치 조각 작품처럼 서 있다. 가우디는 기능을 조형으로 승화시켜, 건축의 꼭대기마저 예술의 무대로 만들었다.

### 내부 공간의 유기적 흐름

카사 밀라의 내부 공간도 독특했다. 두 개의 원형 중정을 중심으로 아파트들이 배치되어 있는데 복도와 계단이 모두 곡선으로 이루어져 있다. 중정을 통해 모든 실내 공간에 자연광이 들어오도록 설계되어 있다. 특히 위층으로 갈수록 중정이 넓어지는 설계는 아래층에도 충분한 채광을 확보하기 위한 것이다. 이런 세심한 배려는 거주자의 삶의 질을 향상하는 동시에 에너지 효율성도 높이는 지속 가능한 설계였다.

하늘을 향해 열린 중정이 자연의 빛을 건물 깊숙이 끌어들인다. 카사 밀라의 내부는 곡선과 빛이 만들어낸 유기적 공간, 살아 있는 건축의 심장이다.

## 5
## 구엘 공원
### - 자연과 인공의 환상적 만남

바르셀로나에서의 셋째 날, 우리는 구엘 공원(Park Güell)을 찾았다. 시내 북쪽 언덕에 자리한 이곳은 원래 가우디가 설계한 주택단지 개발지였으나 상업적으로는 실패하고 말았다. 이후 바르셀로나 시가 매입해 오늘날과 같은 공원으로 조성되었다.

곡선 계단을 따라 내려서면, 현실과 환상이 맞닿은 장면이 펼쳐진다. 구엘 공원은 마치 동화 속으로 발을 들인 듯, 색과 형태가 살아 움직이는 세계다.

**동화 속으로 떨어진 기분**

공원 입구에 들어서자마자 우리는 동화 속 세계에 들어온 기분이 들었다. 헨젤과 그레텔에 나오는 과자 집을 연상시키는 두 개의 작은 건물이 우리를 맞이했다. 이 건축물들은 원래 공원 관리사무소와 경비실로 사용될 예정이었지만 지금은 기념품 가게와 전시장으로 사용되고 있다. 하지만 그 기능보다는 형태가 더 인상적이었다. 마치 버섯이나 동물을 닮은 지붕, 색색의 타일로 장식된 벽면들이 환상적인 분위기를 연출했다.

형형색색의 타일로 장식된 계단과 도마뱀 분수가 방문객을 맞이한다. 자연과 상징이 어우러진 이 공간에서 가우디의 상상력은 놀이처럼 자유롭다.

### 계단과 도마뱀 분수

공원의 상징적 존재는 계단 중앙에 있는 도마뱀(실제로는 도롱뇽) 분수다. 깨진 타일 조각들로 만든 모자이크로 장식된 이 도마뱀은 가우디 건축의 아이콘 중 하나가 되었다. 이 도마뱀은 단순한 장식이 아니다. 공원의 물 공급 시스템의 핵심 부분이다. 지하 저수조에서 올라오는 물이 도마뱀의 입을 통해 분출되면서 공원 전체에 물을 공급하는 역할을 한다. 기능과 미학, 상징성이 완벽하게 결합된 가우디 건축의 특징을 보여주는 대표적 사례다.

### 그리스 극장 - 지중해를 품은 광장

계단을 올라가면 '그리스 극장(Teatro Griego)'이라 불리는 넓은 광장이 나타난다. 사실 그리스 극장이라기보다는 거대한 원형 광장에 가깝다. 그리고 그 가장자리를 둘러싼 구불구불한 벤치가 이 공간의 백미다. 이 벤치는 총길이가 110m에 달하는 세계에서 가장 긴 공원 벤치로 기네스북에 등재되어 있다. 하지만 그보다 더 놀라운 것은 그 디자인이다. 벤치의 형태가 사람의 등과 엉덩이 곡선에 완벽하게 맞도록 설계되어 있다.

가우디는 실제로 벤치를 만들기 전에 사람들을 앉혀보고 석고로 본을 떠서 가장 편안한 형태를 찾아냈다고 한다. 이런 인체공학적 접근은 현대 산업디자인에서나 볼 수 있는 방법론이었다. 벤치의 표면은 가우디가 즐겨 사용한 '트렌카디스(Trencadís, 깨진 타일 모자이크) 기법'으로 장식되어 있다. 하지만 여기서는 가우디 자신이 아니라 그의 제자 조셉 마리아 유홀(Josep Maria Jujol)이 작업을 담당했다.

유홀은 가우디보다도 더 자유롭고 추상적인 패턴을 만들어냈다. 깨진 접시, 컵, 타일들이 만들어내는 추상적 패턴은 마치 추상표현주의 회화를 연상시킨다. 100

년 전에 이미 현대 미술의 감각을 선취하고 있었던 것이다.

이 광장에서는 바르셀로나 시내와 지중해가 한눈에 내려다보인다. 가우디는 이 뷰를 염두에 두고 광장을 설계했다. 벤치에 앉으면 자연스럽게 시야가 바다 쪽으로 향하도록 각도를 계산했다. 우리도 그 벤치에 앉아 한참을 바라보았다. 순례길의 끝에서 본 대서양과는 다른 지중해만의 부드러운 푸른빛이 마음을 차분하게 만들었다.

곡선의 벤치가 물결치듯 이어지는 그리스 극장은 사람과 빛, 바람이 머무는 열린 무대다.
여기서 구엘 공원은 도시와 자연, 그리고 인간의 자유를 함께 노래한다.

### 기둥의 숲 – 하이포 스타일 홀

광장 아래쪽에는 86개의 기둥이 지탱하는 거대한 홀이 있다. '하이포 스타일 홀(Hypostyle Hall)'이라 불리는 이 공간은 원래 시장으로 사용될 예정이었다. 기둥들은 일반적인 원기둥이 아니라 각각 조금씩 다른 형태를 가지고 있다. 어떤 것은 나무줄기를 닮았고 어떤 것은 종유석을 연상시킨다. 마치 지하 동굴이나 원시림에 들어온 것 같은 느낌이다.

천장도 평평하지 않다. 물결치는 곡면으로 이루어져 있어서 음향 효과가 뛰어나다. 여기서 작은 소리로 말해도 홀 전체에 울려 퍼진다. 놀라운 것은 이 기둥들이 단순한 구조체가 아니라는 점이다. 속이 비어 있어서 위쪽 광장에서 내리는 빗물이 기둥을 통해 지하 저수조로 흘러 들어간다. 그리고 그 물은 다시 도마뱀 분수를 통해 순환된다. 이런 정교한 물 순환 시스템은 지중해성 기후의 특성(겨울에 비가 집중, 여름에 건조)을 고려한 지속 가능한 설계였다.

### 산책로 - 자연과 건축의 대화

구엘 공원의 또 다른 매력은 곡선으로 이루어진 산책로들이다. 언덕의 자연 지형을 그대로 따라가면서 필요한 곳에만 최소한의 건축적 개입을 했다. 가장 인상적인 부분은 경사진 언덕을 가로지르는 석조 아케이드들이다. 이 아케이드들은 단순히 길을 만드는 것이 아니라 언덕의 안정성을 확보하는 옹벽 역할도 한다. 하지만 기능적 필요에서 출발한 구조물이 예술 작품이 되었다. 아치의 형태, 석재의 쌓임 방식, 빛과 그림자의 패턴 등 모든 것이 계산되고 설계된 아름다움이었다.

거대한 기둥들이 지탱하는 하이포스타일 홀의 천장은 반짝이는 모자이크로 장식되어 있다. 빛과 색이 흘러내리며, 자연의 에너지가 건축 속으로 스며든다.

가우디는 현지에서 채취한 자연석과 인공적으로 만든 콘크리트를 절묘하게 조화시켰다. 멀리서 보면 모두 자연석 같지만 가까이 가면 정교하게 계산된 인공 구조물임을 알 수 있다. 이런 기법은 자연을 파괴하지 않으면서도 인간의 필요를 충족시키는 방법을 제시한다. 21세기의 생태건축이 추구하는 가치를 이미 100년 전에 실험하고 있었다. 이렇듯 가우디에게 건축은 자연의 언어를 인간의 손으로 다시 쓰는 일이었다.

### 바르셀로나의 밤, 관광도시의 이면

바르셀로나는 인구 약 170만 명의 도시지만, 해마다 1,500만 명이 넘는 관광객이 찾는다. 그만큼 활기가 넘치지만, 동시에 관광지로서의 그늘도 드러난다.

사그라다 파밀리아의 야경을 보고 돌아오던 밤, 까탈루냐 광장 근처에서 젊은

자연의 암석을 닮은 기둥 아래로 산책길이 이어진다. 구엘 공원의 산책로는 인공과 자연의 경계를 지우며, 걷는 이의 시선을 부드럽게 이끈다.

자매를 만났다.

그들은 미국에 이민한 지 얼마 되지 않았고, 여행 중 들른 카페에서 소매치기를 당했다고 했다. 핸드백에는 여권과 현금, 카드가 모두 들어 있었다. 늦은 시각, 두 사람은 카페 주변의 쓰레기통을 뒤지며 가방의 흔적을 찾고 있었다.

근처 경찰서로 함께 이동해 분실 신고를 도와주었다. 경찰은 이곳에서 외국인 대상 소매치기 사건이 잦다고 말했다. 도시의 아름다움 뒤에는 이렇게 보이지 않는 일상적 사건들이 공존한다. 화려한 조명과 유려한 건축이 인상적인 바르셀로나의 밤이지만, 그 이면에는 관광도시가 안고 있는 현실—과밀, 범죄, 그리고 피로—이 고요히 자리하고 있었다.

〔 건축가의 시선 17 〕

# 사그라다 파밀리아
# - 미완의 대성당이 주는 건축적 교훈

### 1. 건축사적 위치와 의미

사그라다 파밀리아는 19세기 말~20세기 초 카탈루냐 지역에서 일어난 모더니스모(Modernisme) 운동의 정점이자 안토니 가우디 개인 건축 세계의 집약체다. 동시에 서구 기독교 건축사에서 고딕 이후 가장 혁신적인 성당 건축이기도 하다. 이 건축은 전통적인 가톨릭 성당의 기본 틀(라틴 크로스 평면, 서향 제대, 세 개의 파사드)을 유지하면서도 구조와 형태, 상징 체계에서는 완전히 새로운 언어를 구사한다. 이는 단순한 양식적 혁신을 넘어서 건축 자체에 대한 근본적 사유의 전환을 보여준다.

### 2. 자연모방학적 구조 시스템의 혁신

가우디의 가장 큰 업적은 자연의 구조적 원리를 건축에 적용한 것이다. 특히 사그라다 파밀리아에서 구현된 '수형(樹形) 구조 시스템'은 건축 구조사의 혁명적 성과다. 나무가 자신의 무게를 지탱하는 방식을 분석해서 기둥이 위로 올라가면서 분기하는 구조를 개발했다. 이는 하중을 효율적으로 분산시키면서도 기존 고딕 구조의 한계(플라잉 버트레스의 필요성)를 극복한다.

수학적으로는 쌍곡포물면(hyperbolic paraboloid), 쌍곡면(hyperboloid), 나선면(helicoid) 등 복잡한 곡면들을 조합해서 구조적 안정성과 공간적 아름다움을 동시에 확보했다. 석재는 압축력에 강하고 인장력에 약하다는 특성을 고려해서 모든 구조재가 압축력만 받도록 설계했다. 이를 위해 가우디는 '현수선 모형 (Catenary Model)' 실험을 통해 최적의 곡선을 찾아냈다.

### 3. 빛의 건축학 – 시간성과 신성의 공간화

사그라다 파밀리아에서 빛은 단순한 조명이 아니라 건축의 핵심 요소다. 가우디는 빛의 방향성, 색채, 강도를 정밀하게 계산해서 신학적 메시지를 공간화했다. 동쪽(탄생 파사드)에는 차가운 색 계열(청록색)의 스테인드글라스를 서쪽(수난 파사드)에는 따뜻한 색 계열(적황색)의 유리를 배치했다. 이는 예수의 생애(탄생→고난)를 하루의 리듬(아침→저녁)과 연결하는 시적 장치다.

공간에서 기둥들이 만드는 '석재 숲'은 중세 신학의 핵심 개념인 '자연을 통한 신의 계시'를 건축적으로 구현한다. 숲속 햇살 같은 빛의 효과는 신비주의적 종교 체험을 가능하게 한다.

### 4. 상징 체계의 복합성

사그라다 파밀리아의 상징 체계는 기독교 신학, 카탈루냐 민족주의, 자연철학이 복합적으로 결합되어 있다.

**세 파사드의 신학적 구조**
- 탄생 파사드: 희망의 신학 (식물, 동물 등 생명의 상징들)
- 수난 파사드: 고난의 신학 (기하학적, 추상적 형태)
- 영광 파사드: 종말론적 완성 (아직 건설 중)

이 삼분법은 전통적인 기독교 구원사와 일치하면서도 가우디 개인의 자연 신학적 해석이 가미되어 있다.

**18개 탑의 성서적 의미**

완공 시 총 18개의 탑이 건설될 예정인데 각각 예수(1), 성모 마리아(1), 4명의 복음사가(4), 12명의 사도(12)를 상징한다. 이는 신약성서의 주요 인물들을 건축적으로 현현(顯現)시키는 시도다.

## 5. 시간성과 건축 – 세대를 넘나드는 협업

사그라다 파밀리아의 독특함 중 하나는 140년이 넘는 건설 기간이다. 이는 중세 대성당의 전통을 현대에 되살린 것이기도 하다. 가우디는 전통적인 도면보다는 3차원 모형을 선호했다. 현재는 컴퓨터 시뮬레이션과 3D 프린팅 기술을 활용해서 가우디의 스케치를 구현하고 있다. 이는 건축 설계 방법론의 역사적 변천을 한 건물에서 관찰할 수 있는 흥미로운 사례다.

가우디 사후의 작업들은 단순한 모방이 아니라 그의 설계 철학에 대한 해석적 실천이다. 특히 조제프 마리아 수비라크스의 수난 파사드는 같은 주제(예수의 고난)를 현대적 조형 언어로 재해석한 성공적 사례다.

## 6. 현대 건축에 대한 함의

사그라다 파밀리아가 21세기 건축에 주는 교훈은 무엇인가? 자연 모방학적 접근은 현재 건축계의 핵심 화두인 지속가능성과 바이오미메틱스(biomimetics)를 선취하고 있다. 자연의 효율성을 학습해서 인공 환경에 적용하는 방법론은 여전히 유효하다.

카탈루냐의 지역적 특성(재료, 기후, 문화)을 깊이 탐구하면서도 보편적 가치(종교적 숭고함, 구조적 합리성)에 도달한 사례로 현재 건축계의 '글로컬라이제이션(Glocalization, 지역성과 세계성의 결합) 논의와 직접적으로 연결된다. 첨단 구조 기술과 전통 석공 기술, 컴퓨터 시뮬레이션과 수작업 조각이 한 건물에서 공존한다. 이는 기술과 인문학, 과학과 예술의 통합적 접근의 모범이다.

### 7. 비판적 고찰
사그라다 파밀리아에 대한 비판적 시각도 필요하다.

**과도한 장식성과 관광지화**

일부 건축비평가들은 가우디의 후기 작업이 과도하게 장식적이며 관광산업을 위한 스펙터클에 치우쳐 있다고 비판한다. 실제로 연간 300만 명이 넘는 관광객이 방문하면서 본래의 종교적 기능이 희석되는 면이 있다.

**개인 천재론의 한계**

가우디 개인의 천재성을 지나치게 강조하다 보니 당시의 사회문화적 맥락이나 협력자들의 기여가 상대적으로 저평가되는 경향이 있다. 건축은 개인의 작품이기보다는 집단적 창조 행위라는 점을 간과해서는 안 된다.

### 8. 결론 – 미완성의 완전함

사그라다 파밀리아는 '미완성'이지만 그 자체로 '완전'하다. 완성을 향해 계속 성장하는 과정 자체가 이 건축의 본질이기 때문이다. 현대 건축이 효율성과 경제성을 우선시하면서 잃어버린 가치들 – 시간에 대한 긴 호흡, 장인정신에 대한 존중, 상징과 의미에 대한 탐구 – 을 되돌아보게 만드는 건축이다. 동시에 21세기 건축이 나아갈 방향 – 생태적 지속가능성, 지역적 정체성, 기술과 예술의 융합 – 을 이미 100년 전에 제시하고 있는 예언자적 건축이기도 하다.

〔 순례자의 단상 〕

## 길은 끝나지 않는다

### 45일의 기록

바르셀로나에서 한국으로 돌아가는 비행기에 몸을 맡기며 지난 45일을 정리해 보았다.

- 35일간의 순례길: 828km(우회로를 포함한 실제 도보거리 1,050km), 매일 평균 30km
- 10일간의 건축 기행: 도보거리 183km (4개 도시, 수십 개의 건축물)

하지만 숫자로는 표현할 수 없는 것들이 더 많았다. 만났던 사람들과 나눈 대화들, 느낀 감동과 깨달음들.

### 걷는다는 것의 의미

45일 전만 해도 '걷기'는 그냥 이동 수단이었다. A 지점에서 B 지점으로 가는 방법의 하나일 뿐이었다. 하지만 이제는 안다. 걷기는 명상이고 순례이며 삶의 은유라는 것을.

순례길에서 배운 리듬 – 천천히, 꾸준히, 멈추지 않고 – 이 일상에서도 적용될 수 있다는 것을. 급할 필요도 서둘 필요도 없다. 중요한 것은 자신의 속도로 계속 전진하는 것.

### 공간을 읽는 새로운 눈

순례길을 걷는 동안, 매일 새로운 공간에서 잠을 자고 새로운 건축물을 만나면서 '공간을 읽는 능력'이 생겼다. 어떤 공간이 사람을 편안하게 하는지 어떤 건축물이 진정성을 가졌는지를 직감적으로 알 수 있게 되었다.

톨레도의 좁은 골목에서 느꼈던 시간 여행의 감각, 가우디 건축에서 경험한 자연과 인공의 조화, 레티로 공원에서 만난 도심 속 평화 등 이런 경험들이 앞으로 공간을 대하는 태도를 완전히 바꿔놓을 것 같았다.

### 건축이 주는 위로와 영감

45일간의 기행에서 큰 깨달음 중 하나는 건축이 주는 위로와 영감의 힘이었다. 순례길의 작은 시골 교회에서 느꼈던 평안함, 산티아고 대성당에서 받은 경외감, 사그라다 파밀리아에서 경험한 경이로움.

중세의 성당이든 21세기의 문화시설이든 진정한 건축은 시대를 초월하는 가치를 가지고 있다는 것을 알았다. 그것은 인간의 영혼을 움직이고 더 나은 삶을 꿈꾸게 만드는 힘이다. 가우디가 100년 전에 꿈꾼 미래가 지금 우리 앞에 서 있고 중세의 장인들이 쌓아 올린 돌들이 여전히 우리에게 감동을 준다. 이것이 바로 건축의 마법이다.

### 돌아가는 길에 생각한 것들

비행기 창밖으로 바르셀로나가 점점 작아지면서 앞으로 일상에서 이 경험을 어떻게 살려갈지를 생각했다. 이제 매일 아침 일어나서 사무실로 가는 길도 순례길이 될 수 있다는 것을 안다. 중요한 것은 어디를 걷느냐가 아니라 어떤 마음으로 걷느냐다.

주변의 건축물들을 새로운 시각으로 바라보고 공간이 주는 메시지를 읽으려 노력하고 사람들과 진정성 있는 만남을 만들어가는 것. 이 모든 것이 일상 속의 순례가 될 수 있다.

건축을 보는 새로운 관점 이제는 건축물을 볼 때 단순히 외관의 아름다움만 보지 않을 것 같다. 그 건물이 어떤 사람들을 위해 만들어졌는지, 어떤 삶을 담고 있는지, 주변 환경과 어떤 대화를 나누고 있는지를 생각하게 될 것이다. 가우디가 자연에서 배운 것처럼 우리도 일상에서 만나는 모든 공간에서 배울 것이 있다. 작은 카페의 아늑함, 지하철역의 효율성, 공원의 평화로움. 모든 공간이 우리에게 말을 걸고 있다.

### 새로운 시작을 향해

45일간의 여정이 끝났지만, 이제부터가 진짜 시작이라는 생각이 든다. 스페인에서 배운 것들을 일상에서 어떻게 실천할지 새로운 시각으로 보게 된 세상에서 어떻게 살아갈지 말이다. 그리고 도시를 걸을 때마다, 건물의 그림자와 창문의 빛, 그 사이의 숨결 속에서 건축의 언어가 들려온다. 건축이 내게 가르쳐 준 것은 거창한 철학이 아니었다. 그것은 살아 있는 리듬으로 시간을 짓는 일, 매일의 삶을 설계하는 태도이다. 벽을 쌓듯 하루를 쌓고, 빛을 받아들이듯 마음을 여는 일. 그 모든 것이 건축이다.

나의 길은 일상에서 계속된다. 순례길은 이룬(Irún)에서 시작해서 피스테라(Fisterra)에서 끝났지만 진짜 순례는 이제부터 시작이다. 바르셀로나에서 한국으로 향하는 비행기 안에서 창밖을 바라보며 생각했다. 저 아래로 펼쳐진 대지 위에도 수많은 길이 있고 그 길 위에서 수많은 사람이 각자의 순례를 하고 있을 것이라고.

나는 오늘도 다시 길을 걷는다. 건축처럼, 삶도 여전히 짓는 중이다.

---
에필로그
## 돌아온 발,
## 여전히 걷는 마음
---

**소풍은 끝났지만**

처음엔 가벼운 나들이였다.

북부 해안의 푸른 바람을 맞으며

배낭 하나 메고 떠나는 여행.


그런데 이 길은 교활했다.

어느새 내 발목을 붙잡고

심장 한구석에 자리를 잡아버렸다.


35일째 되던 날, 산티아고 광장에서

완주 도장을 받아 들고 나는

끝이 아니라 시작을 봤다.


도장 하나가 선언문이 되고

발바닥의 물집이 훈장이 되고

작별인사가 재회의 약속이 되는

이상한 마법에 걸려버렸다.

귀국 비행기에서 창밖을 보며 울었다.
무엇이 아쉬워서가 아니라
무엇인가 시작되어서.

**돌의 언어, 빛의 문법**
길 위에서 나는 건축이 말하는 방식을 새로 배웠다.

산티야나 델 마르의 골목은 소곤거렸다. 수백 년 전 순례자들의 발소리가 돌바닥 속에 잠들어 있다가 내가 지날 때 깨어나 속삭였다. "우리도 너처럼 걸었어. 우리도 너처럼 헤맸어."

가우디의 엘 카프리초는 노래했다. 해바라기 타일 하나하나가 음표가 되어 '건축은 얼마나 자유로울 수 있는가'를 외쳤다. 작은 별장 하나가 선언문이 되는 순간이었다.

히혼의 폐공장들은 변신했다. 석탄 냄새 대신 커피 향이 흐르고, 기계 소음 대신 아이들 웃음소리가 메아리쳤다. 죽음에서 부활로, 상처에서 예술로. 도시는 이렇게 다시 태어날 수 있다는 증명이었다.

묵시아의 바위 위 작은 교회는 침묵했다. 하지만 그 침묵이 가장 웅변적이었다. 파도가 설교하고 바람이 성가대가 되는 곳. 건축과 자연의 구분이 무의미해지는 경계. 거기서 나는 건축의 원형을 만났다.

**미완성이라는 이름의 완성**
사그라다 파밀리아는 145년째 공사 중이다.
하지만 누가 감히 미완성이라 부를 수 있을까.

매 세대의 건축가들이 가우디의 꿈에 자기 시대를 더하고
21세기의 기술로 19세기의 비전을 해석하는 이 장대한 협업 자체가 작품이었다.
완성이란 무엇인가?
마침표를 찍는 순간 죽는 것이 아닐까?

산티아고 대성당의 보타푸메이로는 수백 년 동안 같은 궤적을 그리며
흔들렸지만 매번 다른 눈물을 만들어냈다.
반복이 지루함이 아니라 깊이가 되는 순간을 나는 거기서 봤다.

빌바오는 한때 죽어가는 도시였다.
공장 굴뚝에서 마지막 연기가 사라지고 실업자들이 거리를 배회했다.
그런데 구겐하임이 왔다.
티타늄 비늘로 덮인 은빛 물고기 같은 건축 하나가 도시 전체를 되살렸다.

건축이 기적을 일으킨다는 말, 나는 그제야 믿게 되었다.

**사무실로 돌아온 순례자**
모니터가 켜진다. 이메일이 쌓인다. 회의 시간이 다가온다.
익숙한 일상이 반갑지만 동시에 낯설다.

출근길 골목의 빛과 그림자가 산티야나 델 마르의 오후를 떠올리게 한다.
점심 식당 창가로 들어오는 햇살이 사그라다 파밀리아의 스테인드글라스를 소환한다.

회의실 책상 위로 기어가는 오후의 빛 한 줄기에도 나는 멈춰 서서 본다.
사람들은 묻는다. "많이 달라졌어?"
아니, 달라진 건 내가 아니라 시선이다. 같은 세상을 다른 눈으로 보게 된 것.

작은 것들이 더 크게 보이고 큰 것들은 덜 무섭게 느껴진다.

**도면 위에 남은 발자국**
이제 나는 다르게 그린다.
선 하나를 긋기 전에 거기 스며들 바람을 먼저 상상한다.
공간을 디자인하기 전에 거기서 걸을 사람의 발걸음 소리를 먼저 듣는다.
가우디가 구엘공원 벤치에 실제 사람들을 앉혀보고
가장 편안한 곡선을 찾았던 것처럼.

톨레도 골목이 방문객을 강요하지 않고 자연스럽게 인도했던 것처럼.
나도 이제는 강요하지 않고 초대하는 공간을 그리고 싶다.

순례길에서 만난 알베르게의 따뜻함이 집합주택 설계에 스며든다.
묵시아에서 부서지던 파도의 힘이 해안 건축의 구조 계획에 반영된다.
히혼 폐공장의 재탄생이 도시재생 프로젝트에 영감을 준다.

건축가로서가 아니라 순례자로서 배운 것들이
이제 건축이 되어 돌아온다.

**서랍 속 여권, 마음속 길**

가끔 꺼내본다. 도장 35개가 찍힌 낡은 종이 한 장.

이룬의 첫 도장은 설렘으로 번져 있고 산티아고의 마지막 도장은 눈물로 얼룩져 있다.

비 온 날의 번진 잉크, 축제 날의 화려한 스탬프, 작은 교회의 손으로 그린 십자가.

이 작은 책자가 35일의 시간을 몇 제곱센티미터로 압축했다.
하지만 진짜 여권은 서랍이 아니라 내 안에 있다.

카미노는 끝났지만 나는 여전히 걷는다.

출근길도 순례고 점심시간 산책도 순례다.
어디를 걷느냐가 아니라 어떻게 걷느냐가 남았다.
발이 아니라 마음으로 걷는 순례. 그것이 진짜 순례이다.

**당신의 카미노를 위하여**

이 책을 읽는 당신에게 묻고 싶다.
당신의 카미노는 어디인가? 꼭 스페인이어야 할까?
아니다. 매일 오가는 골목이 당신의 순례길이 될 수 있다.

사무실 창가에서 보는 나무 한 그루가 당신의 산티아고 대성당이 될 수 있다.

중요한 건 장소가 아니라 태도다. 관광이 아니라 순례의 마음.

건축가를 꿈꾸는 이들에게는 이 한마디를 남긴다.
건축은 선이 아니라 사랑이다.
사람을 사랑하지 않으면 사람을 위한 공간을 만들 수 없다.
자연을 사랑하지 않으면 자연과 조화로운 건축을 할 수 없다.
세상을 사랑하지 않으면 세상을 바꾸는 건축을 꿈꿀 수 없다.

**끝나지 않는 시작**
"공간은 스스로 말하지 않는다. 우리가 그 안에서 살 때 공간은 비로소 이야기가 된다."
이것이 45일이 내게 준 가장 짧고 가장 긴 문장이다.

나는 도면 앞에 앉아 다시 선을 긋는다.
이제 그 선 안에는 길 위에서 들은 바람 소리,
오래된 돌담의 숨결, 이름 모를 성당의 종소리가 함께 그어진다.

순례는 끝났다.
하지만 일상이 순례가 되고 설계가 기도가 되고 건축이 사랑이 되는
그 길 위에 지금 서 있다.

¡Buen Camino!

돌아온 발은 쉬고 있지만 마음은 여전히 걷는다.

길은 끝나지 않는다. 길은 계속된다.

당신의 길, 나의 길, 우리 모두의 길 위에서.

## 부록
# 산티아고 순례길 완전 가이드

이 부록은 앞으로 산티아고 순례길을 계획하시는 분들을 위한 실용적인 가이드입니다. 35일간의 실제 경험을 바탕으로 꼭 필요한 정보들만 정리했습니다.

## A. 산티아고 순례길 체크리스트

### 1. 출발 전 준비 사항

**여권 및 서류**
- 여권 (유효기간 6개월 이상 필수)
- 항공권 및 예비 복사본 (종이 · PDF 모두 준비)
- 순례자 증명서 (크레덴시알, 현지에서도 발급 가능하지만 미리 준비 권장)
- 여행자 보험 증서 및 긴급연락처
- 여분의 증명사진 2~3장 (분실 · 재발급 대비)
- 비상 연락처 목록 (가족, 보험사, 스페인 한국대사관 등)
- 국제운전면허증 (렌터카 계획 시)

**재정 준비**
- 현금 (소액권 위주로 200~300유로)
- 신용카드 2장 (서로 다른 회사, 해외사용 신고)
- 체크카드 (ATM 출금용, 수수료 확인)

- 비상 예비비 (별도 보관)

## 2. 배낭 구성의 핵심

**배낭 선택**
- 용량: 30~40L (본인 체중의 10% 이내 무게 유지 필수)
- 방수 커버는 필수 (스페인 북부는 비가 자주 옴)
- 허리 벨트와 가슴 벨트가 있는 제품
- 사전에 충분히 착용해 보고 몸에 맞는 제품 선택

**의류 (계절별 조정 필요)**
- 기능성 반팔 티셔츠 2~3벌 (면 소재는 피할 것)
- 기능성 긴팔 티셔츠 1벌 (자외선 차단용)
- 기능성 바지 1~2벌 (지퍼 탈착식 추천)
- 방풍 · 방수 재킷 (경량 소재)
- 보온용 중간층 (얇은 플리스 또는 경량 패딩)
- 속건성 속옷 3~4벌
- 양모 양말 3~4켤레 (발가락 양말 추천)
- 모자 (햇빛 · 비 대비용)
- 버프/넥게이터 (목 · 얼굴 보호)
- 숙소용 간편복 (반바지, 티셔츠)

**신발류**
- 경등산화 1켤레 (방수 · 통기성, 발에 완벽히 맞는 제품)

- 출발 전 최소 2개월간 길들이기 필수
- 여벌 신발 끈
- 샌들 또는 슬리퍼 (숙소 · 샤워용)
- 발목 보호대, 발가락 보호 테이프

**수면 · 세면용품**

- 초경량 침낭 또는 침낭 라이너 (일부 알베르게는 이불 제공 안 함)
- 속건성 수건 (마이크로 파이버)
- 칫솔 · 치약 (여행용 소용량)
- 다목적 비누 (샴푸 · 세탁 겸용)
- 귀마개, 안대 (알베르게는 공동 숙박)
- 개인 베개 (목베개 또는 에어 베개)

### 3. 보행 및 안전 장비

**필수 장비**

- 트레킹 폴 (무릎 부담 획기적 감소)
- 헤드랜턴 + 여분 배터리 (새벽 출발 필수)
- 보조배터리 + 충전 케이블
- 스마트폰 (GPS 앱, 오프라인 지도 다운로드)
- 종이지도 (배터리 방전 대비)

**의료 · 응급 용품**

- 소염진통제 (이부프로펜 등)

- 근육 패치, 파스
- 소독약, 밴드
- 물집용 특수 패드 (컴피드 등)
- 개인 처방 약
- 선크림(SPF 50+), 립밤
- 벌레 기피제

기타 유용한 장비
- 방수팩 (전자기기 보호)
- 소형 칼 또는 멀티툴은 위탁 수하물로
- 세탁용 비누
- 빨래 줄 + 집게
- 지퍼백 여러 개 (분류 보관용)

## 4. 물과 식량 관리

수분 공급
- 물통 또는 하이드레이션 팩 (1.5–2L)
- 정수 정제 (산간 지역 계곡물 이용 시)
- 전해질 보충제 (파우더 형태)

비상식량
- 에너지바, 견과류
- 건조 과일

- 재사용 용기 (간식 · 과일 보관)
- 접이식 컵

## 5. 행정 · 절차 관리

### 순례 인증
- 크레덴시알(순례자 여권) 매일 도장 받기
- 최소 도보 100km 이상, 자전거 200km 이상
- 종교적 · 영적 · 문화적 목적 증명

### 숙박 계획
- 알베르게 운영시간 확인 (보통 15:00~22:00)
- 성수기 예약 필요 여부 확인
- 하루 이동 거리 현실적 계획 (20~25km 평균)
- 휴식일 미리 계획

### 금융 · 통신
- 유럽 ATM 이용 시간 · 수수료 확인
- 주요 도시별 은행 위치 파악
- 현지 SIM 카드 또는 로밍 플랜
- WiFi 가능 장소 확인

## 6. 건강 · 체력 관리

### 출발 전 훈련
- 최소 2~3개월간 걷기 훈련
- 주 3~4회, 하루 10~15km 걷기
- 배낭 착용한 상태로 훈련
- 실제 착용할 신발로 훈련

### 일일 건강관리
- 아침 스트레칭 (특히 종아리 · 허벅지)
- 하루 마무리 후 발 관리 필수
- 발 씻기 → 완전 건조 → 보습
- 발가락 사이 건조 특히 중요
- 물집 발생 시 즉시 처리
- 무리하지 말고 컨디션 조절

### 부상 예방
- 무릎 · 발목 보호대 활용
- 트레킹 폴 올바른 사용법 숙지
- 하루 25km 이상은 피할 것
- 몸의 신호에 민감하게 반응

## 7. 마음가짐 및 에티켓

### 순례자 정신
- 비움: 물질적·정신적 짐 최소화
- 유연성: 계획보다 상황 적응력
- 겸손: 자연과 사람에 대한 존중
- 감사: 모든 순간에 대한 고마움

### 순례길 에티켓
- "¡Hola!" (올라) – 안녕하세요.
- "¡Buen Camino!" (부엔 카미노) – 좋은 길 되세요.
- 추월 시 양해 구하기
- 쓰레기는 반드시 되가져가기
- 알베르게에서의 배려 (소음, 정리정돈)
- 사진 촬영 시 허락 구하기

### 기록과 성찰
- 매일 짧게라도 일기 쓰기
- 사진 촬영 (지나치지 않게)
- 만난 사람들과 연락처 교환
- 순례 후 연락 유지

## 8. 출발 직전 최종 점검

**짐 최종 점검**
- 전체 무게 측정 (7~9kg 적정)
- 필수품 4종 확인: 여권 · 지갑 · 핸드폰 · 크레덴시알
- 날씨에 맞는 복장 준비
- 첫날 숙소 예약 재확인

**멘탈 준비**
- 완주에 대한 부담 버리기
- 과정 자체를 즐기는 마음가짐
- 예상치 못한 상황에 대한 열린 자세
- 혼자만의 시간 즐기기

## B. 추천 루트별 특징 요약

### 북부 해안 길 (Camino del Norte)
- 거리: 약 828km
- 기간: 30~35일
- 특징: 아름다운 해안 풍경, 상대적으로 적은 순례자 수
- 난이도: 높음 (산악 구간 많음)
- 추천 대상: 경험 있는 도보 여행자, 조용한 순례 원하는 분

### 프랑스 길 (Camino Francés)
- 거리: 약 780km
- 기간: 30~35일
- 특징: 가장 인기 있는 루트, 인프라 완비
- 난이도: 중간
- 추천 대상: 첫 순례자, 다양한 국가 사람들과 교류 원하는 분

### 포르투갈 길 (Camino Portugués)
- 거리: 약 610km
- 기간: 25~30일
- 특징: 비교적 평지, 온화한 기후
- 난이도: 낮음
- 추천 대상: 부담 없이 순례 시작하려는 분

## C. 북부길 일정 정리 및 주요 알베르게

| 일정 | 주요 코스 | 일정별 숙소(2025. 6. 8 ~ 7.23) |
|---|---|---|
| 0일 차<br>6.8(일) | 인천~바르셀로나~이룬 | 전 일정 숙소 위치 :<br>https://maps.app.goo.gl/TNSszwHT19QNE27z7<br>이룬 : Jakobi Pilgrim Hostel(체크인 4시,<br>3시부터 줄서기, 기부제) |
| 1일 차<br>9(월) | 이룬~빠사이아~산 세바스티안(21.4km) | https://maps.app.goo.gl/mHUEBJCRMwLu6aFt6<br>Downtown River Hostel<br>albergue juvenil Ondarreta<br>La Sirena Youth H, ULIA Youth Hostel(도착 직전 Ulia 산능선) |
| 2일 차<br>10(화) | 산 세바스티안 시내탐방 | |
| 3일 차<br>11(수) | 산 세바스티안~오리오~사라우츠<br>(22.9km) | https://maps.app.goo.gl/24gBVruX1MWTU2Hm6<br>Blai Blai zarautz호스텔(예약 가능, 부킹닷컴)<br>Zarautz 호스텔 |
| 3일 차<br>12(목) | 싸라우츠~쑤마이아~데바<br>(24.8km) | https://maps.app.goo.gl/B31yvwH1UM8QXuvv9<br>데바 공립 알베르게(Pilgrim Hostel of Deba) |
| 4일 차<br>13(금) | 데바~무뜨리꾸~볼리바르~마르키나 세메인(26.2km) | https://maps.app.goo.gl/Fsw5262KG226ttDy7<br>Zenarruza Monastery<br>(http://monasteriozenarruza.net/)<br>Albergue de Peregrinos de Markina-Xemein(성당에서 운영, 예약 불가) |
| 5일 차<br>14(토) | 마르키나 세메인~게르니카<br>(22.1km) | https://maps.app.goo.gl/9GskzA4KoAQDqzAX7<br>Caseiro Pozueta 알베르게(예약 필수, 게르니카 외곽)<br>Bolina 호텔(예약) |
| 6일 차<br>15(일) | 게르니카~레자마~자무디오~빌바오<br>(31.9km) | https://maps.app.goo.gl/TgCyx44WFvoQEydu8<br>Bilbao Hostel<br>LATROUPE LA GRANJA(LATROUPE La Granja Hostel Bilbao)<br>Hotel Conde Duque Bilbao<br>NH Collection Villa de Bilbao<br>BYPILLOW Irala |
| 7일 차<br>16(월) | 빌바오 시내탐방 | |
| 8일 차<br>17(화) | 빌바오~바라깔도~산뚜르치~카스트로 우르디알레스<br>(33.8km) | https://maps.app.goo.gl/7pAAujnT2wXV1Jkc9<br>Albergue de Peregrinos de Castro-Urdiales<br>(16명 선착순, 12시부터 줄서기)<br>Albergue de Peregrinos de Santullán(예약 가능, 무료 세탁기) |

| | | |
|---|---|---|
| 9일 차<br>18(수) | 카스트로 우르디알레스~라레도~산토냐(30.2km) | https://maps.app.goo.gl/Qew2Z3KRwQ6XBR5o7<br>Municipal Hostel Santoña<br>Hospedaje La Tortuga |
| 10일 차<br>19(목) | 산토냐~노자~아르누에로~구에메스(25.7km) | https://maps.app.goo.gl/s4f2Damu5LxiLa8k8<br>Albergue de Peregrinos de Guemes(기부금, 7시 30분에 설교 참석) |
| 11일 차<br>20(금) | 구에메스~로레도~소모~산탄데르<br>(21.2km) | 산탄데르:<br>https://maps.app.goo.gl/ZSRpKYhgyR2qvQAy5<br>Hostel Villa Miguela<br>Santander Central Hostel(사립, 평가 좋음, 예약 필수) |
| 12일 차<br>21(토) | 산탄데르~바레다~산티아나 델 마르<br>(31.0km) | https://maps.app.goo.gl/nVT3SdAhwMFapVQa6<br>Albergue de peregrinos El Convento(예약 가능) |
| 13일 차<br>22(일) | 산티아나 델 마르~오레냐~코브레세스~코미야스<br>(18.6km) | https://maps.app.goo.gl/STJDxuvsdLa1aJE4A<br>Albergue La Magia del Camino(예약 가능) |
| 14일 차<br>23(월) | 코미야스~산비센테~콜롬브레스<br>(24.6km) | https://maps.app.goo.gl/Cmk9WMGvaa3wnukc6<br>Albergue El Cantu(130명)<br>Casa de Peregrinos Colomgres(기부금, 9명) |
| 15일 차<br>24(화) | 콜롬브레스~안드린~야네스<br>(23.3km) | https://maps.app.goo.gl/9aNyqJHcPmzbvMKr7<br>Albergue La Estación(예약 가능)<br>Albergue La Casona del Peregrino(예약 가능) |
| 16일 차<br>25(수) | 야네스~포사다~온토리아~리바데세야(32.7km) | https://maps.app.goo.gl/NRsGkuiKtHVqmqdm7<br>Youth Hostel-Roberto Frassinelli<br>Albergue de Peregrinos de Ribadesella(60개 침대, 예약 가능)<br>Albergue Juvenil de Ribadesella(55명, 뷰 좋음) |
| 17일 차<br>26(목) | 리바데세야~베르베스~엘 바리욘~콜룽가(21.3km) | https://maps.app.goo.gl/nxUvA83w11QKPqQB9<br>Hotel Villa de Colunga<br>Albergue de Peregrinos de Colunga<br>Albergue La Rectoral de Priesca(시내외곽) |
| 18일 차<br>27(금) | 콜룽가~라스트레스~비야비시오사<br>(21.6km) | https://maps.app.goo.gl/UrnPxcA2hgs4gkMM9<br>Albergue Villaviciosa(예약 가능)<br>Albergue EL Congreso<br>Albergue Monasterio Valdediós |

| | | |
|---|---|---|
| 19일 차<br>28(토) | 비야비시오샤~시마데비야<br>~히혼<br>(25.6km) | https://maps.app.goo.gl/TR6Z75rFv5Uaj4xw5<br>Hotel Castilla(30만원, 위치 좋음)<br>Boogalow Hostel(예약 가능, 깨끗)<br>Hostel Gijon Centro(예약 가능) |
| 20일 차<br>29(일) | 히혼 시내탐방 | |
| 21일 차<br>30(월) | 히혼~실보타~엘페데로~<br>아빌레스<br>(24.8km) | https://maps.app.goo.gl/qnxT2A1CzsiwKALL7<br>Public Pilgrims Hostel in Aviles<br>Albergue de Peregrinos Pedro Solís(48개 침대, 기부금)<br>Pensión La Fruta(예약 가능) |
| 22일 차<br>7.1(화) | 아빌레스~살리나스~소토<br>데바르코~무로스 데 나론<br>(27.8km) | https://maps.app.goo.gl/5tRHtnCswpH9YzCcA<br>Albergue de Peregrinos de Muros de Nalón(기부금, 선착순)<br>Albergue Casa Carmina(예약 가능, 평 좋음)<br>Hotel Playa de las Llanas(예약 가능) |
| 23일 차<br>2(수) | 무로스 데 나론~쿠디예로<br>~소토데루이냐~노벨리아<br>나(22.6km) | https://maps.app.goo.gl/tjSDQ7LsT7K7sw7s7<br>Albergue Novellana(노벨리아냐 마을에 위치)<br>Santa Marina- Pension Prada(Bar Gayo 에서 운영) |
| 24일 차<br>3(목) | 노벨리아나~발로타~루아<br>르카<br>(26.7km) | https://maps.app.goo.gl/VdQHuEAszAKhvJ7h6<br>Hotel Villa de Luarca(예약 가능)<br>Albergue de Peregrinos de Luarca(기부금, 선착순) |
| 25일 차<br>4(금) | 루아르카~나비아~라 카리<br>다드<br>(29.1km) | https://maps.app.goo.gl/Wyee2biff4ihs8iQA<br>Albergue de Peregrinos de La Caridad(공립, 선착순)<br>Albergue La Xana(선착순) |
| 26일 차<br>5(토) | 라 카리다드~카사리에고~<br>리바데오<br>(28.6km) | https://maps.app.goo.gl/8QosGEJcHD9KzMsRA<br>Albergue de Peregrinos de Ribadeo(공립, 기부금, 선착순)<br>Hostel Namor<br>Albergue río Eo(예약 가능) |
| 27일 차<br>6(일) | 리바데오~빌라마르~로우<br>렌사<br>(28.9km) | https://maps.app.goo.gl/PdUP34hBrMG5RoJt5<br>Albergue de Peregrinos de Lourenzá<br>Albergue Pensión Saviour(예약 가능)<br>Pensión Albergue O Pedregal(예약 가능) |
| 28일 차<br>7(월) | 로우렌샤~몬도녜도~곤탄<br>~아바딘<br>(24.3km) | https://maps.app.goo.gl/2UusBDxzdQUWwatA8<br>Albergue Xabarin de Abadin(예약 가능)<br>Albergue de peregrinos de Gontán(아바딘 외곽에 위치)<br>Casa Goás(예약 가능) |
| 29일 차<br>8(화) | 아바딘~빌랄바<br>(22.7km) | https://maps.app.goo.gl/tzMXvnSz158pZvJcA<br>Albergue de Peregrinos de Vilalba(공립, 기부금, 마을 외곽에 위치)<br>Albergue Castelos(깨끗함) |

| 일차 | 구간 | 숙소/지도 |
|---|---|---|
| 30일 차<br>9(수) | 빌랄바~바몬드~귀티리스<br>(27.8km) | https://maps.app.goo.gl/jmDWJCEALWx2gjDUA<br>Hostal Restaurante La Casilla(예약 가능)<br>IBERIK Balneario de Guitiriz(예약 가능) |
| 31일 차<br>10(목) | 귀티리스~소브라도~A Porta<br>(22.9km) | https://maps.app.goo.gl/p1YMy6QwcBgALTBy7<br>Pensión – Restaurante Vía Sacra<br>PENSION SOBRADO |
| 32일 차<br>11(금) | A Porta~ 살세다(A alceda)<br>(28.4km) | https://maps.app.goo.gl/9XVSnmT7z1VGdV7i7<br>Albergue La Corona1<br>Pensión Albergue Alborada<br>Albergue Turistico Salceda |
| 33일 차<br>12(토) | A Salceda~오페드로소~<br>산티아고 데 콤포스텔라<br>(25.9km) | https://maps.app.goo.gl/53rwL2oJzFjxFAhh6<br>Hotel Universal |
| 34일 차<br>13(일) | 산티아고 시내탐방 | |
| 35일 차<br>14(월) | 피스테라, 묵시아(버스 투어) | |
| 36일 차<br>15(화) | 마드리드 | The Hat Madrid<br>Only YOU Boutique Hotel |
| 37일 차<br>16(수) | 마드리드(톨레도) | |
| 38일 차<br>17(목) | 발렌시아 | Red Nest Hostel<br>Hotel One Shot Palacio Reina Victoria |
| 39~44일 차<br>18~23<br>(금~수) | 바르셀로나(카사밀라, 카사 바트요, 사그라다파밀리아, 구엘공원) | Hotel Cortes<br>Yurbban Trafalgar Hotel<br>Kabul Party Hostel |

## D. 북부 순례길 건축 명소 완전 가이드

북부 해안 길(Camino del Norte)을 따라 만날 수 있는 주요 건축물들을 지역별로 정리했습니다. 각 건축물의 역사적 의미와 건축적 특징을 함께 소개합니다.

### 1. 바스크 지방 (País Vasco)

**산 세바스티안 (Donostia)**

- 미라마르 궁전 (Palacio de Miramar)
  - 건축 시기: 1893년
  - 양식: 영국식 빅토리아 양식과 바스크 전통 건축의 절충
  - 특징: 라 콘차 만을 내려다보는 언덕에 있는 19세기 말 여름 별궁
  - 건축적 의미: 바다를 향해 열린 궁전으로, 자연경관과 건축의 조화를 보여주는 대표작

- 산 비센테 교회 (Iglesia de San Vicente)
  - 건축 시기: 16세기
  - 양식: 고딕 양식
  - 특징: 산 세바스티안에서 가장 오래된 교회, 도시의 역사적 중심
  - 건축적 의미: 바스크 지방 고딕 건축의 특징을 잘 보여주는 사례

- 산 텔모 박물관 (Museo San Telmo)
  - 건축 시기: 16세기 수도원 → 2011년 현대적 증축

- 특징: 역사적 수도원 건물에 현대적 확장 공간 추가
- 건축적 의미: 전통과 현대의 조화, 역사적 건축물의 현대적 활용 사례

– 쿠르살 회관 (Kursaal)
- 건축가: 라파엘 모네오 (Rafael Moneo)
- 완공: 1999년
- 특징: 바위를 연상시키는 두 개의 큐브 형태
- 건축적 의미: 21세기 바스크 건축의 상징, 자연과 도시의 경계 모호

## 빌바오 (Bilbao)

– 구겐하임 미술관 (Museo Guggenheim Bilbao)
- 건축가: 프랭크 게리 (Frank Gehry)
- 완공: 1997년
- 양식: 해체주의 건축
- 특징: 티타늄 패널로 덮인 곡선형 외관
- 건축적 의미: '빌바오 효과'의 주역, 도시 재생의 상징적 건축물

– 빌바오 미술관 (Museo de Bellas Artes de Bilbao)
- 건축 시기: 1945년 (구관), 2001년 (신관)
- 특징: 고전적 구관과 현대적 신관의 조화
- 건축적 의미: 전통적 미술관 건축과 현대적 해석의 만남

## 2. 칸타브리아 지방 (Cantabria)

### 산토냐 (Santoña)

– 성가족 교회 (Iglesia de Santa María del Puerto)
- 건축 시기: 12~13세기
- 양식: 로마네스크 → 고딕 전이기
- 특징: 삼랑식 평면 구조, 마을의 랜드마크 역할
- 건축적 의미: 교회가 '마을의 등대' 역할을 하는 전형적 사례

– 산 마르틴 요새 (Fuerte de San Martín)
- 건축 시기: 18세기
- 특징: 바다를 향한 방어진지, 칸타브리아 해안의 전략적 요충지
- 건축적 의미: 성곽 도시의 방어 논리와 항구 건축이 맞물린 드문 사례

### 산탄데르 (Santander)

– 마그달레나 궁전 (Palacio de la Magdalena)
- 건축 시기: 1908~1912년
- 양식: 영국식 저택과 프랑스 성관 양식 절충
- 특징: 알폰소 13세의 여름 별궁, 해안 절벽 위 위치
- 건축적 의미: 20세기 초 유럽 왕실 건축의 스페인적 해석

- 센트로 보틴 (Centro Botín)
  - 건축가: 렌조 피아노 (Renzo Piano)
  - 완공: 2017년
  - 특징: 바다와 도시를 잇는 브리지 형태의 현대미술관
  - 건축적 의미: 현대 문화시설이 도시 재생에 미치는 영향을 보여주는 사례

## 3. 아스투리아스 지방 (Principado de Asturias)

### 히혼 (Gijón)

- 라보랄 대학 (Universidad Laboral)
  - 건축 시기: 1946~1956년
  - 건축가: 루이스 마야 곤잘레스 (Luis Moya González)
  - 특징: 20세기 중반 스페인 최대 규모 건축 복합체
  - 건축적 의미: 신고전주의와 현대적 해석의 결합, 교육 건축의 기념비적 사례

- 로마 유적 (Termas Romanas de Campo Valdés)
  - 건축 시기: 1~3세기 (로마 시대)
  - 특징: 로마식 목욕탕 유적, 지하에 보존
  - 건축적 의미: 로마 건축 기술이 이베리아반도 북단까지 확산한 증거

- 산 페드로 교회 (Iglesia de San Pedro)
  - 건축 시기: 15세기
  - 양식: 고딕

- 특징: 히혼의 상징적 실루엣
- 건축적 의미: 도시와 바다가 만나는 지점의 상징적 건축물

— 지평선에 바치는 찬가 (Elogio del Horizonte)
- 조각가: 에두아르도 치야다 (Eduardo Chillida)
- 설치: 1990년
- 특징: 바다를 향한 거대한 콘크리트 조형물
- 의미: 히혼의 현대적 정체성을 상징하는 랜드마크

## 아빌레스 (Avilés)

— 오스카 니마이어 국제 문화센터 (Centro Niemeyer)
- 건축가: 오스카 니마이어 (Oscar Niemeyer)
- 완공: 2011년
- 특징: 니마이어가 유럽에서 완성한 유일한 작품
- 건축적 의미: 브라질 모더니즘의 유럽 상륙, 백색 곡선미의 절정

## 4. 갈리시아 지방 (Galicia)

## 몬도녜도 (Mondoñedo)

— 몬도녜도 대성당 (Catedral de Mondoñedo)
- 건축 시기: 13~18세기 (여러 시기에 걸쳐 증축)
- 양식: 로마네스크 → 고딕 → 바로크 혼재

- 특징: 소도시 규모에 비해 웅장한 대성당
- 건축적 의미: 갈리시아 지방 성당 건축의 특징을 종합적으로 보여주는 사례

## 산티아고 데 콤포스텔라 (Santiago de Compostela)

### – 산티아고 대성당 (Catedral de Santiago de Compostela)
- 건축 시기: 11~18세기
- 양식: 로마네스크(기본) + 바로크(파사드) + 고딕(일부)
- 특징: 순례의 종착점, 서유럽 최대 규모 로마네스크 성당
- 건축적 의미: 중세 순례 문화의 건축적 결정체

### – 오브라도이로 광장 (Plaza del Obradoiro)
- 조성 시기: 17~18세기
- 특징: 대성당을 중심으로 한 바로크식 도시 광장
- 건축적 의미: 순례자들이 만나는 종착지, '광장 건축'의 절정

## E. 한국과 스페인의 도시·건축 비교 연표

| 시대 구분 | 한국 | 스페인 |
|---|---|---|
| 선사~고대<br>(기원전~4세기) | - 고인돌, 돌무지무덤, 적석총 등 거석문화<br>- 집단공동체 기반의 주거지 (움집) | - 이베리아, 켈트인 거석문화 (메갈리스, 돌탑)<br>- 로마 제국 진출: 도로망, 수도교(aqueduct), 원형극장 |
| 중세 초·중기<br>(5~10세기) | - 삼국시대 궁궐(경주 월성), 불교사찰 (불국사, 석굴암)<br>- 목조건축과 기와지붕 기술 발달 | - 기독교 왕국과 이슬람 문화 혼재<br>- 코르도바 대모스크(8세기), 그라나다 알람브라 궁전(9세기 시작)<br>- 로마네스크 양식 성당 등장 |
| 중세 후·말기<br>(11~15세기) | - 고려시대 불교 건축 절정: 팔만대장경, 해인사 장경판전<br>- 개경(개성) 중심의 궁궐과 도성 | - 고딕 건축 전성기: 부르고스 대성당, 레온 대성당<br>- 산티아고 데 콤포스텔라 대성당 완성(12세기 이후)<br>- 성벽 도시와 요새 도시 발전 |
| 근세 전환기<br>(15~16세기) | - 조선 건국 후 경복궁·창덕궁 등 궁궐 재정비<br>- 한양 도성 축성 (사대문·사소문)<br>- 유교적 도시계획 (종묘·사직단) | - 레콩키스타 완성(1492) → 기독교 왕국 통일<br>- 플라테레스코 양식, 르네상스 건축<br>- 세비야 대성당, 톨레도 알카사르 |
| 근세~근대 초<br>(17~19세기) | - 한옥 마을 확산, 서원·향교 건축<br>- 성리학적 마을 계획<br>- 개항 이후 서양식 건축 도입 (덕수궁 석조전, 구 세균 회관) | - 바로크 건축: 마드리드 왕궁, 살라망카 광장<br>- 19세기 산업혁명 영향: 기차역, 철도 교량<br>- 가우디의 모더니즘 건축 시작 (카사 바트요, 사그라다 파밀리아 착공 1882) |
| 근대~현대<br>(20세기) | - 일제강점기 근대 건축 (서울역, 조선총독부 건물)<br>- 해방 이후 1960~70년대: 아파트·근대 도시계획 본격화<br>- 1988 서울 올림픽 → 잠실 체육관, 63빌딩 | - 스페인 내전(1936~39) 후 프랑코 독재기: 신고전주의·기념비적 건축<br>- 민주화 이후 현대 건축 붐: 빌바오 구겐하임 (1997, 프랭크 게리), 니마이어 센터, 렌조 피아노의 센트로 보틴 |
| 동시대<br>(21세기) | - 서울: 동대문디자인플라자(자하 하디드), 세빛섬, 제2롯데월드타워<br>- 지방 도시 재생: 수원 팔달구 행궁동, 전주 한옥마을<br>- 30년 넘은 아파트 재건축·재개발 | - 바르셀로나: 사그라다 파밀리아 21세기 완공 단계<br>- 빌바오 효과: 도시재생 모델로 세계 주목<br>- 발렌시아 시티 오브 아츠 앤 사이언스 (칼라트라바)<br>- 친환경·해안도시 재생 중심 |

### 두 나라의 시간, 두 개의 도시 풍경 (건축 문화의 특징)

#### 한국의 특징
- 목조건축 전통의 지속
- 자연과의 조화 (한옥의 마당 문화)
- 급속한 근대화와 아파트 문화
- 21세기 랜드마크 건축물 등장

#### 스페인의 특징
- 다양한 문명의 중첩 (로마-이슬람-기독교)
- 석조건축의 발달
- 지역별 독특한 건축 양식
- 전통과 현대의 창의적 융합

한쪽에는 유리와 철로 수직으로 솟아오르는 한국의 도심,
다른 한쪽에는 바람과 바다에 맞서며 수평으로 길게 눕는 스페인의 마을.

서울의 고층 빌딩 숲 사이로는 분주한 발걸음이 흘러가고,
산티아고로 향하는 순례길의 도시들은 낮은 지붕과 돌담 사이로
햇살과 그림자가 천천히 머물다 간다.

연표에선 같은 시대를 살지만,
한 도시는 속도를 다른 도시는 여백을 선택한다.
그러나 둘 다 결국 사람을 위해 세워졌다는 사실에서,

건축은 길 위의 또 다른 순례라는 생각이 스친다.

## F. 유용한 스페인어 표현

### 기본 인사
Hola (올라) – 안녕하세요.
Buen Camino (부엔 카미노) – 좋은 길 되세요.
Gracias (그라시아스) – 감사합니다.
Por favor (포르 파보르) – 부탁드립니다.

### 숙박 관련
¿Hay cama? (아이 까마?) – 침대 있나요?
¿Cuánto cuesta? (꽌토 꾸에스타?) – 얼마인가요?
¿Dónde está el albergue? (돈데 에스타 엘 알베르게?) – 알베르게 어디 있나요?

### 식사 관련
Menú del día (메뉴 델 디아) – 오늘의 메뉴
La cuenta, por favor (라 꾸엔타 포르 파보르) – 계산서 주세요.
No como carne (노 꼬모 까르네) – 고기 안 먹어요.

### 응급상황
¡Auxilio! (아욱실리오!) – 도와주세요!
Necesito un médico (네세시토 운 메디코) – 의사가 필요해요.
¿Dónde está el hospital? (돈데 에스타 엘 오스피탈?) – 병원이 어디 있나요?